O PRECARIADO
A nova classe perigosa

GUY STANDING

O PRECARIADO
A nova classe perigosa

Tradução Cristina Antunes

Revisão da tradução Rogério Bettoni

1ª edição
6ª reimpressão

Coleção Invenções Democráticas - Volume IV   **Nupsi-USP**   **autêntica**

Copyright © 2013 Guy Standing
Copyright © 2013 Autêntica Editora

Título original: *The Precariat: The New Dangerous Class*

Todos os direitos reservados pela Autêntica Editora. Nenhuma parte desta publicação poderá ser reproduzida, seja por meios mecânicos, eletrônicos, seja cópia xerográfica, sem autorização prévia da Editora.

COORDENADORIA DA COLEÇÃO INVENÇÕES DEMOCRÁTICAS
André Menezes Rocha, David Calderoni, Helena Singer, Lilian L'Abbate Kelian, Luciana de Souza Chauí Mattos Berlinck, Marcelo Gomes Justo, Maria Luci Buff Migliori, Maria Lúcia de Moraes Borges Calderoni.

CONSELHO EDITORIAL INTERNACIONAL
Boaventura de Sousa Santos (Universidade de Coimbra/ University of Wisconsin), Christian Azaïs (Université de Picardie Jules Verne d'Amiens), Diego Tatian (Universidad Nacional de Cordoba), Laurent Bove (Université de Picardie Jules Verne d'Amiens), Mariana Gainza, Marilena de Souza Chaui (FFLCH-USP), Milton Meira do Nascimento (FFLCH-USP), Paul Israel Singer (FEA-USP), Sandra Jovchelovitch (London School of Economics), Vittorio Morfino (Università degli studi di Milano-Bicocca).

EDITORAS RESPONSÁVEIS
*Rejane Dias
Cecília Martins*

REVISÃO DA TRADUÇÃO
Rogério Bettoni

REVISÃO
Lucia Assumpção

CAPA
Diogo Droschi (sobre fotografia de Carol Anne de Mural em Berlim, Alemanha, pintado em 2007 pelo artista italiano BLU)

DIAGRAMAÇÃO
*Christiane Morais
Tamara Lacerda*

Dados Internacionais de Catalogação na Publicação (CIP)
(Câmara Brasileira do Livro, SP, Brasil)

Standing, Guy
  O precariado : a nova classe perigosa / Guy Standing ; tradução Cristina Antunes. -- 1. ed.; 6. reimp. -- Belo Horizonte : Autêntica Editora, 2020 (Invenções Democráticas, v. IV).

  Título original: The Precariat : The New Dangerous Class.

  ISBN 978-85-8217-245-2

  1. Globalização 2. Salário mínimo 3. Salários 4. Setor informal (Economia) 5. Trabalho e classes trabalhadoras - Aspectos sociais I. Título.

13-10034   CDD-331.554

Índices para catálogo sistemático:
1. Trabalho informal : Economia   331.554
2. Trabalho precário : Economia   331.554

Belo Horizonte
Rua Carlos Turner, 420
Silveira . 31140-520
Belo Horizonte . MG
Tel.: (55 31) 3465 4500

São Paulo
Av. Paulista, 2.073 . Conjunto Nacional
Horsa I . 23º andar . Conj. 2310-2312
Cerqueira César . 01311-940 . São Paulo . SP
Tel.: (55 11) 3034 4468

www.grupoautentica.com.br

Sumário

Prefácio à edição brasileira 7
Prof. Dr. David Calderoni

Prefácio 11

Lista de abreviações... 13

Capítulo 1 – O precariado 15

Capítulo 2 – Por que o precariado está crescendo?...................... 49

Capítulo 3 – Quem ingressa no precariado?................................ 97

Capítulo 4 – Migrantes: vítimas, vilões ou heróis? 141

Capítulo 5 – Tarefa, trabalho e o arrocho do tempo 177

Capítulo 6 – Uma política de inferno... 201

Capítulo 7 – Uma política de paraíso... 233

Referências... 273

Posfácio 283
Senador Eduardo Matarazzo Suplicy

Prefácio à edição brasileira

Prof. Dr. David Calderoni[1]

Somos todos pessoas flutuando ao redor do mundo. Encontramos uns aos outros, mas nunca chegamos realmente a nos conhecer. Este pungente testemunho anônimo deixado numa parede por um trabalhador migrante sintetiza um dos mais emblemáticos dramas da era do *precariado*, cuja formação o economista inglês Guy Standing analisa com vasta erudição e notável clareza, informadas por muitos anos dedicados à Organização Internacional do Trabalho, à docência e à pesquisa universitárias internacionais e à Rede Mundial de Renda Básica, da qual é fundador e copresidente.

O autor circunscreve o campo diagnóstico e prognóstico em grande arco histórico e geopolítico, dando a ver que a globalização precarizante, desencadeada sob o influxo da terceira revolução industrial, do neoliberalismo e da superexploração de populações da Ásia, desmantela o que os gregos inventaram nos primórdios da democracia como o cerne humanizante do trabalho: o vínculo interno entre *praxis* e *philia*, constitutivo do autorreconhecimento dos cidadãos como homens livremente associados nas construções da amizade cívica. Ao propor maneiras de reconstruí-la em todo o mundo, Guy Standing torna preciosa, necessária e urgente a obra *O precariado: a nova classe perigosa*.

O caráter democrático deste livro já se deixa apreender no modo como o autor equaciona a definição do precariado. Apoiando-se em categorias consagradas, atualiza suas significações mediante sucessivas diferenciações baseadas em dados sociais, históricos, políticos, psicológicos e econômicos, oferecidos passo a passo ao leitor.

---

[1] Idealizador do Nupsi-USP e da Coleção Invenções Democráticas.

É assim que o vemos desenvolver a questão da natureza categorial do precariado em diálogo com as duas grandes referências na tradição das ciências sociais: "Convencionalmente, os sociólogos pensam tendo em vista as formas de estratificação de Max Weber – classe e status [...]". Ou, em passagem anterior: "Podemos afirmar que o precariado é uma *classe-em-formação*, se não ainda uma *classe-para-si*, no sentido marxista do termo".

Segundo o meu entendimento da perspectiva do autor, tanto *classe* (referente à posição nos processos de trabalho e nos modos de produção) como *status* (que correlaciona ocupações a hierarquias socioeconômicas e simbólicas) constituem categorias que implicam relações variáveis de confiança para com o Estado e o capital, sobredeterminadas por formas e graus de acesso direto e indireto à *renda social*, objeto da justiça distributiva (política salarial, securitária e previdenciária) e dos arranjos institucionais conexos (sindicatos, leis trabalhistas, direitos sociais) praticados após a Segunda Guerra Mundial sob o influxo dos Estados de Bem-Estar Social (Welfare States), caracterizados por políticas de proteção social da classe trabalhadora. Mas, num quadro histórico determinado pela derrocada do Welfare State, Standing observa que:

> Em qualquer caso, a divisão entre mão de obra remunerada [*wage labour*] e empregado assalariado [*salaried employee*], e as ideias de ocupação, se dissolve quando consideramos o precariado. [...] Sem um poder de barganha baseado em relações de confiança e sem poder usufruir de garantias em troca de subordinação, o precariado é *sui generis* em termos de classe. Ele também tem uma posição de status peculiar, não se encaixando em alto status profissional ou em atividades artesanais de médio status. Uma forma de explicar isso é dizendo que o precariado tem "status truncado" ["*truncated status*"]. E, como veremos, a sua estrutura de "renda social" não se mapeia perfeitamente conforme velhas noções de classe ou ocupação.

Como psicanalista e cidadão contraposto à opressão laboral de centenas de milhões de seres humanos em largas porções do planeta, gostaria de sugerir a ideia de que a amizade política é inviabilizada não apenas intersubjetivamente, mas também intrapsiquicamente, na medida em que o truncamento de status e a correlativa perda de identidade ocupacional torpedeiam o cerne da autoestima, a saber, a relativa integridade íntima que é construída ao longo do processo individual e social pelo qual respondemos aos dois desafios psicossociais fundamentais que a problemática do precariado agudiza e transversaliza, por envolver a globalização de relações de produção e distribuição da insegurança e da incerteza: a necessidade de amparo e a necessidade de identidade.

Diante de obra tão seminal, que nos incita a distinguir entre pleno emprego e bem-estar no trabalho, concluo estas palavras preliminares com um sentimento de missão cumprida e de "mãos à obra". Senti-me no dever de batalhar pela publicação e de me engajar na divulgação deste trabalho desde o primeiro instante em que o conheci, quando organizei o I Seminário Intersetorial Nupsi-USP, *As invenções democráticas diante dos desafios do precariado: o encontro da Renda Básica com a Economia Solidária*, memorável evento que reuniu Guy Standing, Eduardo Suplicy e Paul Singer na Faculdade de Saúde Pública da USP em junho de 2012. A parceria com a Autêntica Editora permitiu que em apenas quatorze meses lançássemos esta versão brasileira, com a presença do autor, no II Colóquio Internacional Nupsi-USP, *Invenções democráticas: construções da felicidade*, no qual procuraremos, com acadêmicos de oito países, sedimentar alianças entre modos democrático-cooperativos de construir conhecimento em parceria com comunidades desassistidas e em prol delas. Isso combina com a composição heterogênea do precariado tal como aqui postulada, a qual congrega migrantes e minorias vulnerabilizados e superexplorados, membros da classe trabalhadora destituídos das garantias de emprego e indivíduos cuja qualificação universitária não encontra trabalho condigno.

Agosto de 2013.

Prefácio

Guy Standing

Este livro trata de um novo grupo no mundo, uma classe em formação. Nele pretendo responder a cinco questões: O que é essa classe? Por que devemos nos preocupar com seu crescimento? Por que ela está crescendo? Quem está ingressando nela? Para onde o precariado está nos levando?

Esta última questão é crucial. A menos que o precariado seja entendido, há um perigo de que seu aparecimento possa levar a sociedade para uma política de inferno. Isso não é uma profecia, mas sim uma possibilidade perturbadora. Ela só será evitada se o precariado puder se tornar uma classe-para-si, com uma agência efetiva, bem como uma força para forjar uma nova "política de paraíso", uma agenda levemente utópica e uma estratégia a ser adotada pelos políticos e pelo que é, eufemisticamente, chamado de "sociedade civil", incluindo aí a multiplicidade de organizações não governamentais que muitas vezes têm interesse em se tornarem quase governamentais.

Precisamos urgentemente acordar para o precariado global. Há muita raiva por aí e muita ansiedade. Porém, embora este livro destaque o lado vítima do precariado mais do que o lado libertador, vale afirmar desde o início que não é correto ver a precariedade estritamente pelos seus dissabores. Muitos indivíduos atraídos por ela estão procurando por algo melhor do que o que foi oferecido na sociedade industrial e pelo trabalhismo do século XX. Eles ainda merecem mais o nome de Vítima do que de Herói, mas estão começando a mostrar por que o precariado pode ser um prenúncio de uma Boa Sociedade do século XXI.

O contexto é que, enquanto o precariado crescia, a realidade obscura da globalização veio para a superfície com o choque financeiro de 2008. Adiado por muito tempo, o ajuste global está pressionando os países de alta renda para baixo na medida em que melhora a situação dos países de baixa renda. A menos que as desigualdades negligenciadas intencionalmente pela maioria dos governos nas últimas duas décadas sejam reparadas de maneira radical, o sofrimento e as repercussões podem se tornar explosivos. A economia de mercado global pode acabar elevando os padrões de vida em todos os lugares – até mesmo seus críticos deveriam desejar isso –, mas certamente apenas os ideólogos podem negar que ela trouxe insegurança econômica para muitos e muitos milhões. O precariado está nas primeiras fileiras, mas ainda tem de encontrar a voz para trazer à baila sua agenda. Não se trata da "classe média oprimida" ou de uma "classe baixa", tampouco da "classe trabalhadora mais baixa". Ela tem um fardo distintivo de insegurança e terá, igualmente, um conjunto diferente de reivindicações.

Nos estágios iniciais da elaboração deste livro, foi feita uma apresentação dos temas para o que acabou se tornando um grupo extremamente maduro de acadêmicos de convicção social-democrata. A maioria recebeu as ideias com desprezo e disse que nelas não havia nada de novo. Para eles, a resposta de hoje era a mesma de quando eram jovens. Eram necessários mais empregos, e empregos mais decentes. Tudo o que vou dizer a essas distintas figuras é que acho que o precariado não teria sido afetado por isso.

Há muitas pessoas para agradecer individualmente por ajudarem no raciocínio que está por trás deste livro. No entanto, gostaria de agradecer aos muitos grupos de alunos e ativistas que ouviram as apresentações dos temas nos dezesseis países visitados durante sua preparação. Espera-se que suas ideias e perguntas tenham sido absorvidas pelo texto final. Basta acrescentar que o autor de um livro como este é, principalmente, um transmissor dos pensamentos dos outros.

Novembro de 2010.

Lista de abreviações

AARP	American Association of Retired Persons (AARP – Associação Americana de Aposentados)
AFL-CIO	American Federation of Labor/Congress of Industrial Organizations (AFL-CIO – Federação Americana do Trabalho e Congresso de Organizações Industriais)
BBVA	Banco Bilbao Vizcaya Argentaria (BBVA)
BIEN	Basic Income Earth Network (BIEN – Rede Global de Renda Básica)
CBT	Cognitive behavioural therapy (TCC – Terapia cognitivo-comportamental)
CCT	Conditional cash transfer (TCR – Transferência condicional de renda)
CIA	Central Intelligence Agency (CIA – Agência Central de Inteligência)
CRI	Crime Reduction Initiatives (Iniciativas para Redução do Crime)
EHRC	Equality and Human Rights Commission (UK) (EHRC – Comissão de Igualdade e Direitos Humanos do Reino Unido)
EU	European Union (UE – União Europeia)
GCSE	General Certificate of Secondary Education (GCSE – Certificado Geral de Educação Secundária)

IMF	International Monetary Fund (FMI – Fundo Monetário Internacional)
LIFO	Last-in, first-out (LIFO – Último a entrar, primeiro a sair)
NGO	Non-governmental organisation (ONG – Organização Não Governamental)
NIC	Newly industrialising country (NIC – Países recém-industrializados)
OECD	Organisation for Economic Co-operation and Development (OCDE – Organização para a Cooperação e o Desenvolvimento Econômico)
RMI	Revenu minimum d'insertion (RMI – Rendimento mínimo de inserção)
SEWA	Self-Employed Women's Association of India (SEWA – Associação de Trabalhadoras Autônomas da Índia)
UKBA	UK Border Agency (UKBA – Agência de Fronteira do Reino Unido)
UMP	Union pour un Mouvement Populaire (UMP – União por um Movimento Popular)

Capítulo 1

O precariado

Nos anos 1970, um grupo de economistas de inspiração ideológica capturou o ouvido e a mente dos políticos. O elemento central de seu modelo "neoliberal" era que o crescimento e o desenvolvimento dependiam da competitividade do mercado; tudo deveria ser feito para maximizar a concorrência e a competitividade e para permitir que os princípios de mercado permeassem todos os aspectos da vida.

Um dos temas era que os países deveriam aumentar a flexibilidade do mercado de trabalho, o que passou a significar uma agenda para a transferência de riscos e insegurança para os trabalhadores e suas famílias. O resultado tem sido a criação de um "precariado" global, que consiste em muitos milhões de pessoas ao redor do mundo sem uma âncora de estabilidade. Eles estão se tornando uma nova classe perigosa. São propensos a ouvir vozes desagradáveis e a usar seus votos e seu dinheiro para dar a essas vozes uma plataforma política de crescente influência. O verdadeiro sucesso da agenda "neoliberal", aceita em maior ou menor grau por todos os tipos de governos, criou um monstro político incipiente. É necessário agir antes que o monstro ganhe vida.

O despertar do precariado

Em 1º de maio de 2001, cinco mil pessoas, principalmente estudantes e jovens ativistas sociais, se reuniram no centro da cidade de Milão para o que pretendia ser uma marcha alternativa em tom de protesto no Dia do Trabalho. Em 1º de maio de 2005, a quantidade de pessoas cresceu para bem mais de 50 mil – mais de 100 mil, de acordo com algumas estimativas – e o EuroMayDay[1] se tornou pan-europeu, com centenas de milhares de pessoas, principalmente jovens, ocupando as ruas das cidades de toda a Europa continental. Essas manifestações marcaram os primeiros movimentos do precariado global.

Os velhos sindicalistas que costumavam orquestrar os eventos do May Day só puderam ficar perplexos diante dessa nova massa desfilante, cujas demandas por livre migração e uma renda básica universal tinham pouco a ver com o sindicalismo tradicional. Os sindicatos viram a resposta ao trabalho precário como um retorno ao modelo "trabalhista" que eles tinham colaborado para consolidar em meados do século XX – empregos mais estáveis com segurança de contratação a longo prazo e os aparatos de benefícios que vinham junto com isso. Mas muitos dos jovens manifestantes viram a geração de seus pais agindo de acordo com o padrão fordista de empregos em tempo integral e subordinação à gestão industrial e aos ditames do capital. Apesar da falta de uma agenda alternativa coesa, eles não mostraram nenhum desejo de ressuscitar o trabalhismo.

Despertando primeiro na Europa Ocidental, o EuroMayDay logo assumiu um caráter global, com o Japão tornando-se um importante centro de energia. Começou como um movimento de jovens, com europeus instruídos e descontentes alienados pela abordagem do mercado competitivo (ou neoliberal) do projeto da União Europeia que os instava a uma vida de empregos, flexibilidade e crescimento econômico mais rápido. Mas suas origens eurocêntricas logo deram lugar ao internacionalismo, na medida em que eles viram sua difícil situação de inseguranças múltiplas ligadas ao que estava acontecendo com outras pessoas em todo o mundo. Os migrantes tornaram-se parte substancial das manifestações do precariado.

O movimento se espalhou para as pessoas com estilos de vida não convencionais. E todo o tempo houve uma tensão criativa entre o precariado tido como vítima, penalizado e demonizado por instituições tradicionais e políticas, e o precariado tido como herói, que rejeitava essas instituições em um ato conjunto de desafio intelectual e emocional. Em 2008, as manifestações do EuroMayDay estavam tolhendo as

---

[1] O EuroMayDay é um dia em que as ações políticas e demandas são apresentadas para combater a precarização generalizada da juventude e a discriminação dos imigrantes na Europa e em outros lugares. É comemorado no dia 1º de maio de cada ano, Dia do Trabalho, tradicionalmente uma celebração da solidariedade entre os trabalhadores de todo o mundo. (N.T.)

marchas sindicalistas que aconteciam no mesmo dia. Isso pode ter passado bastante despercebido do público em geral e dos políticos, mas foi um desenvolvimento significativo.

Ao mesmo tempo, a dupla identidade de vítima/herói contribuiu para a falta de coerência. Outro problema foi o fracasso em se concentrar na luta. O quê ou quem era o inimigo? Todos os grandes movimentos ao longo da história foram baseados em classe, para o bem ou para o mal. Um grupo de interesse (ou vários) lutava contra outro, sendo que este explorava e oprimia aquele. Normalmente, a luta tratava do uso e do controle dos principais recursos do sistema de produção e de distribuição do tempo. O precariado, por toda sua rica complexidade, parecia não ter uma ideia clara do que eram esses recursos. Entre seus heróis intelectuais, temos Pierre Bourdieu (1998), que articulou a precariedade, Michel Foucault, Jürgen Habermas, Michael Hardt e Tony Negri (2000), cujo *Império* foi um texto seminal, tendo Hannah Arendt (1958) como pano de fundo. Havia também as sombras dos levantes de 1968, ligando o precariado à Escola de Frankfurt de *O homem unidimensional* de Herbert Marcuse (1964).

Foi uma libertação da mente, a consciência de um sentimento comum de insegurança. Mas nenhuma "revolução" surge do simples entendimento. Ainda não havia uma raiva eficaz – isso porque nenhuma agenda política ou estratégia havia sido forjada. A falta de uma resposta programática foi revelada pela busca de símbolos, pelo caráter dialético dos debates internos e pelas tensões dentro do precariado que ainda estão lá e não vão embora.

Os líderes dos manifestantes do EuroMayDay fizeram o possível para literalmente encobrir as rachaduras, como acontecia em seus cartazes e imagens visuais. Alguns enfatizaram uma unidade de interesses entre os migrantes e outros grupos (*migranti e precarie* foi uma mensagem estampada num cartaz do EuroMayDay de Milão em 2008) e entre os jovens e os idosos – uma simpática justaposição no cartaz do EuroMayDay de Berlim em 2006 (DOERR, 2006).

Porém, como movimento esquerdista libertário, ele ainda tem de provocar o medo, ou mesmo o interesse, de quem está fora. Até mesmo seus protagonistas mais entusiastas admitiram que as manifestações até agora tinham sido mais teatro do que ameaça, que tratavam mais de afirmar a individualidade e a identidade dentro de uma experiência coletiva de precariedade. Na linguagem dos sociólogos, as manifestações públicas têm sido sobre o orgulho em subjetividades precárias. Um cartaz do EuroMayDay feito para uma manifestação de Hamburgo funde quatro figuras em pose de desafio – um faxineiro, um profissional de saúde, um refugiado ou migrante e um chamado trabalhador "criativo" (presumivelmente como a pessoa que desenhou o cartaz). Foi dado um lugar de destaque a uma sacola de compras, exibida como símbolo icônico do nomadismo contemporâneo no mundo globalizado.

Os símbolos são importantes. Eles ajudam a unificar grupos em algo mais do que uma multidão de estranhos. Ajudam a formar uma classe e a construir identidade, promovendo uma consciência de afinidade e uma base para solidariedade ou *fraternité*. A passagem de símbolos para um programa político é o assunto deste livro. A evolução do precariado como agência de uma política de paraíso ainda precisa passar do teatro e das ideias visuais de emancipação para um conjunto de exigências que vão envolver o Estado em vez de meramente confundi-lo ou irritá-lo.

Uma característica das manifestações do EuroMayDay tem sido sua atmosfera de carnaval, com música caribenha e cartazes e discursos construídos em torno de zombaria e humor. Muitas das ações ligadas à frouxa rede que está por trás dessas manifestações são anárquicas e intrépidas, em vez de estratégicas ou socialmente ameaçadoras. Em Hamburgo, os participantes foram aconselhados sobre como evitar o pagamento de tarifas de ônibus ou ingressos de cinema. Em uma proeza acontecida em 2006, que entrou para o folclore do movimento, um grupo de cerca de 20 jovens usando máscaras de carnaval e chamando-se por nomes como Mamãe Aranha, Multiflex, Operaistorix e Santo Guevara, invadiu um supermercado gourmet no meio da manhã. Eles encheram um carrinho com comidas e bebidas de luxo, posaram para as próprias câmeras e depois saíram, não sem antes entregar à caixa uma flor com um bilhete explicando que eles produziam riqueza, mas não a desfrutavam em nada. O episódio foi como a vida imitando a arte, baseado no filme *The Edukators*. O grupo, conhecido como a gangue de Robin Hood, nunca foi capturado. Eles publicaram uma nota na internet anunciando que haviam distribuído os alimentos para estagiários, a quem destacavam como os trabalhadores precários mais explorados da cidade.

Raramente pretendendo conquistar amigos ou influenciar as correntes dominantes da sociedade, as travessuras de grupos como esse trazem à mente analogias históricas. Podemos estar em um estágio na evolução do precariado no qual aqueles que se opõem às suas principais características – precariedade de moradia, de trabalho e de emprego e de proteção social – são parecidos com os "rebeldes primitivos" que surgiram em todas as grandes transformações sociais, quando direitos antigos foram eliminados e pactos sociais foram jogados para escanteio. Sempre houve Robin Hoods, como Eric Hobsbawm (1959) observou de forma memorável. Eles geralmente se sobressaíram em um período anterior à configuração de uma estratégia política coerente para promover os interesses da nova classe.

Aqueles que participam das paradas do EuroMayDay e dos eventos parceiros em outras partes do mundo são apenas a ponta do precariado. Há um elemento muito maior vivendo no medo e na insegurança. A maioria não se identificaria com as manifestações do EuroMayDay. Mas isso não os torna menos parte do precariado. Eles estão flutuando, à deriva e potencialmente furiosos, capazes de se desviar politicamente para a extrema direita ou para a extrema esquerda e de apoiar a demagogia populista que tira proveito de seus medos ou suas fobias.

O precariado desperto

Em 1989, a cidade de Prato, próxima a Florença, era quase inteiramente italiana. Durante séculos, havia sido um grande centro de manufatura de tecidos e vestuário. Muitos dos seus 180 mil habitantes estavam ligados a essas indústrias, geração após geração. Refletindo os valores antigos, essa cidade toscana permaneceu firme em sua política. Parecia a personificação da moderação e da solidariedade social.

Naquele ano, um grupo de 38 trabalhadores chineses chegou à cidade. Um novo gênero de empresas de artigos de vestuário, pertencentes aos imigrantes chineses e a uns poucos italianos ligados a eles, começou a surgir. As empresas importavam mais e mais trabalhadores chineses, muitos vindos sem vistos de trabalho. Apesar de notados, eram tolerados; eles contribuíam com a próspera economia e não faziam exigências com relação às finanças públicas, uma vez que não recebiam quaisquer benefícios sociais. Mantiveram-se isolados, cercados em um enclave onde as fábricas chinesas estavam localizadas. A maioria veio de uma cidade do litoral de Wenzhou, na província de Zhejiang, uma área com uma longa história de migração de profissionais empreendedores. A maior parte chegou via Frankfurt com visto de turista para três meses e continuou a trabalhar clandestinamente depois que seus vistos expiraram, colocando-se numa posição vulnerável e explorável.

Em 2008, havia 4.200 firmas chinesas registradas na cidade e 45 mil trabalhadores chineses, constituindo um quinto da população de Prato (DINMORE, 2010a, b). Esses trabalhadores produziam um milhão de peças de vestuário por dia, o suficiente para vestir a população mundial durante 20 anos, de acordo com cálculos dos representantes municipais. Nesse meio tempo, minadas pelos chineses e fustigadas pela concorrência da Índia e de Bangladesh, as empresas italianas locais se viram obrigadas a demitir em massa. Em 2010, elas empregavam apenas 20 mil trabalhadores, 11 mil a menos do que em 2000. À medida que encolhiam, essas empresas provocavam a transição de mais trabalhadores de empregos regulares para empregos precários.

Então veio o choque financeiro, que atingiu Prato de um modo muito parecido com o que atingiu tantas outras antigas áreas industriais da Europa e da América do Norte. As falências se multiplicaram, o desemprego aumentou, a indignação tomou proporções obscenas. Em poucos meses, a esquerda política tinha sido varrida do poder pela xenófoba Liga do Norte, que prontamente instituiu uma repressão aos chineses, executando invasões noturnas em suas fábricas e empresas "escravizantes", capturando trabalhadores e demonizando-os, do mesmo modo que o aliado político da Liga, o primeiro-ministro Silvio Berlusconi, falou de sua determinação em derrotar "o exército do mal", forma como descreveu os imigrantes ilegais. Um embaixador chinês abalado veio apressadamente de Roma e disse que o que estava acontecendo lembrava-lhe os nazistas em 1930. Estranhamente, o governo chinês parecia relutante em levar os migrantes de volta.

Os problemas não foram causados apenas por nativos intolerantes. A realidade do enclave também contribuiu. Enquanto as antigas fábricas de Prato lutavam para competir, deixando os trabalhadores italianos procurarem fontes alternativas de rendimento, os chineses construíram uma comunidade dentro da comunidade. As gangues chinesas, ao que consta, organizaram o êxodo da China e dirigiam o enclave, ainda que disputassem o controle com gangues da Rússia, da Albânia, da Nigéria e da Romênia, bem como com a Máfia. E elas não estavam apenas se restringindo a Prato. As gangues chinesas estavam ligadas às companhias chinesas no investimento em projetos de infraestrutura italianos, incluindo um proposto multibilionário "terminal Euro-China" perto do porto de Civitavecchia.

Prato se tornou um símbolo de globalização e dos dilemas levantados pelo crescimento do precariado. Na medida em que aquelas empresas escravizantes se espalharam, os italianos perderam seus papéis proletários e foram abandonados para brigar por um emprego precário ou absolutamente inexistente. Assim a parte migrante do precariado foi exposta à retaliação das autoridades, embora fosse dependente de redes dúbias dentro do enclave de sua comunidade. Prato reflete uma contracorrente da globalização, mas sem dúvida não é a única.

O filho da globalização

No final dos anos 1970, um encorajado grupo de pensadores sociais e econômicos, posteriormente chamados de "neoliberais" e "libertários" (embora os termos não sejam sinônimos), percebeu que suas opiniões estavam sendo ouvidas depois de serem ignoradas durante décadas. A maioria deles era jovem o suficiente para não ter sido marcada pela Grande Depressão ou para ter se dedicado à agenda social que eliminou as correntes dominantes depois da Segunda Guerra Mundial.

Eles não gostavam do Estado, que comparavam a governo centralizado, com seu planejamento e seu aparato regulatório. Viam o mundo como um lugar cada vez mais aberto, onde o investimento, o emprego e a renda fluiriam para onde as condições fossem mais receptivas. Argumentavam que a menos que os países europeus, em particular, reduzissem os títulos de crédito, que haviam se acumulado desde a Segunda Guerra Mundial para a classe operária industrial e o setor público burocrático, e a menos que os sindicatos fossem "domados", a desindustrialização (conceito novo na época) se aceleraria, o desemprego aumentaria, o crescimento econômico seria mais lento, o investimento escoaria e a pobreza se agravaria. Foi uma avaliação moderada. Eles queriam medidas drásticas e encontravam, em políticos como Margaret Thatcher e Ronald Reagan, o tipo de líderes dispostos a concordar com sua análise.

A tragédia foi que, enquanto o seu *diagnóstico* em parte fazia sentido, o seu *prognóstico* era insensível. Ao longo dos 30 anos seguintes, a tragédia foi agravada pelo fato de que os partidos políticos social-democratas que construíram o sistema que os neoliberais queriam desmantelar, depois de brevemente contestarem o diagnóstico dos neoliberais, acabaram aceitando, meio sem jeito, tanto o diagnóstico quanto o prognóstico.

Uma reivindicação neoliberal que se consolidou na década de 1980 foi a de que os países tinham de perseguir "a flexibilidade do mercado de trabalho". A menos que os mercados de trabalho se flexibilizassem, os custos trabalhistas aumentariam e as corporações transfeririam a produção e o investimento para locais onde os custos fossem mais baixos; o capital financeiro seria investido nesses países, em vez de ser investido "em casa". A flexibilidade tinha muitas dimensões: flexibilidade salarial significava acelerar ajustes a mudanças na demanda, especialmente para baixo; flexibilidade de vínculo empregatício significava habilidade fácil e sem custos das empresas para alterarem os níveis de emprego, especialmente para baixo, implicando uma redução na segurança e na proteção do emprego; flexibilidade do emprego significava ser capaz de mover continuamente funcionários dentro da empresa e modificar as estruturas de trabalho com oposição ou custo mínimos; flexibilidade de habilidade significava ser capaz de ajustar facilmente as competências dos trabalhadores.

Em essência, a flexibilidade defendida pelos impetuosos economistas neoclássicos significava, sistematicamente, tornar os funcionários mais inseguros, o que afirmavam ser um preço necessário para a manutenção do investimento e dos empregos. Cada revés econômico era atribuído, em parte, de forma justa ou não, a uma falta de flexibilidade e à falta de "reforma estrutural" dos mercados de trabalho.

Na medida em que ocorria a globalização e os governos e corporações se perseguiam mutuamente para tornar suas relações trabalhistas mais flexíveis, o número de pessoas em regimes de trabalho inseguros aumentou. Esse fato não foi determinado em termos tecnológicos. Conforme o trabalho flexível se propagava, as desigualdades cresciam, e a estrutura de classe que sustentava a sociedade industrial deu lugar a algo mais complexo, porém certamente não menos classista. Voltaremos a isso mais tarde. No entanto, as mudanças políticas e as respostas das corporações aos ditames da economia do mercado globalizante geraram em todo o mundo uma tendência que jamais havia sido prevista pelos neoliberais ou pelos líderes políticos que estavam pondo em prática suas políticas.

Milhões de pessoas, em economias de mercado abastadas ou emergentes, passaram a fazer parte do precariado, um novo fenômeno, ainda que tivesse nuances do passado. O precariado não fazia parte da "classe trabalhadora" ou do "proletariado". Estes termos sugerem uma sociedade composta, em sua maioria, de trabalhadores de longo prazo, em empregos estáveis de horas fixas, com rotas de promoção estabelecidas, sujeitos a acordos de sindicalização e coletivos, com cargos que seus pais e mães teriam entendido, defrontando-se com empregadores locais com cujos nomes e características eles estavam familiarizados.

Muitos que passaram a fazer parte do precariado não conheceriam seu empregador ou saberiam quantos companheiros empregados tinham ou provavelmente teriam no futuro. Eles também não eram a "classe média", uma vez que não tinham um salário estável ou previsível ou o status e os benefícios que as pessoas da classe média deveriam possuir.

Conforme a década de 1990 avançou, mais e mais pessoas, não apenas nos países em desenvolvimento, encontravam-se em uma posição que os economistas do desenvolvimento e os antropólogos chamaram de "informal". Provavelmente elas não considerariam esse termo uma forma útil de descreverem a si próprias, muito menos uma forma de fazê-las ver nos outros uma maneira comum de viver e trabalhar. Sendo assim, elas não eram classe trabalhadora, nem classe média, nem "informal". O que eram elas? Um lampejo de reconhecimento teria ocorrido ao serem definidas como tendo uma existência *precária*. Amigos, parentes e colegas também estariam numa condição temporária de algum tipo, sem garantia de que estariam fazendo dali a alguns anos, ou ainda meses ou semanas, o que faziam naquele momento. Muitas vezes eles nem sequer desejavam ou tentavam fazê-lo dessa maneira.

Definindo o precariado

Há duas maneiras de definir o que queremos dizer com precariado. Uma delas é dizer que se trata de um grupo socioeconômico distinto, de modo que, por definição, uma pessoa faz parte dele ou não. Isso é útil em termos de imagens e análises e nos permite usar o que Max Weber chamou de "tipo ideal". Nesse espírito, o precariado poderia ser descrito como um neologismo que combina o adjetivo "precário" e o substantivo relacionado "proletariado". Neste livro, o termo é frequentemente usado nesse sentido, embora tenha limitações. Podemos afirmar que o precariado é uma *classe-em-formação*, se não ainda uma *classe-para-si*, no sentido marxista do termo.

Pensando em termos de grupos sociais, podemos dizer que, deixando de lado as sociedades agrárias, a era da globalização resultou numa fragmentação das estruturas de classe nacionais. À medida que as desigualdades aumentaram e que o mundo se moveu na direção de um mercado de trabalho aberto e flexível, a classe não desapareceu. Em vez disso, surgiu uma estrutura de classe global mais fragmentada.

Os termos "classe trabalhadora", "trabalhadores" e "proletariado" foram incorporados em nossa cultura por vários séculos. As pessoas podiam se descrever em termos de classe, e outras pessoas as reconheceriam nesses termos, pela maneira como se vestiam, falavam e se comportavam. Hoje em dia, são pouco mais que etiquetas evocativas. André Gorz (1982) escreveu sobre "o fim da classe trabalhadora" há muito tempo. Outros continuaram a agonizar sobre o significado daquele termo e sobre o critério para classificação. Na realidade, talvez precisemos de um novo vocabulário, um vocabulário que reflita as relações de classe no sistema de mercado global do século XXI.

Em termos gerais, enquanto as classes antigas persistem em partes do mundo, podemos identificar sete grupos. No topo está uma "elite", que consiste em um minúsculo número de cidadãos globais absurdamente ricos governando o universo, com seus bilhões de dólares, listados na Forbes como pessoas de prestígio, capazes de influenciar os governos em todos os lugares e de se permitirem gestos filantrópicos generosos. Abaixo da elite vêm os "assalariados", que ainda ocupam emprego estável de tempo integral, sendo que alguns esperam passar para a elite, mas a maioria apenas aprecia os sinais simbólicos de sua espécie, com pensões, férias pagas e benefícios da empresa, muitas vezes subsidiados pelo Estado. Os assalariados estão concentrados em grandes corporações, agências governamentais e na administração pública, incluindo o serviço público.

Ao lado dos assalariados, em mais de um sentido, está (até agora) um grupo menor de *proficians*. Esse termo combina as ideias tradicionais de "profissional" (*professional*) e "técnico" (*technician*), mas abrange quem detém um conjunto de habilidades que podem ser vendidas, recebendo altos rendimentos em contrato, como consultores ou trabalhadores autônomos. Os *proficians* equivalem aos *yeomen* (pequenos proprietários de terras com direitos políticos), cavaleiros e *squires* (nobres rurais) na Idade Média. Vivem com a expectativa e o desejo de se mudar continuamente, sem um impulso para o emprego de longo prazo e de período integral numa única empresa. A "relação de emprego padrão" não serve para eles.

Abaixo dos *proficians*, em termos de renda, está um "núcleo" retraído de trabalhadores manuais, a essência da velha "classe trabalhadora". Os Estados do bem-estar foram construídos tendo em mente esse grupo, assim como os sistemas de regulamentação do trabalho. Mas os batalhões de trabalhadores industriais que integravam os movimentos trabalhistas se retraíram e perderam seu sentido de solidariedade social.

Embaixo desses quatro grupos está o crescente "precariado", flanqueado por um exército de desempregados e um grupo separado de pessoas hostis socialmente desajustadas, vivendo à custa da escória da sociedade. O caráter dessa estrutura de classe fragmentada é discutido alhures (STANDING, 2009). É o precariado que queremos identificar aqui.

Convencionalmente, os sociólogos pensam tendo em vista as formas de estratificação de Max Weber – classe e status –, sendo que classe se refere às relações sociais de produção e à posição da pessoa no processo de trabalho (WEBER, [1922] 1968). Dentro dos mercados de trabalho, com exceção de empregadores e trabalhadores autônomos, a principal distinção tem sido feira entre trabalhadores remunerados e empregados assalariados – os primeiros são prestadores de serviço que recebem por tempo de trabalho ou por peça, com imagens de pagamento por esforço, e os últimos supostamente são gratificados pela confiança e compensação por serviço (GOLDTHORPE, 2007, v. 2, cap. 5; McGOVERN; HILL; MILLS, 2008, cap. 3). Sempre se presumiu que o assalariado estivesse mais perto de gerentes, chefes e proprietários, enquanto os trabalhadores remunerados seriam inerentemente alienados, exigindo disciplina, subordinação e uma combinação de incentivos e sanções.

Em contraste com classe, a ideia de status tem sido associada com a ocupação de uma pessoa, sendo as ocupações de status mais altos aquelas que estão mais perto de serviços profissionais, gerenciamento e administração (GOLDTHORPE, 2009). Uma dificuldade que se apresenta é que dentro da maioria das ocupações há divisões e hierarquias que envolvem status muito diferentes.

Em qualquer caso, a divisão entre mão de obra remunerada e empregado assalariado, e ideias de ocupação, se dissolve quando consideramos o precariado. O precariado tem características de *classe*. Consiste em pessoas que têm relações de confiança mínima com o capital e o Estado, o que as torna completamente diferentes do assalariado. E ela não tem nenhuma das relações de contrato social do proletariado, por meio das quais as garantias de trabalho são fornecidas em troca de subordinação e eventual lealdade, o acordo tácito que serve de base para os Estados de bem-estar social. Sem um poder de barganha baseado em relações de confiança e sem poder usufruir de garantias em troca de subordinação, o precariado é sui generis em termos de classe. Ele também tem uma posição de status peculiar, não se encaixando em alto status profissional ou em atividades artesanais de médio status. Uma forma de explicar isso é dizendo que o precariado tem "status truncado". E, como veremos, a sua estrutura de "renda social" não se mapeia perfeitamente conforme velhas noções de classe ou ocupação.

O Japão ilustra os problemas confrontando os estudantes do precariado. O país tem tido um nível relativamente baixo de desigualdade de renda (o que faz dele um "bom país", de acordo com Wilkinson e Pickett, 2009). Mas a desigualdade é profunda em termos de hierarquia de status e tem sido intensificada pela proliferação do precariado, cuja situação econômica é subestimada por medidas convencionais de desigualdade de renda. As posições de status mais alto na sociedade japonesa acarretam um conjunto de gratificações que proporcionam segurança socioeconômica e que valem muito mais do que pode ser medido pela renda monetária por si só (KERBO, 2003, p. 509-512). O precariado não tem todas essas gratificações, razão pela qual a desigualdade de renda é tão seriamente atenuada.

O termo descritivo "precariado" foi usado pela primeira vez pelos sociólogos franceses nos anos 1980, para descrever os trabalhadores temporários ou sazonais. Este livro usa uma noção diferente, mas o status de mão de obra temporária compreende um aspecto central do precariado. Apenas temos de lembrar que contratos de emprego temporários não são, necessariamente, a mesma coisa que fazer trabalho temporário.

Alguns tentam dar ao precariado uma imagem positiva, tipificando um romântico espírito livre que rejeita normas da antiga classe trabalhadora mergulhada no trabalho estável, bem como o materialismo burguês de quem tem empregos assalariados de "colarinho branco". Esse desafio do espírito independente e do inconformismo não deve ser esquecido, porque ele realmente figura no precariado. Não há nada de novo nas lutas da juventude e dos não tão jovens contra os ditames do trabalho subordinado. O que é mais novo é a receptividade por parte dos "idosos" do trabalho precário e do estilo de mão de obra, optando por semelhante modo de vida após um longo período de emprego estável. Nós os consideraremos mais tarde.

O significado do termo tem variado na medida em que entra no debate popular. Na Itália, o termo *precariato* tem sido empregado para significar mais do que apenas pessoas cumprindo tarefas casuais e com baixas rendas, indicando a existência precária como um estado de vida normal (GRIMM; RONNEBERGER, 2007). Na Alemanha, o termo tem sido usado para descrever não apenas trabalhadores temporários, mas também desempregados que não têm esperança de integração social. Isso se aproxima da ideia marxista de um *lumpenproletariat* e não é o que será apresentado neste livro.

No Japão, o termo tem sido usado como sinônimo de "trabalhador pobre", embora tenha evoluído como um termo distintivo na medida em que passou a ser associado com o movimento japonês do Dia do Trabalho e os chamados "sindicatos freeter", formados por jovens ativistas que exigem melhores condições de trabalho e de vida (UENO, 2007; OBINGER, 2009). O Japão tem produzido um grupo de jovens trabalhadores conhecidos como "freeters" – um nome que combina peculiarmente "*free*" (livre) e *Arbeiter*, palavra alemã para trabalhador – que tem sido forçado a um estilo de emprego casual.

Não é correto equiparar o precariado com o trabalhador pobre ou simplesmente com o emprego incerto, embora essas dimensões estejam correlacionadas com ele. A precariedade também implica a falta de uma identidade segura baseada no trabalho, considerando que os trabalhadores em alguns empregos de baixa renda podem estar construindo uma carreira. Alguns analistas têm ligado a ideia à falta de controle sobre seu emprego. Isso é complicado, uma vez que existem vários aspectos do trabalho e do emprego, sobre os quais uma pessoa pode ter o controle – desenvolvimento e uso de habilidades, tempo necessário para o emprego, tempo de emprego e trabalho, intensidade do trabalho, equipamentos, matérias-primas, etc. E há vários tipos de controle e de controladores, não apenas o supervisor padrão ou o gerente que supervisiona o trabalhador.

Afirmar que o precariado se compõe de pessoas que não têm controle sobre o próprio trabalho ou emprego seria muito restritivo, uma vez que sempre há ambivalência e acordo implícito em relação a empenho, cooperação e aplicação de habilidades, bem como espaço para atos de sabotagem, furto e atividades inúteis. Mas os aspectos de controle são relevantes para uma avaliação de sua situação.

Talvez uma linha de delineamento igualmente interessante esteja associada com o que pode ser chamado de "dissonância de status". Pessoas com nível relativamente alto de educação formal que tiveram de aceitar empregos com um status ou rendimento abaixo do que acreditam estar de acordo com suas qualificações são propensas a sofrer de frustração de status. Esse sentimento tem predominado no jovem precariado do Japão (KOSUGI, 2008).

Para nossos propósitos, o precariado consiste em pessoas que são desprovidas das sete formas de garantia relacionadas ao trabalho resumidas no quadro a seguir, e perseguidas pelos social-democratas, partidos trabalhistas e sindicatos após a Segunda Guerra Mundial como sua agenda de "cidadania industrial" para a classe trabalhadora ou para o proletariado industrial. Nem todos aqueles que fazem parte do precariado valorizariam todas as sete formas de segurança, mas se saem mal em todos os aspectos.

Formas de garantia e segurança de trabalho nos termos da cidadania industrial

Garantia de mercado de trabalho – oportunidades adequadas de renda-salário; no nível macro, isto é realçado por um compromisso governamental de "pleno emprego".

Garantia de vínculo empregatício – Proteção contra a dispensa arbitrária, regulamentação sobre contratação e demissão, imposição de custos aos empregadores por não aderirem às regras e assim por diante.

Segurança no emprego – Capacidade e oportunidade para manter um nicho no emprego, além de barreiras para a diluição de habilidade, e oportunidades de mobilidade "ascendente" em termos de status e renda.

Segurança do trabalho – Proteção contra acidentes e doenças no trabalho através, por exemplo, de normas de segurança e saúde, limites de tempo de trabalho, horas insociáveis, trabalho noturno para as mulheres, bem como compensação de contratempos.

Garantia de reprodução de habilidade – Oportunidade de adquirir habilidades, através de estágios, treinamento de trabalho, e assim por diante, bem como oportunidade de fazer uso dos conhecimentos.

Segurança de renda – Garantia de renda adequada e estável, protegida, por exemplo, por meio de mecanismos de salário mínimo, indexação dos salários, previdência social abrangente, tributação progressiva para reduzir a desigualdade e para complementar as baixas rendas.

Garantia de representação – Possuir uma voz coletiva no mercado de trabalho por meio, por exemplo, de sindicatos independentes, com o direito de greve.

Nas discussões da atual insegurança de trabalho, é dada mais atenção à insegurança de vínculo empregatício – falta de contratos de longo prazo e ausência de proteção contra a perda do vínculo. Isso é compreensível. No entanto, a insegurança no emprego também é uma característica marcante.

A diferença entre garantia de vínculo e segurança no emprego é vital. Considere-se um exemplo. Entre 2008 e 2010, trinta funcionários da France Telecom cometeram suicídio, resultando na indicação de alguém de fora como o novo chefe. Dois terços dos 66 mil funcionários tinham estabilidade do serviço público, com a segurança de vínculo empregatício garantida. Mas a administração sujeitou-os à sistemática insegurança no emprego, com um sistema chamado "Time to Move" (Hora de Mudar), que os obrigava a mudar de escritório e postos de trabalho abruptamente, de poucos em poucos anos. A tensão resultante foi considerada a principal causa dos suicídios. A insegurança no emprego foi relevante.

Essa insegurança também tem importância no serviço público. Os empregados assinam contratos que lhes dão a tão cobiçada segurança de vínculo empregatício. Mas eles também concordam em ser alocados para cargos de acordo com a vontade de seus gerentes. Em um mundo de rigorosa "gestão de recursos humanos" e flexibilidade funcional, é provável que o deslocamento para lá e para cá seja pessoalmente perturbador.

Outra característica do precariado é a renda precária e um padrão de renda que é diferente daquele de todos os outros grupos. Isso pode ser demonstrado usando-se o conceito de "renda social". Em todos os lugares, as pessoas obviamente têm de sobreviver com a renda que recebem, seja na forma de fluxo monetário ou de rendimentos em espécie, em termos do que as pessoas ou suas famílias produzem. Isso pode ser medido pelo que elas poderiam receber antecipadamente, caso venham a precisar. A maior parte das pessoas, na maioria das sociedades, tem várias fontes de renda, embora alguns possam depender de apenas uma.

A composição da renda social pode ser dividida em seis elementos. O primeiro é a autoprodução, os alimentos, os bens e os serviços produzidos diretamente, se consumidos, trocados ou vendidos, incluindo o que se pode plantar numa horta ou num terreno doméstico. Em segundo lugar, há o salário nominal ou a renda em dinheiro recebido do trabalho. Em terceiro, há o valor do apoio fornecido pela família ou pela comunidade local, muitas vezes por meio de créditos de seguros informais mútuos. Em quarto, há benefícios corporativos que são fornecidos a muitos grupos de empregados. Em quinto, há os benefícios estatais, incluindo benefícios de seguro social, assistência social, transferências discricionárias, subsídios pagos diretamente ou através dos empregadores, e serviços sociais subsidiados. Por fim, há os benefícios privados derivados de economias e investimentos.

Cada um deles pode ser subdividido em formas que são mais ou menos seguras ou garantidas e que determinam seu valor integral. Por exemplo, os salários podem ser divididos em formas fixadas numa base contratual de longo prazo ou formas variáveis ou flexíveis. Se alguém recebe hoje um salário que oferece a mesma renda mensal para o próximo ano, a renda recebida esse mês vale mais do que a mesma renda em dinheiro derivada de um salário que é dependente dos caprichos do tempo e da agenda de produção indeterminada de um empregador. Da mesma forma, os benefícios estatais podem ser divididos em direitos de "cidadania" universal, ao lado de benefícios de seguro, que dependem de contribuições passadas e por isso são, em princípio, "garantidos", e mais transferências discricionárias que podem ou não estar disponíveis, dependendo de circunstâncias imprevistas. Os benefícios da empresa podem ser subdivididos em elementos que todos recebem numa empresa, elementos que dependem do status ou do serviço anterior e elementos dados discricionariamente. O mesmo é verdadeiro para os benefícios da comunidade, que podem ser divididos em reivindicações de família ou parentesco e reivindicações que podem ser feitas na comunidade em geral para apoio em momentos de necessidade.

O precariado pode ser identificado por uma estrutura característica da renda social, que confere uma vulnerabilidade que vai bem além da que seria transmitida pela renda financeira recebida em um momento específico. Por exemplo, num período de rápida comercialização da economia de um país em desenvolvimento, os novos grupos, muitos a caminho do precariado, acham que perdem os benefícios tradicionais da comunidade e não obtêm benefícios corporativos ou do Estado. Eles são mais vulneráveis do que muitos grupos com rendas mais baixas que mantêm formas tradicionais de apoio da comunidade e são mais vulneráveis do que empregados assalariados que têm rendimentos financeiros similares, mas têm acesso a um conjunto de benefícios da empresa e do Estado. Uma característica do precariado não é o nível de salários em dinheiro ou de rendas auferidas em qualquer momento específico, mas a falta de apoio da comunidade em momentos de necessidade, a falta de benefícios assegurados da empresa ou do Estado e a falta de benefícios privados para complementar ganhos em dinheiro. Consideraremos os efeitos disso no capítulo 2.

Além da falta de garantia no emprego e da renda social insegura, aqueles que fazem parte do precariado carecem de uma *identidade* baseada no trabalho. Quando estão empregados, ocupam empregos desprovidos de carreira e sem tradições de memória social, ou seja, não sentem que pertencem a uma comunidade ocupacional imersa em práticas estáveis, códigos de ética e normas de comportamento, reciprocidade e fraternidade.

O precariado não se sente parte de uma comunidade trabalhista solidária. Esse fato intensifica um sentimento de alienação e instrumentalidade no que ele tem de fazer. As ações e atitudes derivadas da precariedade tendem ao oportunismo. Não há "sombra de futuro" pairando sobre suas ações, para lhes dar um senso de que o que dizem, fazem ou sentem hoje terá um forte ou obrigatório efeito em suas relações de longo prazo. O precariado sabe que não há nenhuma sombra do futuro, da mesma forma como não há futuro no que eles estão fazendo agora. Estar "fora" amanhã não seria uma surpresa, e sair talvez não fosse ruim, caso outro trabalho ou uma explosão de atividade surjam no horizonte.

O precariado carece de identidade ocupacional, mesmo que alguns tenham qualificações vocacionais e mesmo que muitos tenham empregos com títulos extravagantes. Para alguns, há uma liberdade em não ter nenhum comprometimento moral ou comportamental que defina uma identidade ocupacional. Consideraremos a imagem do "nômade urbano" mais tarde, bem como a relacionada imagem de "habitante, a pessoa que não é um cidadão pleno. Da mesma forma que alguns preferem ser nômades – isto é, viajantes não colonos –, nem todos que estão no precariado devem ser considerados como vítimas. No entanto, a maioria vai se sentir desconfortável em sua insegurança, sem uma perspectiva razoável de fuga.

Tarefa, trabalho,[2] diversão e ócio

Os antecedentes históricos do precariado foram os *banausoi* da Grécia antiga, aqueles que deviam cumprir as tarefas produtivas na sociedade (ao contrário de escravos, que trabalhavam apenas para seus senhores). Os *banausoi*, considerados por seus superiores como "rígidos de corpo"

---

[2] No original, "labour" e "work". Em termos marxistas, "labour" estaria ligado ao "valor de troca", e "work" ao "valor de uso". Baseado nas distinções estabelecidas por Guy Standing, optamos por traduzir "work" por "trabalho" e "labour" por "tarefa" ou "emprego". (N.E.)

e "vulgares de mente", não tinham nenhuma oportunidade de ascender na escala social. Trabalhavam ao lado dos *metecos* (residentes estrangeiros), artesãos aceitos com direitos limitados. Juntamente com os escravos, esses dois grupos faziam todas as tarefas, sem expectativa de que alguma vez pudessem participar da vida da *polis*.

Os antigos gregos compreendiam melhor do que nossos estrategistas políticos atuais as diferenças entre trabalho e tarefa e entre diversão e ócio, ou o que eles chamavam de *schole*. Os que faziam as tarefas eram não-cidadãos, pois os cidadãos não as cumpriam; eles se entregavam à *praxis*, ao trabalho na casa e ao redor dela, com a família e os amigos. Tratava-se de uma atividade "reprodutiva", o trabalho feito por si só, para fortalecer relações pessoais, para se misturar à participação pública na vida da comunidade. De acordo com os nossos padrões, a sociedade deles era desigual, particularmente no tratamento das mulheres. No entanto, eles entendiam por que era ridículo medir tudo em termos de tarefas.

Uma controvérsia neste livro é que um dos principais objetivos de se superar o "lado negativo" do precariado à medida que o século XXI avança deveria ser resgatar o trabalho que não é tarefa e o ócio que não é diversão. Durante todo o século XX, a ênfase esteve em maximizar o número de pessoas que realizam tarefa, enquanto se denegria ou se ignorava o trabalho que não fosse tarefa. Esperava-se que o precariado realizasse tarefas, como e quando fosse necessário, em condições que não são, em grande parte, de sua própria escolha. E esperava-se que se permitisse muita diversão. Conforme argumentado no capítulo 5, também se espera que seja feito muito trabalho por tarefa não remunerado. Mas seu ócio é considerado acidental.

Variedades do precariado

Não importa como seja definido, o precariado está longe de ser homogêneo. O adolescente que entra e sai o tempo inteiro de um ciber-café enquanto sobrevive de empregos transitórios não é o mesmo que o migrante que usa a inteligência para sobreviver, estabelecendo febrilmente uma rede de contatos enquanto se preocupa com a polícia. Tampouco é semelhante à mãe solteira que se preocupa de onde virá o dinheiro para os alimentos da próxima semana, ou ao homem de 60 anos que aceita empregos eventuais para ajudar a pagar as despesas médicas. Mas todos eles compartilham um sentimento de que seu trabalho é útil (para viver), oportunista (pegar o que vier) e precário (inseguro).

Uma maneira de descrever o precariado é como "habitantes" [*denizens*]. O "habitante" é alguém que, por uma razão ou outra, tem um conjunto de direitos mais limitado que o dos cidadãos. A ideia de "habitante", que pode ser rastreada até os tempos romanos, tem sido, geralmente, aplicada a estrangeiros que recebem direitos de residência e direitos para exercerem seu comércio, mas não direitos plenos de cidadania.

A ideia pode ser expandida se pensarmos na gama de direitos dos quais as pessoas são merecedoras – civis (igualdade perante a lei e direito à proteção contra o crime e dano físico), culturais (igualdade de acesso ao usufruto da cultura e direito a participar da vida cultural da comunidade), sociais (igualdade de acesso a formas de proteção social, incluindo pensões e serviços de saúde), econômicos (igualdade de direito para realizar atividade de geração de renda) e políticos (igualdade de direito de votar, candidatar-se a eleições e participar da vida política da comunidade). Um número crescente de pessoas em todo o mundo não têm pelo menos um desses direitos e, como tais, pertencem ao conjunto de "habitantes" em vez de ao conjunto de cidadãos, onde quer que estejam vivendo.

O conceito também poderia ser estendido à vida corporativa, com cidadãos corporativos e "habitantes" de vários tipos. Os assalariados podem ser visto como cidadãos com, pelo menos, direitos de voto implícitos na empresa, abrangendo uma série de decisões e práticas que o outro grupo de cidadãos, os acionistas e proprietários, aceitam implicitamente, embora tenham seus próprios direitos de voto explícitos sobre as decisões estratégicas na empresa. O resto das pessoas ligadas às corporações – os temporários, eventuais, empreiteiros dependentes e assim por diante – seriam "habitantes", com poucos merecimentos ou direitos.

Em todo o mundo, a maioria dos "habitantes" é migrante de um tipo ou de outro, e eles serão abordados mais tarde. No entanto, outra categoria se destaca – a grande camada de pessoas que foram criminalizadas, os condenados. A era da globalização tem visto um crescimento no número de ações consideradas criminosas. Mais do que nunca, pessoas são detidas e presas, resultando em uma quantidade sem precedentes de pessoas sendo criminalizadas. Parte da expansão da criminalização deve-se ao pequeno crime, incluindo reações comportamentais aos esquemas de assistência social que criam riscos imorais, situações em que as pessoas carentes arriscam penalizar a si mesmas caso digam a verdade e, assim, acabam caindo na violação de alguma regra burocrática.

Os trabalhadores temporários desprovidos de carreiras, "habitantes" migrantes, batalhadores criminalizados, requerentes de benefícios sociais... os números crescem. Infelizmente, as estatísticas trabalhistas e econômicas não são apresentadas de uma forma que nos permitiria estimar o número total de pessoas no precariado, e muito menos o número nas variedades que compõem suas categorias. Temos de construir uma imagem com base em variáveis substitutas. Consideremos os principais grupos que constituem o precariado, tendo em mente que nem todos eles se encaixam ali harmoniosamente; a característica identificadora não é, necessariamente, suficiente para indicar que uma pessoa está no precariado.

Para começar, a maioria das pessoas que se encontram em empregos temporários está perto de estar no precariado porque tem relações de produção tênues, baixas rendas comparadas com outros que fazem um trabalho similar e têm oportunidades mínimas em termos ocupacionais. O número de pessoas cujos empregos estão rotulados como temporários tem crescido enormemente na era do mercado de trabalho flexível. Em uns poucos países, como o Reino Unido, as definições restritivas do que constitui o trabalho temporário dificultaram a identificação do número de postos de trabalho sem proteção do emprego. Mas, na maioria dos países, a estatística mostra que o número e a quota das forças nacionais de trabalho em status temporários vêm aumentando acentuadamente ao longo das últimas três décadas. Eles cresceram rapidamente no Japão, onde em 2010 mais de um terço da força de trabalho ocupava empregos temporários, mas a proporção pode ser mais alta na Coreia do Sul, onde, fazendo uma interpretação sensata, mais da metade dos trabalhadores ocupa empregos temporários "não regulares".

Embora o fato de ocupar um emprego temporário seja o indicativo de uma pessoa que ocupa um emprego desprovido de carreira, isso nem sempre é o caso. Na verdade, aqueles que chamamos *proficians* alegram-se por ter uma existência baseada em projetos, saindo de um projeto de curto prazo para outro. E os empregos de longo prazo, nos quais se deve fazer as mesmas poucas tarefas repetidas vezes, dificilmente são ambicionados. Ter um emprego temporário é bom se o contexto social for satisfatório. Mas se o sistema econômico global exige que um monte de gente tenha empregos temporários, então os estrategistas políticos deveriam tratar do que os torna precários.

Atualmente, ter um trabalho temporário é um forte indicador de um tipo de precariedade. Para alguns, ele pode ser um trampolim para a construção de uma carreira. Mas, para muitos, pode ser um degrau que *desce* para um status de renda mais baixa. Aceitar um emprego temporário após um período de desemprego, como é encorajado por muitos estrategistas políticos, pode resultar em ganhos menores para os próximos anos (AUTOR; HOUSEMAN, 2010). Quando uma pessoa aceita um emprego em um patamar mais baixo, a probabilidade de ascensão social ou de ganhar uma renda "decente" é permanentemente reduzida. Aceitar um emprego casual pode ser uma necessidade para muitos, mas é improvável que promova a mobilidade social.

Outra via de entrada para o precariado é o emprego de meio período, um complicado eufemismo que se tornou uma característica da nossa economia terciária, ao contrário das sociedades industriais. Na maioria dos países, o sujeito que trabalha em regime de meio período é definido como empregado ou remunerado por menos de 30 horas semanais. Seria mais preciso chamá-los de *supostos* trabalhadores de meio período, uma vez que muitos que escolhem ou são obrigados a ter um emprego de tempo parcial acham que têm de trabalhar mais do que o previsto e mais do que são pagos para fazer. Os trabalhadores de meio período, muitas vezes mulheres, que decaem na carreira, podem acabar mais explorados, tendo que fazer muito trabalho por tarefa não remunerado fora de suas horas pagas, e mais autoexplorados, tendo de realizar trabalhos extras para manter um lugar de algum tipo.

O crescimento dos empregos de meio período ajudou a ocultar a expansão do desemprego e do subemprego. Desse modo, na Alemanha, deslocar mais pessoas para os "miniempregos" tem mantido a ilusão de alto nível de emprego e levado alguns economistas a fazerem reivindicações tolas sobre um milagre empregatício no país após o colapso financeiro.

Outras categorias sobrepostas ao precariado são os "empreiteiros independentes" e os "empreiteiros dependentes". Aqui não há equivalência com o precariado, uma vez que muitos empreiteiros estão seguros em alguns aspectos e têm uma forte identidade ocupacional. Pensa-se no dentista autônomo ou no contador. Mas diferenciar o empreiteiro dependente do independente tem causado dores de cabeça para os advogados trabalhistas em todos os lugares. Tem havido debates intermináveis sobre como distinguir aqueles que prestam serviços daqueles que prestam tarefa de serviço, e entre aqueles que dependem de algum intermediário e aqueles que são empregados ocultos. Em última análise, as distinções são arbitrárias, dependendo de noções de controle, subordinação e dependência de outras "partes". Todavia, aqueles que dependem de outros para serem alocados em tarefas sobre as quais têm pouco controle correm um risco maior de entrar para o precariado.

Outro grupo ligado ao precariado é o crescente exército nas centrais de atendimento. Essas centrais estão em toda parte, um símbolo sinistro da globalização, da vida eletrônica e do trabalho alienado. Em 2008, o Channel 4 do Reino Unido apresentou um documentário de televisão chamado "Phone Rage" [Fúria do Telefone], destacando os desentendimentos mútuos entre os jovens funcionários das centrais de atendimento e os clientes irritados. De acordo com o programa, em média, as pessoas no Reino Unido passavam um dia inteiro a cada ano falando com centrais de atendimento, e a quantidade de tempo estava aumentando.

Depois há os estagiários, um fenômeno moderno peculiar por meio do qual os recém-formados, os atuais alunos e até mesmo os pré-universitários trabalham durante um tempo, por pouca ou nenhuma remuneração, cumprindo tarefas insignificantes de escritório. Alguns analistas franceses equipararam o precariado aos estagiários, o que é incorreto, porém indicativo da inquietação com que o fenômeno é encarado.

Os estágios são potencialmente um veículo para canalizar os jovens rumo ao precariado. Alguns governos ainda têm lançado programas de estágio como uma forma de política "ativa" do mercado de trabalho, projetada para esconder o desemprego. Na realidade, os esforços para promover os estágios são muitas vezes pouco mais do que esquemas dispendiosos e ineficientes de subvenção. Eles têm custos administrativos altos e usam pessoas para fazerem pouca coisa de valor duradouro, seja para as organizações, seja para os próprios estagiários, apesar da retórica sobre aclimatar as pessoas para a vida organizacional e a aprendizagem no emprego. Consideraremos os estagiários mais adiante.

Em resumo, uma maneira de olhar para o precariado é perceber como as pessoas passam a realizar formas inseguras de trabalho que provavelmente não as ajudarão a construir uma identidade desejável ou uma carreira cobiçada.

Precarização

Outra maneira de ver o precariado é em termos de processos, a maneira pela qual as pessoas são "precarizadas". Esta palavra canhestra é análoga a "proletarizado", descrevendo as forças que levaram à proletarização dos trabalhadores no século XIX. Ser precarizado é ser sujeito a pressões e experiências que levam a uma existência precariada, de viver no presente, sem uma identidade segura ou um senso de desenvolvimento alcançado por meio do trabalho e do estilo de vida.

Nesse sentido, parte dos assalariados está sendo levada ao precariado. O caso do lendário *salaryman* [homem assalariado] no Japão é ilustrativo. Esse trabalhador do século XXI, com emprego vitalício em uma empresa, surgiu através de um modelo altamente paternalista do trabalhismo que prevaleceu até o início dos anos 1980. No Japão (e em outros lugares), a gaiola dourada pode facilmente se tornar uma gaiola de chumbo, com tantas garantias de vínculo empregatício que o exterior se torna uma zona de medo. Isso é o que aconteceu no Japão e em outros países do leste asiático que adotaram um modelo similar. Sair da companhia ou organização tornou-se um sinal visível de fracasso, uma desmoralização. Em tais circunstâncias, a busca do desenvolvimento pessoal facilmente dá lugar a uma politicagem de deferência em relação aos que estão em posição mais alta na hierarquia interna e de conspirações oportunistas.

Isso foi levado ao limite no Japão. A companhia tornou-se uma família fictícia, de modo que a relação de emprego se tornou uma *kintractship*,[3] na qual o empregador "adotava" o empregado e, em troca, esperava algo próximo de uma relação dadivosa de subserviência, dever filial e décadas de trabalho intenso. O resultado foi uma cultura de horas extras de serviço e o sacrifício máximo do *karoshi*, a morte por excesso de trabalho (MOUER; KAWANISHI, 2005). Mas desde o início dos anos 1980, a participação da força de trabalho japonesa na massa assalariada encolheu drasticamente. Aqueles que ainda estão agarrados a ela estão sob pressão, muitos estão sendo substituídos por trabalhadores mais jovens e por mulheres sem nenhuma garantia de vínculo empregatício equivalente à deles. O precariado está deslocando o *salaryman*, cuja dor é revelada por um aumento alarmante do número de suicídios e de doenças sociais.

A transformação japonesa do *salaryman* pode ser um caso extremo. Mas é possível ver como alguém psicologicamente aprisionado a um emprego de longo prazo perde o controle e é levado a se aproximar de uma forma de dependência precária. Caso o "pai" se torne descontente,

---

[3] O termo *kintractship* é derivado de uma combinação da palavra *contract* (contrato) com a palavra *kinship* (parentesco). (N.T.)

ou seja, incapaz ou relutante de continuar no papel parental fictício, a pessoa será lançada no precariado, sem as habilidades de autonomia e de proezas de desenvolvimento. O emprego de longo prazo pode *desqualificar*. Como foi explicado em outro texto (STANDING, 2009), esse foi um dos piores aspectos da era do trabalhismo.

Embora se deva tomar cuidado para não estender demais a definição, outra característica da "precarização" é o que poderia ser chamado de mobilidade ocupacional fictícia, simbolizada pelo fenômeno pós-moderno de "*uptitling*" elegantemente satirizado pelo *The Economist* (2010a). Uma pessoa que ocupa um emprego estático, que não leva a lugar nenhum, recebe um título pomposo para sua ocupação a fim de esconder as tendências do precariado. Pessoas são transformadas em "chefe" ou "executivo" ou "oficial" sem ter um exército para liderar ou uma equipe para modelar. O corpo profissional dos Estados Unidos, que caracteristicamente dá a si mesmo o título presunçoso de Associação Internacional de Profissionais Administrativos (tendo sido antes a Associação Nacional de Secretárias, bem mais modesta), informou que teve mais de 500 títulos de emprego em sua rede, incluindo "coordenador de escritório principal"", "especialista em documento eletrônico", "oficial de distribuição de mídia" (jornaleiro/jornaleira), "oficial de reciclagem'"(esvaziador de cestos) e "consultor de instalações sanitárias" (limpador de banheiros). Mas os Estados Unidos não têm o monopólio sobre a criatividade das titulações: ela está acontecendo em todos os lugares. Os franceses agora tendem a chamar as mulheres da limpeza com o nome mais prestigioso de *techniciennes de surface*.

O *The Economist* atribuiu a proliferação de títulos de ocupação à recessão pós-2008, que induziu a substituição de novos títulos pomposos por aumentos de salários, e à crescente complexidade interna das corporações multinacionais. Mas isso não é apenas um surto recente de hipérbole. Reflete o crescimento do precariado, em que símbolos fictícios de mobilidade ocupacional e desenvolvimento pessoal têm de encobrir a falta de trabalho. As estruturas profissionais achatadas são ocultadas pela inflação de títulos. O *The Economist* colocou isso muito bem:

> O culto da flexibilidade também é inflacionário. A moda de nivelar hierarquias tem tido o efeito paradoxal de multiplicar títulos de emprego sem sentido. Os trabalhadores almejam títulos que soem importantes, da mesma forma que os políticos são nomeados Chanceler do Ducado de Lancaster ou Lorde Presidente do Conselho. Todo

mundo, do conjunto executivo para baixo, quer ajeitar seu currículo como uma cerca-viva contra a demissão.

Isso aponta para um mal-estar mais profundo. O *The Economist* conclui sua análise panorâmica afirmando que "os benefícios de dar às pessoas um novo título pomposo geralmente têm vida curta. O prejuízo é de longa duração". O *The Economist* percebeu que a prática induzia ao cinismo e que os títulos extravagantes podem tornar seus possuidores mais descartáveis. Certamente, o mesmo vale para o contrário. Os títulos que são dados às pessoas também demonstram esse fato porque elas ocupam cargos descartáveis.

A mente precarizada

Não é preciso ser um determinista tecnológico para perceber que o cenário tecnológico configura a maneira como pensamos e nos comportamos. O precariado não se mostra ainda como uma classe organizada que busca ativamente seus interesses, em parte porque aqueles que nele se encontram são incapazes de controlar as forças tecnológicas que enfrentam. Há um indício crescente de que a parafernália eletrônica que permeia cada aspecto de nossas vidas vem exercendo um impacto profundo no *cérebro* humano, na maneira como pensamos e, de forma ainda mais assustadora, na nossa capacidade de pensar. O que é compatível com a ideia de precariado.

O precariado é definido pelo curto prazismo, que pode evoluir para uma incapacidade da massa de pensar a longo prazo, induzida pela baixa probabilidade de progresso pessoal ou de construção de uma carreira. Os grupos de iguais podem acentuar essa questão ameaçando marginalizar aqueles que não estão em conformidade com as normas de comportamento. Regras tácitas sobre o que é ou não é feito impõem custos pesados sobre os dissidentes.

A internet, o hábito de navegar, o envio de mensagens curtas, o Facebook, o Twitter e outras mídias sociais – tudo isso está agindo para reprogramar o cérebro (Carr, 2010). Essa vida digital está danificando o processo de consolidação da memória de longo prazo que é a base do que gerações de seres humanos vieram a considerar como inteligência, a capacidade de raciocinar mediante processos complexos e de criar novas ideias e modos de imaginação.

O mundo digitalizado não tem respeito pela contemplação ou reflexão; ele proporciona a estimulação e a gratificação instantâneas, forçando o cérebro a dar mais atenção às decisões e reações de curto prazo. Embora isso ofereça algumas vantagens, uma consequente perda é a "mente alfabetizada" e a ideia de individualidade. Há um afastamento de uma sociedade formada por indivíduos com distintas combinações de conhecimento, experiência e aprendizagem para uma sociedade na qual a maioria das pessoas tem pontos de vista socialmente construídos, rapidamente adquiridos, que são superficiais e desviados para a aprovação do grupo e não para a originalidade e a criatividade. Abundam os termos extravagantes, tais como "atenção parcial contínua" e "déficits cognitivos".

Isso pode parecer exagerado. Mas está ficando cada vez mais difícil negar que estão acontecendo mudanças mentais, emocionais e comportamentais e que esse fato é consistente com a expansão da precarização. A mente alfabetizada – com seu respeito pelo potencial deliberativo do "tédio", do tempo parado, para a contemplação reflexiva e uma sistemática ligação do passado, do presente e de um futuro imaginado – está sob a ameaça do bombardeio constante de investidas de adrenalina induzidas eletronicamente.

A capacidade de se concentrar deve ser aprendida e pode, igualmente, ser perdida ou distorcida. Alguns biólogos evolucionistas afirmam que os dispositivos eletrônicos estão devolvendo o cérebro humano ao seu estado primitivo, quando era condicionado a responder instintiva e rapidamente a sinais de perigo e às circunstâncias, e o pensamento intelectual era a aberração histórica. Essa interpretação de uma regressão biológica sem dúvida é deprimente e tem enormes implicações evolucionistas.

O ambiente eletrônico permite e encoraja a multitarefa, uma característica da sociedade terciária que será considerada mais tarde. A pesquisa tem mostrado que aqueles que, por hábito, inclinação ou necessidade, cedem à multitarefa sistemática dissipam energias e são menos produtivos em relação a qualquer tarefa específica do que aqueles que fazem isso com menos frequência. Os multitarefeiros são excelentes candidatos ao precariado, uma vez que têm mais problemas em se concentrar e mais dificuldades em excluir a informação irrelevante ou perturbadora (RICHTEL, 2010). Incapazes de controlar seu uso do tempo, eles sofrem de estresse, o que corrói a capacidade de manter uma mente desenvolvente que percebe a aprendizagem reflexiva com uma perspectiva de longo prazo.

Resumindo, o precariado sofre de sobrecarga de informação sem um estilo de vida que pudesse dar aos seus membros o controle e a capacidade de peneirar a informação que é útil da que é supérflua. Mais adiante, veremos como o Estado neoliberal está lidando com isso.

Raiva, anomia, ansiedade e alienação

O precariado sofre do que, em inglês, chamamos de "quatro A" – raiva (*anger*, em inglês), anomia, ansiedade e alienação. A raiva decorre tanto da frustração diante das vias aparentemente bloqueadas para promover uma vida significativa quanto de um sentimento de relativa privação. Alguns a chamariam de inveja, mas estar rodeado e constantemente bombardeado pelas armadilhas do sucesso material e pela cultura da celebridade certamente induzirá à indignação fervilhante. O precariado se sente frustrado não só por causa de toda uma vida de acenos de empregos temporários, com todas as inseguranças que vêm com eles, mas também porque esses empregos não envolvem nenhuma construção de relações de confiança desenvolvidas em estruturas ou redes significativas. O precariado também não tem nenhum meio de mobilidade para ascender, o que deixa a pessoa em suspenso entre a profunda autoexploração e o desengajamento.

Um exemplo citado no *The Observer* (REEVES, 2010) é o de uma assistente social de 24 anos, que recebe 28 mil libras por ano trabalhando, em teoria, 37,5 horas por semana. Ela fazia "algumas visitas noturnas" porque algumas famílias não podiam ser visitadas durante o dia, e assim gastava mais tempo trabalhando sozinha e em casa. Ela disse ao jornal:

> Minha grande frustração é que, durante um bom tempo, disseram-me que eu era boa o suficiente para progredir para o próximo nível, e eu tenho assumido tarefas além do meu papel de trabalho, mas não há reconhecimento disso. Preciso apenas esperar a disponibilidade de um cargo. Acho que isso acontece para poucas pessoas. Da equipe com quem comecei, eu sou a única assistente social que sobrou. E muitos deles saíram por causa de questões de plano e progressão de carreira. Nós fazemos um trabalho árduo, responsável, e, se isso fosse reconhecido, poderia nos manter no emprego por mais tempo.

Essa mulher está ligada ao precariado por falta de progressão e por sua avaliação desse fato. Ela concordava com a autoexploração na esperança de ter mobilidade, fazendo mais trabalho por tarefa. Seus colegas fugitivos constataram que a miragem da promoção não passava disso.

Pelo menos desde o trabalho de Emile Durkheim, entendemos que a anomia é um sentimento de passividade nascido do desespero. Ele é certamente intensificado pela perspectiva de empregos simples e desprovidos de carreira. A anomia surge de uma indiferença associada com a derrota constante, agravada pela condenação arremessada por políticos e analistas da classe média sobre muitos que estão no precariado, castigando-os como preguiçosos, sem rumo, desmerecedores, socialmente irresponsáveis, ou pior. No caso dos que clamam pelos benefícios sociais, dizer que as "psicoterapias" são o caminho a seguir é paternalista e facilmente visto como tal por aqueles estimulados a optar por elas.

O precariado vive com ansiedade – insegurança crônica associada não só à oscilação à beira do limite, sabendo que um erro ou um episódio de má sorte poderia pender a balança entre a dignidade modesta e ser um sem-teto, mas também com um medo de perder o que possui, mesmo quando se sente enganado por não ter mais. As pessoas têm a mente insegura e são estressadas, e ao mesmo tempo "subempregadas" e "sobrempregadas". São alienadas de seu emprego e de seu trabalho, e seu comportamento é anômico, incerto e desesperado. As pessoas que temem perder o que têm estão constantemente frustradas. Ficarão com raiva, mas em geral, de forma passiva. A mente precarizada é alimentada pelo medo e é motivada pelo medo.

A alienação decorre do conhecimento de que aquilo que fazemos não é para o nosso propósito ou para o que poderíamos respeitar ou apreciar; é simplesmente algo feito para outros, à ordem deles. Isso tem sido considerado como uma característica marcante do proletariado. Mas os membros do precariado experimentam várias injeções especiais, inclusive um sentimento de ser enganado – é dito a eles que devem ser gratos e "felizes" porque estão trabalhando e devem ser "positivos". É dito a eles que devem ser felizes, mas eles não conseguem perceber o motivo. Experimentam o que Bryceson (2010) chama de "ocupacionalidade fracassada", que só pode ter um efeito psicológico adverso. Pessoas em tais circunstâncias são susceptíveis de experimentar a desaprovação social e uma profunda falta de propósito. E a falta de ocupação cria um vácuo ético.

O precariado não se deixa enganar. Seus membros enfrentam um bombardeio de apelos. Porém, será que a mente inteligente sucumbe tão facilmente? Em *Smile or Die*, Barbara Ehrenreich (2009) ataca o culto moderno do pensamento positivo. Ela relembra como, nos Estados Unidos nos anos 1860, dois charlatões (Phineas Quimby e Mary Eddy) criaram o Movimento do Novo Pensamento, baseado no Calvinismo e na visão de que a crença em Deus e o pensamento positivo levariam a resultados positivos na vida. Ehrenreich seguiu os rastros desse pensamento até chegar aos negócios e finanças modernos. Ela descreveu como as conferências motivacionais tinham oradores dizendo aos trabalhadores com contrato de curto prazo, após serem demitidos, que eles eram jogadores de boa equipe, definidos como "uma pessoa positiva" que "sorri com frequência, não se queixa e se submete com gratidão a tudo o que o chefe exige". Podemos ir mais longe e perguntar se alguns não adotaram o velho ditado chinês: "Faça reverência com o corpo tão inclinado que o Imperador não veja você sorrir". Porém é mais provável que a resposta para o disparate alienante que o precariado tem de aturar seja um rangido de dentes.

Há outras reações além de raiva reprimida. Por exemplo, o precariado pode cair em uma zona corrosiva de engano e ilusão, ilustrada por um sul-coreano entrevistado pelo jornal *International Herald Tribune* (FACKLER, 2009). O repórter observou:

> Com seu limpo moletom branco da universidade e celular brilhante, Lee Changshik parece adequado à situação de gerente de uma administradora de condomínio, o emprego que ocupou até o pânico financeiro no ano passado – emprego que ele diz aos amigos e familiares que ainda mantém.

Com o cuidado de não contar a ninguém, ele tinha passado a trabalhar em um barco de pesca de caranguejo. "Eu definitivamente não coloco 'pescador de caranguejo' no meu currículo", disse o Sr. Lee. "Esse trabalho fere meu orgulho". Acrescentou que, em conversas por telefone, ele evita falar sobre o trabalho e evita se encontrar com amigos ou parentes, caso eles apareçam. Outro homem que trabalha nos barcos de pesca de caranguejo disse que não conta isso à sua esposa; outro disse à esposa que estava fora, no Japão, em vez de admitir o que estava fazendo. Tais narrativas de declínio de status são bastante familiares. É o sentimento de que elas são endêmicas, uma característica estrutural do moderno mercado de trabalho, que deveria causar alarme.

Aqueles que estão no precariado carecem de autoestima e dignidade social em seu trabalho; devem procurar por esse apreço em outro lugar, com sucesso ou não. Se forem bem-sucedidos, a inutilidade das tarefas que eles são obrigados a fazer em seus empregos efêmeros e indesejáveis pode ser reduzida, na medida em que a frustração de status será diminuída. Mas a capacidade de encontrar a autoestima sustentável no precariado é quase sempre vã. Existe o perigo de se ter uma sensação de engajamento constante, mas também de estar isolado no meio de uma multidão solitária.

Parte do problema é que o precariado vivencia poucas relações de confiança, especialmente por meio do trabalho. Ao longo da história, a confiança evoluiu em comunidades de longo prazo que construíram redes institucionais de irmandades. Se uma pessoa experimenta confusão por não saber a posição de alguém na vida, sua confiança se torna duvidosa e frágil (KOHN, 2008). Se os seres humanos têm uma predisposição para confiar e cooperar, como supõem os psicólogos, então, um ambiente de infinita flexibilidade e insegurança deve pôr em risco qualquer sentido de cooperação ou consenso moral (HAIDT, 2006; HAUSER, 2006). Fazemos o que podemos para escapar impunes, agindo de forma oportunista, sempre à beira da amoralidade. Isso é mais fácil de racionalizar quando todos os dias ouvimos falar da elite e das celebridades quebrando códigos morais impunemente e quando não há sombra de futuro em nossas interações.

Num mercado de trabalho flexível, os indivíduos temem assumir ou ficar presos em compromissos de conduta de longo prazo, uma vez que eles podem envolver custos e ações que não seriam objeto de reciprocidades desejáveis. Os jovens não vão querer ficar presos aos pais por compromissos econômicos se temem a possibilidade de ter de lhes dar assistência por muito tempo na velhice, com um encolhimento do Estado e uma crescente longevidade elevando os custos potenciais de tal tarefa. A atrofia de um acordo entre gerações é acompanhada por relações sexuais e de amizade mais contingentes.

Se tudo é "mercadorizado" – avaliado em termos de custos e recompensa financeira –, as reciprocidades morais se tornam frágeis. Se o Estado elimina formas trabalhistas de seguro social que criam um sistema sólido de solidariedade social, ainda que injusto, sem colocar nada comparável em seu lugar, então não há nenhum mecanismo para criar formas alternativas de solidariedade. Para construir um mecanismo, deve haver um senso de estabilidade e previsibilidade. O precariado carece de ambos. Está sujeito à incerteza crônica. O seguro social prospera quando há uma probabilidade mais ou menos igual de mobilidade ascendente e descendente, de ganhar e de perder. Numa sociedade em que o precariado está crescendo, e em que a mobilidade social é limitada e está em declínio, o seguro social não pode ter sucesso.

Isso ressalta uma característica atual do precariado. Ele ainda tem de se solidificar como uma classe-para-si. Pode-se descrever um processo de "queda" para dentro do precariado ou de ser arrastado para uma existência precarizada. As pessoas não nascem nessa classe e é improvável que se identifiquem como membros dela com um brilho de orgulho. Medo, sim; raiva, provavelmente; humor sarcástico, talvez; mas não orgulho. Trata-se de um contraste com a classe trabalhadora industrial tradicional. Levou tempo para que esta se tornasse uma classe organizada que busca ativamente seus interesses, mas, quando isso aconteceu, gerou um orgulho robusto e uma dignidade que ajudou a torná-la uma força política com uma agenda de classe. O precariado ainda não está nesse estágio, mesmo que alguns de seus membros demonstrem um orgulho provocador em suas passeatas, seus blogs e suas interações.

Uma boa sociedade precisa que as pessoas tenham empatia, uma capacidade de se projetar na situação do outro. Sentimentos de empatia e competição estão em constante tensão. Pessoas em competição incipiente se escondem do saber, das informações, dos contatos e dos recursos alheios, que, no caso de serem revelados, subtrairiam uma vantagem competitiva. O medo do fracasso, ou de ser capaz de alcançar apenas um status limitado, conduz facilmente à negação da empatia.

O que induz à empatia? Ela pode surgir de um sentimento de alienação ou insegurança compartilhado, ou mesmo de uma pobreza compartilhada. Os biólogos evolucionistas em geral concordam que é mais provável haver empatia dentro de pequenas comunidades estáveis, nas quais as pessoas conhecem umas às outras e se comprometem umas com as outras frequentemente (ver, por exemplo, DE WAAL, 2005). Durante muitos séculos, as comunidades profissionais encorajaram a empatia, sendo que a aprendizagem representava um mecanismo primário para a construção de uma avaliação de reciprocidade, reforçada pelas regras de autorregulação. Em todos os lugares, esse modelo tem sido desgastado pela globalização, mesmo na África (BRYCESON, 2010). O precariado tem um sentimento de estar numa comunidade internacional difusa, instável, de pessoas que lutam, normalmente em vão, para dar uma identidade ocupacional às suas vidas de trabalho.

Uma vez que os empregos se tornam flexíveis e instrumentais, com salários insuficientes para uma subsistência socialmente respeitável e um estilo de vida dignificador, não há "profissionalismo" que combine com o pertencimento a uma comunidade com padrões, códigos éticos e respeito mútuo entre seus membros baseados em competência e respeito a normas de comportamento consagradas. As pessoas que fazem parte do precariado não podem ser profissionalizadas porque não podem se especializar e não podem construir em profundidade uma constante melhoria de competência ou experiência. Elas encaram a incerteza de retornar a uma forma específica de trabalho e têm pouca possibilidade de mobilidade social ascendente.

O precariado tem um fraco senso de "memória social". Faz parte da humanidade nos definirmos pelo que fazemos ou pelo que somos. A memória social surge do pertencimento a uma comunidade reproduzida ao logo de gerações. Na melhor das hipóteses, ela fornece um código de ética e um senso de significado e estabilidade emocional e social. Há classes e dimensões ocupacionais profundamente enraizadas nesses elementos. Isso se estende ao que queremos ser. Há barreiras à aspiração que são socialmente construídas. Por exemplo, em muitas sociedades, uma criança da classe trabalhadora que aspirasse ser um banqueiro ou advogado seria motivo de riso; uma criança de classe média seria repreendida caso aspirasse ser um encanador ou um cabeleireiro. Você não faz o que você não é. Todos nós nos definimos tanto pelo que não somos quanto pelo que somos, tanto pelo que não poderíamos ser quanto pelo que poderíamos ser. O precariado não existe por si só; ele também é definido pelo que não é.

As políticas que promovem a flexibilidade de emprego desgastam os processos de interação relacional e de pares que são vitais para a reprodução de habilidades e atitudes construtivas no trabalho. Se você espera mudar o que está fazendo durante quase todo o tempo, mudar de "empregador" a curto prazo, mudar os colegas e, acima de tudo, mudar a maneira pela qual você chama a si mesmo, a ética de trabalho se torna constantemente contestável e oportunista.

Críticos como Haidt (2006) argumentam que a ética de trabalho só pode ser imposta e impingida de dentro da sociedade. Isso é esperar demais. A ética origina-se das comunidades menores e mais identificáveis, tais como um grupo profissional, um grupo de parentesco, ou classe social. O regime de flexibilidade, implicitamente, rejeita a ética do trabalho fundamentada por fortes comunidades profissionais.

Uma pesquisa do Gallup na Alemanha, em 2009, descobriu que somente 13% de todos os empregados se sentiam comprometidos com seus empregos, e que 20% dos empregados eram, definitivamente, desmotivados (NINK, 2009). Devido a todos esses encorajamentos para ser flexível e móvel, para procurar empregos como a fonte da felicidade, com certeza é saudável ser descomprometido, especialmente em tempos incertos. Porém, dada a importância do trabalho em nossas vidas, isso certamente não é bom o bastante.

Em suma, a mistura de raiva, anomia, ansiedade e alienação crescentes abrange o inevitável lado insolente de uma sociedade que tem feito da "flexibilidade" e da insegurança as pedras fundamentais do sistema econômico.

Observações finais

Embora não possamos apresentar números precisos, podemos supor que, neste momento, em muitos países, pelo menos um quarto da população adulta faz parte do precariado. Não se trata apenas de ter insegurança de vínculo empregatício, de ocupar empregos de duração limitada e com um mínimo de proteção trabalhista, apesar de tudo isso ser comum. Trata-se de estar numa posição que não oferece nenhum senso de carreira, nenhum senso de identidade profissional segura e poucos, se alguns, direitos aos benefícios do Estado e da empresa que várias gerações dos que se viam como pertencentes ao proletariado industrial ou aos assalariados passaram a esperar como algo que lhes era devido.

Essa é a realidade de um sistema que exalta e promove uma forma de vida baseada em competitividade, meritocracia e flexibilidade. A sociedade humana não se construiu ao longo dos séculos sobre uma mudança incessante e permanente; ela foi baseada na lenta construção de identidades estáveis e esferas de segurança bem "rígidas". Uma lição do Iluminismo é que o ser humano deveria controlar seu destino, não Deus ou as forças da natureza. Diz-se ao precariado que ele deve responder às forças de mercado e ser infinitamente adaptável.

O resultado é uma crescente massa de pessoas – em potencial, todos nós que estamos fora da elite, ancorada em sua riqueza e desapego da sociedade – em situações que só podem ser descritas como alienadas, anômicas, ansiosas e propensas à raiva. O sinal de advertência é o descompromisso político.

Por que as pessoas que não acreditam fazer parte do precariado deveriam se preocupar com o seu crescimento? Há a razão altruísta, que é a de que nós mesmos não gostaríamos de estar lá e, portanto, desejaríamos algo melhor para aqueles que enfrentam tal existência. Mas há outras razões também. Muitos de nós tememos entrar no precariado ou temos medo de que isso aconteça com nossa família e amigos. A elite e os membros mais presunçosos dos assalariados e dos *proficians* podem pensar que, num mundo de mobilidade social diminuída, eles próprios permanecerão confortáveis e imunes. Porém, devem estar alarmados pela ideia de que o precariado é uma classe emergente perigosa. Um grupo que não vê em seu futuro segurança ou identidade sentirá medo e frustração, o que pode levá-lo a atacar severamente as causas, identificáveis ou imaginadas, de seu destino. E o desinteresse proveniente da corrente dominante da abundância econômica e do progresso econômico está propício à intolerância.

O precariado não é uma classe organizada que busca ativamente seus interesses, em parte porque está em guerra consigo mesmo. Um grupo dentro dele pode responsabilizar outro por sua vulnerabilidade e indignidade. Um trabalhador temporário com baixo salário pode ser induzido a ver o "parasita de benefícios sociais" como alguém que obtém mais, de forma injusta e às suas custas. Uma pessoa que mora há muito tempo numa área urbana de baixa renda será facilmente levada a ver os migrantes como alguém que obtém os melhores empregos e que se lança para encabeçar a fila para os benefícios. As tensões dentro do precariado estão colocando as pessoas umas contra as outras, impedindo-as de reconhecer que a estrutura social e econômica está produzindo seu conjunto comum de vulnerabilidades. Muitos serão atraídos por políticos populistas e mensagens neofascistas, um desenvolvimento que já é claramente visível através da Europa, dos Estados Unidos e em outros lugares. É por isso que o precariado é a classe perigosa, e é por isso que uma "política de paraíso" é necessária para responder aos seus medos, inseguranças e aspirações.

Capítulo 2

Por que o precariado está crescendo?

Para compreender por que o precariado está crescendo, deve-se avaliar a natureza da Transformação Global. A era da globalização (1975-2008) foi um período em que a economia se "desintegrou" da sociedade na medida em que financistas e economistas neoliberais buscaram criar uma economia de mercado global baseada na competitividade e no individualismo.

O precariado cresceu por causa das políticas e das mudanças institucionais naquele período. Inicialmente, o compromisso com uma economia de mercado aberta prenunciava pressões competitivas sobre os países industrializados por parte dos países recém-industrializados (NICs, do termo inglês *newly industrialized countries*) e pela "Chíndia" (China e Índia) com um ilimitado suprimento de empregos a baixo custo. O compromisso com os princípios do mercado levou, inexoravelmente, a um sistema de produção global das empresas de rede e a práticas de empregos flexíveis.

O objetivo do crescimento econômico – tornar todos mais ricos, dizia-se – foi usado para justificar a reversão da política fiscal como instrumento de redistribuição progressiva. Altos impostos diretos, usados há muito tempo para reduzir a desigualdade e proporcionar segurança econômica aos trabalhadores de baixa renda, foram apresentados como desincentivos a trabalhar, poupar e investir, e como propulsores do investimento e dos empregos no exterior. E uma reorientação da proteção social a partir da solidariedade social para lidar com a pobreza e com pessoas consideradas fracassos sociais marcou o início de uma tendência de assistência social calcada na "verificação de recursos"[4] e desta para o *workfare*.[5]

Um aspecto central da globalização pode ser resumido em uma palavra intimidadora: "mercadorização". Isso envolve tratar tudo como uma mercadoria, a ser comprada e vendida, sujeita às forças do mercado, com preços fixados pela demanda e estoque, sem uma "ação" efetiva (uma capacidade para resistir). A mercadorização foi estendida a todos os aspectos da vida – família, sistema de educação, empresa, trabalho, instituições, política de proteção social, desemprego, incapacidade, comunidades profissionais e políticas.

No impulso para a eficiência de mercado, foram desmanteladas as barreiras para a mercadorização. Um princípio neoliberal estabelecia que eram necessárias regras para evitar que os interesses coletivos agissem como barreiras para a competição. A era da globalização não consistia numa era de *desregulamentação* e sim de *re-regulamentação*, na qual foram introduzidos mais regulamentos do que em qualquer outro período comparável da história. Nos mercados de trabalho mundiais, a maioria dos novos regulamentos era diretiva, dizendo às pessoas o que podiam e não podiam fazer, e o que tinham de fazer para serem beneficiários da política estatal.

O ataque sobre as instituições coletivas abrangia as empresas como instituições sociais, os sindicatos como representantes dos empregados, as comunidades profissionais como corporações de ofícios e profissões, a educação como força para a libertação do interesse pessoal e do comercialismo, a família como instituição de reciprocidade e reprodução social, e o serviço civil como uma estrutura guiada por uma ética de serviço público.

Essa mistura estilhaçou os esquemas de emprego e criou uma fragmentação de classe, destacada pela "terceirização" do trabalho e do emprego associada ao declínio na manufatura e a uma tendência para os serviços. Este capítulo explica esse quadro, não exaustivamente, mas em detalhes suficientes para entendermos por que o precariado está se tornando uma classe global.

---

[4] *Means test* é o nome dado no Reino Unido ao método para avaliar se um indivíduo ou família têm recursos suficientes para sobreviver sem ajuda financeira do governo. (N.E.)

[5] O termo *workfare*, derivado das palavras *work* (trabalho) e *welfare* (bem-estar), é um modelo alternativo ao sistema de bem-estar social em que o indivíduo tem de cumprir certos requisitos, como formação ou até mesmo trabalho não remunerado, para poder receber a assistência social. (N.T.)

A transformação global

Desde os anos 1970, a economia mundial passou a ser integrada, na medida em que o que acontece em uma parte do mundo afeta quase instantaneamente outros lugares. Na década de 1970, os movimentos de uma bolsa de valores eram equilibrados por movimentos semelhantes em outras bolsas apenas numa minoria dos casos; hoje, eles se movem em conjunto. Na década de 1970, o comércio era uma pequena parte da renda nacional em muitos países e ocorria principalmente no caso dos bens complementares; hoje, ele envolve bens e serviços que fluem em todas as direções com uma crescente participação consistindo em frações de bens e serviços, a maior parte dentro das próprias redes multinacionais. Os custos relativos do trabalho tornaram-se uma parte muito maior do processo de negociação.

O capital e o emprego associado estão fluindo da Organização para a Cooperação e Desenvolvimento Econômico (OCDE) para as economias de mercado emergentes. E isso vai continuar. O capital por pessoa na China, Índia, Indonésia e Tailândia é de 3% daquele nos Estados Unidos. A produtividade nessas economias se elevará durante muitos anos, simplesmente pela construção de mais máquinas e infraestrutura. Nesse meio tempo, os países industrializados se tornarão economias *rentistas*, nas quais a média dos salários reais não vai subir ou ser um meio de redução da desigualdade.

As economias de mercado emergentes continuarão a ser um fator primário no crescimento do precariado. Não haverá reversão desse aspecto da globalização. É tolice de quem se preocupa com a desigualdade e a insegurança econômica nos países ricos atuais imaginar que uma resposta efetiva ao choque financeiro de 2008 e à subsequente crise econômica seria se refugiar no protecionismo. Lamentavelmente, no entanto, como veremos, os governos reagiram de uma maneira que apenas intensificou as inseguranças e as desigualdades que sustentaram a crise.

O surgimento da Chíndia

A globalização marcou o aparecimento do que podemos chamar de "Chíndia", que tem mudado profundamente a vida social e econômica em todos os lugares. A combinação de China e Índia não é totalmente correta; são países com culturas e estruturas diferentes. Entretanto, para os nossos propósitos, a Chíndia se constitui numa metáfora abreviada conveniente.

Antes da globalização, os mercados de trabalho das economias abertas ao comércio e ao investimento tinham cerca de um bilhão de trabalhadores e pessoas em busca de emprego (FREEMAN, 2005). Em 2000, a força de trabalho desses países havia subido para 1,5 bilhões. Enquanto isso, a China, a Índia e o ex-bloco soviético entraram na economia global, acrescentando a ela mais 1,5 bilhões. Assim, a oferta de trabalho nas economias globalizadas triplicou. Os recém-chegados vieram com pouco capital e com salários muito baixos, alterando a relação capital-trabalho mundial e enfraquecendo a posição de barganha dos trabalhadores fora da Chíndia. Desde 2000, outros países de mercados emergentes têm aumentado a oferta de trabalhadores, incluindo o Vietnã, a Indonésia, o Camboja e a Tailândia, com Bangladesh e outros entrando no quadro. Um novo termo tornou-se popular, "China Mais Um", o que implica que as multinacionais vão restringir sua estratégia por terem fábricas em pelo menos mais outro país, bem como na China. O Vietnã, com 86 milhões de pessoas, é um dos principais candidatos, com salários reais que permaneceram constantes por duas décadas. Em 2010, um trabalhador têxtil naquele país ganhava 100 dólares por mês, uma fração minúscula dos salários nos Estados Unidos ou na Alemanha, por exemplo.

Simbolizando a velocidade da mudança, por 40 anos o Japão foi a segunda maior economia do mundo depois dos Estados Unidos, e, em 2005, em termos de dólares, o produto interno bruto (PIB) da China ainda tinha a metade do tamanho do PIB do Japão. Em 2010, a China ultrapassou o Japão e estava se aproximando dos Estados Unidos. A Índia vem logo depois, crescendo prodigiosamente ano a ano.

O crescimento da China tem sido comandado pelo investimento estatal, especialmente em infraestrutura, e por investimento estrangeiro direto. As multinacionais se anteciparam, usando substitutos de todas as partes da China. Arrebanharam centenas de milhares de trabalhadores dentro de parques industriais construídos apressadamente, abrigando-os em complexos de dormitórios, forçando-os a trabalhar de forma tão intensa que a maioria desistiu num prazo de três anos. Esses trabalhadores podem se enquadrar na imagem de um proletariado industrial, mas são tratados como força de trabalho itinerante descartável. A pressão para aumentar os salários cresceu. Mas estes são tão baixos que vão permanecer por muito tempo como uma pequena fração dos salários nos países ricos industrializados, do mesmo modo que os custos de tarefas unitárias, especialmente na medida em que a produtividade está aumentando drasticamente.

A China tem contribuído para a desigualdade de renda global de várias maneiras. Seus baixos salários têm pressionado para baixo os salários no resto do mundo e ampliado as diferenças salariais. O país manteve seus próprios salários consideravelmente baixos. Na medida em que o crescimento acelerou, a participação dos salários na renda nacional caiu durante 22 anos consecutivos, passando de um baixo índice de 57% do PIB em 1983 para apenas 37% em 2005. Isso torna a China a grande economia mais "capitalista" na história.

A Foxconn, a maior fabricante por contrato do mundo, é o exemplo perfeito da conivência das multinacionais nos abusos registrados nos parques industriais que surgiram na China. Subsidiária da companhia Hon Hai Precision Industry, de Taiwan, a Foxconn emprega 900 mil pessoas na China. Metade está na "Cidade Foxconn", em Shenzhen, com seus edifícios de produção de quinze andares, cada um deles dedicado a um cliente, como a Apple, a Dell, a HP, a Sony e a Nintendo. A Cidade Foxconn expandiu-se através de uma estratégia de contratação de migrantes, vindos de áreas rurais para as cidades, por salários lamentavelmente baixos, esperando rotatividade de 30-40% por ano, na medida em que sucessivos grupos se exaurem.

Seus esquemas de trabalho ajudaram a aumentar o precariado global. Os baixos salários e a intensidade do trabalho (incluindo 36 horas extras por mês) que, tardiamente, chamaram a atenção mundial por um dilúvio de suicídios e tentativas de suicídio em 2009 e 2010, forçaram as empresas em todos os lugares a tentar competir cortando salários e optando pelo emprego flexível.

Esses suicídios tiveram um efeito. Em seguida à publicidade adversa e às greves não oficiais, a Foxconn elevou os salários. Porém, um resultado serão os cortes nos alojamentos gratuitos e nos alimentos, bem como nas espaçosas instalações de lazer. A reação imediata da Foxconn aos suicídios foi paternalista. Ela cercou seus prédios com redes para segurar as pessoas caso elas pulassem, contrataram conselheiros para os trabalhadores em dificuldades, trouxeram monges budistas para acalmá-los e pensaram em pedir aos funcionários que assinassem notas de garantia de "não suicídio". As celebridades do Vale do Silício na Califórnia expressaram preocupação. Mas não havia motivo para se surpreenderem: elas lucraram milhões de dólares com produtos de custo ridiculamente baixo.

A Flexconn é uma metáfora para a globalização. Mudará seu modelo, elevando salários em suas zonas primordiais, cortando benefícios da empresa, movendo mais produção para áreas de custo mais baixo e substituindo sua mão de obra por empregados mais precários. O grande motor da terceirização vai se terceirizar. Entretanto, o modelo de desenvolvimento chinês e da Foxconn acelerou as mudanças no resto do mundo para uma estrutura em que o precariado vai se tornar o centro das atenções.

Mercadorização da empresa

Um aspecto da globalização que tem atraído menos atenção, mas que tem contribuído para o crescimento do precariado, é a maneira como as próprias companhias têm se tornado mercadorias para serem compradas e vendidas mediante fusões e aquisições. Embora isso seja parte do capitalismo há muito tempo, costumava ser bastante raro. O frenesi com que as empresas são agora negociadas, divididas e reacondicionadas é uma característica do capitalismo global. E as corporações são cada vez mais propriedades de acionistas estrangeiros, pilotadas por fundos de pensão e de capital privado.

A mercadorização de companhias significa que os compromissos feitos pelos atuais proprietários não valem tanto quanto valiam antes. Os proprietários poderiam estar fora da empresa no dia seguinte, juntamente com suas equipes de gerenciamento e com os acenos e apertos de mão que compõem os negócios informais sobre como o trabalho é feito, como os pagamentos devem ser honrados e como as pessoas são tratadas em momentos de necessidade.

Em 1937, Ronald Coase especificou uma teoria que lhe daria um Prêmio Nobel de Economia. Argumentou que as empresas, com suas hierarquias, eram superiores aos mercados pulverizados compostos somente por indivíduos; elas reduziam os custos de transações dos negócios, e uma das razões disso era o fato de promoverem relações de longo prazo baseadas em confiança. Esse raciocínio entrou em colapso. Agora que os compradores oportunistas podem acumular vastos fundos e assumir o controle até mesmo de companhias bem administradas, há menos incentivo para formar relações de confiança dentro das empresas. Tudo se torna contingente e aberto à renegociação.

Durante anos os jornais acadêmicos foram repletos de artigos sobre as "variedades de capitalismo" nacional. Elas estão se fundindo num híbrido global, algo mais próximo do modelo acionista anglo-saxão do que do modelo de participação alemão, como ilustra o exemplo do Japão.

O "milagre japonês" nos anos 1960 e 1970 tinha por base a empresa como instituição social, com rígidas hierarquias, emprego vitalício, salários baseados em tempo de serviço e *company unions*.[6] Isso era apropriado para um país que entrava na economia mundial partindo de uma base de baixa renda. Mas as inflexibilidades do modelo impediram sua adaptabilidade na era da globalização.

Finalmente, o governo japonês reescreveu a legislação corporativa a fim de mudar para o modelo dos Estados Unidos, permitindo que as empresas introduzissem salários relacionados ao desempenho, opções de ações, diretores de fora, promoções com base na competência e não na idade, busca de valor para o acionista e contratação de funcionários assalariados com alguns anos de experiência. A empresa estava sendo mercadorizada, orquestrada pelo capital financeiro e pelos proprietários – acionistas, não administradores. Ela não era totalmente americanizada, mas a tendência era clara.

A proporção de ações em posse de estrangeiros aumentou quase seis vezes entre 1990 e 2007. A emissão de ações tornou-se comum, deixando as empresas abertas à aquisição. Até o final dos anos 1990, havia menos de 500 fusões e aquisições por ano; em 2006, houve cerca de 3 mil. A mudança se deveu a uma reforma que permitiu que as companhias usassem ações para comprar outras empresas, ao mesmo tempo em que reformas contábeis obrigavam as empresas a serem mais transparentes. Em 2007, uma lei possibilitou as "fusões triangulares" habilitando companhias estrangeiras a usarem ações para comprar empresas japonesas via companhias subsidiárias.

A ameaça da aquisição de controle levou as empresas a reduzir o emprego vitalício, principalmente com a perda de pessoal sem substituição por empregados regulares. A proporção de empresas que se descreviam como "concentradas no acionista" subiu para 40% em 2007, enquanto a parcela que se dizia "concentrada no trabalhador" caiu para apenas 13%.

Outros países mercadorizaram a empresa de maneiras similares, com isso tornando a vida mais insegura para os empregados. Mesmo aqueles empregados na categoria dos assalariados agora podem descobrir que, durante

---

[6] *Company unions* são sindicatos formados e controlados por uma empresa com o objetivo de tolher os esforços de associação de seus funcionários, uma vez que não é afiliado a nenhum sindicato independente. Também costumam ser chamados de *yellow unions* (sindicatos amarelos). (N.E.)

a noite, perderam seu emprego e outras formas de segurança porque sua empresa foi arrebatada ou declarada falida antes da reestruturação. De sua parte, como uma defesa parcial, as empresas querem mais forças de trabalho flexíveis para que possam responder rapidamente às ameaças externas.

A mercadorização também tornou mais fluida a divisão do trabalho dentro das empresas. Se as atividades podem ser feitas de forma mais barata em determinado local, elas são "realocadas" (dentro das empresas) ou "terceirizadas" (para empresas parceiras ou outras). Isso fragmenta o processo de trabalho; as estruturas de trabalho internas e as "carreiras" burocráticas são interrompidas, devido à incerteza sobre se os empregos que as pessoas esperariam realizar serão realocados ou terceirizados.

O rompimento contribui para a forma como as habilidades são desenvolvidas. O incentivo para investir em habilidades é determinado pelo custo de sua aquisição, pelo custo de oportunidade para tal e pela renda potencial adicional. Se aumentar o risco de não ter oportunidade de praticar as habilidades, o investimento nessas habilidades irá diminuir, assim como o comprometimento psicológico para com a empresa. Em suma, se as empresas se tornam mais fluidas, os trabalhadores serão desencorajados de tentar construir carreiras dentro delas. Isso os coloca perto de estar no precariado.

A empresa está se tornando mais portátil do que os empregados, em termos de sua capacidade de trocar de atividades. Muitos empregados não podem se realocar facilmente. Eles podem ter um parceiro que recebe uma renda, filhos presos a uma trajetória escolar, parentes idosos para cuidar. Esses riscos de interromper carreiras profissionais tendem a empurrá-los mais para um modo de vida precariado.

Para um crescente número de trabalhadores no século XXI, seria estupidez considerar a empresa como um lugar para se construir uma carreira e obter segurança de renda. Não haveria nada de errado com isso se a política social fosse adaptada, de modo que todos que trabalham para companhias fossem capazes de ter segurança básica. Porém, no momento, isso está longe de ser uma realidade.

As sirenes da flexibilidade do trabalho: remercadorização do trabalho

A busca de relações de emprego flexíveis tem sido a principal causa direta do crescimento do precariado global. Em outro livro

(STANDING, 1999b), considerei como a flexibilidade cresceu em termos globais. Aqui, apenas salientaremos os aspectos que aceleram o crescimento do precariado pensando nas formas principais – numéricas, funcionais e salariais – de flexibilidade.

O impulso da flexibilidade é um negócio inacabado, como é mostrado cada vez que há um mergulho econômico, quando os analistas demonstram a mesma exigência por mais. É um processo de "remercadorização" do emprego, tornando a relação de emprego mais suscetível à procura e à oferta, conforme é medida por seu preço, o salário. Isso significou desgastar todas as sete formas de segurança e garantia de trabalho identificadas no capítulo 1. Muitos analistas se concentram em um aspecto: a redução da garantia de vínculo empregatício por facilitar a demissão dos empregados, reduzir os custos da demissão e facilitar o uso de empregados eventuais e temporários. Embora isso seja parte do processo, a diminuição da garantia de vínculo é usada para aumentar outras formas de flexibilidade.

Os empregados estáveis são mais propensos a se organizar coletivamente, uma vez que estão mais seguros e confiantes em confrontar seus empregadores. A garantia de vínculo empregatício acompanha a garantia de representação. Da mesma forma, ser um cidadão trabalhador significa sentir-se no controle de seu desenvolvimento profissional. Sem outras formas de segurança, os empregados não têm segurança de habilidades, já que temem ser deslocados por toda parte e instruídos para realizar tarefas fora de seus planos pessoais ou aspirações.

O ponto-chave é que relações de trabalho flexíveis são um imperativo no processo de trabalho global. Devemos compreender o que é imposto, não com um desejo atávico de reverter as mudanças, mas para identificar o que seria necessário para torná-las toleráveis.

Flexibilidade numérica

Durante três décadas, a ideia de facilitar a demissão dos empregados foi defendida como uma maneira de estimular os empregos. Argumentava-se que isso tornaria potenciais empregadores mais inclinados a empregar trabalhadores, uma vez que seria menos custoso livrar-se deles. A fraca garantia de vínculo tem sido descrita pelo Fundo Monetário Internacional (FMI), pelo Banco Mundial e por outras corporações como necessária para atrair e reter o capital estrangeiro. Consequentemente, os governos têm competido uns com os outros para enfraquecer a proteção das relações de emprego e tornarem mais fácil empregar trabalhadores sem essa proteção.

A imagem dominante do precariado resulta da flexibilidade numérica, através do que por muito tempo foi chamado de formas de emprego "atípicas" ou "fora do padrão". As empresas dominantes estão terceirizando grande parte de suas tarefas, enquanto preservam uma pequena massa assalariada (cidadãos corporativos), cuja lealdade é valorizada por elas e com quem partilham um elemento essencial – o *conhecimento*, a capacidade de rentismo das empresas terciárias. Se o conhecimento for compartilhado de maneira muito ampla, as companhias perdem o controle da vantagem. Os assalariados são cidadãos com direitos de voto em suas empresas, consultados ou levados em consideração numa gama de decisões. Esses direitos são, implicitamente, aceitos pelos proprietários ou pelos acionistas, que têm direitos de voto em decisões estratégicas do empreendimento ou organização.

Uma característica da flexibilidade é o uso crescente do emprego temporário, o que permite às empresas mudarem rapidamente as contratações, de modo que elas possam adaptar e alterar sua divisão de emprego. O emprego temporário tem vantagens de custo: os salários são mais baixos, evita-se o pagamento com base na experiência, o direito aos benefícios da empresa é menor e assim por diante. E há menos risco; contratar alguém temporariamente não significa assumir um compromisso que possa ser lamentado, por qualquer razão.

Nos lugares onde predominam os serviços, o emprego tende a ser orientado por projetos em vez de ser contínuo. Isso traz mais flutuação na demanda de emprego, tornando quase necessário o uso de empregos temporários. Há também fatores menos tangíveis que promovem seu crescimento. As pessoas contratadas temporariamente podem ser induzidas a trabalhar de forma mais dura, especialmente se os trabalhos são mais intensos do que aquele feito pelos trabalhadores regulares. Os trabalhadores regulares podem se indignar com a mudança. As pessoas contratadas temporariamente também podem ser colocadas com mais facilidade em formas de subemprego que pagam menores salários por menos horas, em períodos de paralização do trabalho, por exemplo. Elas podem ser facilmente controladas pelo medo. Se não se acomodarem às demandas que lhes são impostas, podem ser mandadas embora, com o mínimo de barulho e custo.

Os trabalhadores temporários são usados para extrair concessões de outros trabalhadores, que são avisados de que serão substituídos se não se adaptarem às exigências. Por exemplo, as camareiras que trabalhavam para os Hotéis Hyatt, nos Estados Unidos, com contratos que estipulavam oito horas diárias de jornada e rotinas regulares, de repente descobriram que estavam trabalhando ao lado de funcionários temporários agenciados que eram pressionados a trabalhar 12 horas por dia e limpar um número maior de quartos (30 por turno). Ou seja, os trabalhadores regulares estavam sendo substituídos pelos temporários.

O exemplo mais surpreendente é o enfraquecimento do modelo do *salaryman* do Japão. As companhias congelaram a contratação de jovens para cargos vitalícios e se voltaram para contratos temporários. Além de receberem muito menos, os temporários não têm direito a oportunidades de capacitação e benefícios. Algumas fábricas até obrigam os trabalhadores a usar macacões de cores diferentes de acordo com sua posição no emprego, um exemplo da vida imitando a ficção, trazendo à memória os alfas e os épsilons da obra de Aldous Huxley, *Admirável mundo novo*.

Uma razão simples para usar mais trabalhadores temporários é que outras empresas estão fazendo o mesmo, o que lhes confere uma vantagem de custo. A competitividade mediante o uso do trabalho temporário é progressivamente importante no sistema global na medida em que as companhias buscam imitar o que está sendo feito em outros países e pelos líderes de mercado em seus setores – um padrão conhecido como "o efeito de dominância". As multinacionais tentam estabelecer seu modelo de emprego em lugares onde fundam subsidiárias, normalmente derrotando aos poucos as práticas locais. Assim, o modelo de "melhor prática" do McDonald's envolve desqualificação, remoção de funcionários com longo tempo de serviço, rompimento com o sindicato e salários e benefícios empresariais mais baixos. Outros seguem o exemplo. Os analistas têm destacado os repertórios de práticas de trabalho em que os gerentes podem fazer exigências aos empregados (AMOORE, 2000; SKLAIR, 2002; ELGER; SMITH, 2006; ROYLE; ORTIZ, 2009). Alguns usam os "sindicatos amarelos" – criados e comandados pelos empregadores – para derrotar os sindicatos independentes. Está surgindo um modelo global em que fatores corporativos, tecnológicos e políticos influenciam a escolha de táticas. Imaginar uma resistência efetiva uniforme é fantasioso.

Outro exemplo é o Walmart, o maior varejista com normas fixadas dos Estados Unidos e fonte das fortunas de quatro das dez pessoas mais ricas no país. Prospera com base num sofisticado processo *just-in-time*,[7] no qual o controle dos custos do trabalho por meio de extrema flexibilidade fez dele um dos modelos mais detestados do mundo. O emprego temporário é a essência do sistema. Oponha-se ao que acontece ali e você está fora.

A mudança para o emprego temporário é parte do capitalismo global. Tem sido acompanhada por um crescimento das agências de emprego e do número de corretores de trabalho, que têm ajudado as empresas a mudar mais rapidamente para temporários e a terceirizar grande parte de seus empregados. As agências de trabalho temporário são gigantes que moldam o processo de trabalho global. A Adecco, sediada na Suíça, com 700 mil pessoas em seus registros, tornou-se um dos maiores empregadores privados do mundo. A Pasona, uma agência japonesa de recursos humanos, criada na década de 1970, encaminha todos os dias 250 mil trabalhadores para contratos de curto prazo. O fundador da Pasona afirma que a flexibilidade é benéfica para as empresas e para os trabalhadores, e descarta como sentimental a velha norma de empregos de longo prazo. "Seja um trabalhador regular – e seja explorado pelo resto da vida", disse ele ao *The Economist* (2007). Do mesmo modo que as agências europeias e norte-americanas, a Pasona construiu dúzias de subsidiárias que lidam com a terceirização de projetos e com a produção nos países asiáticos e nos Estados Unidos.

Tradicionalmente, as agências temporárias se concentravam em pessoal administrativo e trabalhos servis, como encarregados de limpeza e auxiliares de hospital. Depois, tiveram algum sucesso na esfera lucrativa dos "requerentes de benefícios sociais". Agora, elas estão indo cada vez mais para a arena profissional, considerada como um negócio com maior margem de lucro. Por exemplo, a Adecco está mudando seu perfil de 20% profissional e 80% trabalhador administrativo e operário para um terço profissional.

O crescimento do trabalho temporário, das agências de emprego multinacionais e dos mesquinhos corretores de trabalho que figuram em países como a África do Sul tem sido facilitado por mudanças legislativas e legitimado por corporações como a Organização Internacional

---

[7] *Just-in-time* é um sistema para administrar a produção em qualquer organização e que estabelece que tudo deve ser produzido, transportado ou comprado na hora exata, a fim de diminuir custos e estoques. (N.T.)

do Trabalho, que reverteu sua oposição às agências de emprego privadas nos anos 1990. No Japão, uma lei de 1999 derrubou uma proibição sobre contratos temporários e permitiu a criação de agências de emprego privadas em mais áreas; depois de 2004, elas foram permitidas também na manufatura. Essas reformas, sem dúvida, contribuíram para o crescimento do precariado japonês. Na Itália, o precariado foi aumentado pela lei Treu de 1997, que introduziu contratos temporários, e pela lei Biagi, de 2003, que permitiu a criação de agências privadas de recrutamento. Um após o outro, os países têm reconhecido a pressão da globalização na extensão do trabalho temporário.

O trabalho temporário tem acompanhado o que se passa sob o desajeitado termo "triangulação". O Direito do Trabalho e a negociação coletiva foram construídos com base em relações diretas entre empregadores e empregados. Mas quem é o responsável quando uma terceira pessoa se torna um intermediário? Quem está no controle, o empregador final ou o intermediário? A falta de clareza dos limites de tomada de decisão e responsabilidade aumenta a precariedade. Há uma jurisprudência extensa para deleitar as mentes dos advogados. Mas os próprios temporários sabem apenas que se reportam a dois senhores.

A situação muitas vezes é obscura. Em Ontário, no Canadá, por exemplo, devido a uma lei que regula as agências de ajuda temporária, quando os trabalhadores temporários assinam a renúncia ao seu direito de escolha de locais e de tipo de trabalho, entregam o controle sobre sua "força de trabalho" e se mercantilizam, a ponto de pagarem à agência uma taxa para se registrarem nela. Esse é um caminho para uma cidadania de segunda classe com direitos truncados. Uma vida em trabalho temporário é uma redução do controle ao longo do tempo, na medida em que os trabalhadores temporários devem estar de prontidão; o tempo que se deve dedicar ao emprego ultrapassa o tempo no emprego.

Assim, a tendência para o emprego temporário é forte. Em alguns países, especialmente no Reino Unido e nos Estados Unidos, pouquíssimos empregos são classificados como temporários porque os empregados de curto prazo não são levados em conta, mesmo que não tenham nenhuma segurança de emprego e sejam temporários em tudo, menos no nome. Os sucessivos governos britânicos ampliaram o período durante o qual os empregados não têm segurança e reduziram os custos dos empregadores em relação aos contratos que chegam ao fim. Isso significou uma precarização por meio de ação furtiva. Em outros lugares, num esforço para defender a "relação de trabalho padrão", os sindicatos, os governos e os órgãos de empregadores permitiram empregados temporários ao lado de regulares, criando forças de trabalho dualistas.

A quota temporária não mostra sinal de declínio. Ao contrário, o choque financeiro de 2008 e a recessão resultante deram às empresas uma desculpa para se livrarem dos empregados "permanentes" e acolherem mais trabalhadores temporários. Em 2010, os temporários no Japão respondiam por mais de um terço da força de trabalho e mais de um quarto dos trabalhadores na faixa etária de 25 a 54 anos. Em janeiro de 2009, 500 trabalhadores recém-demitidos e desabrigados montaram uma cidade de tendas no centro de Tóquio. Quando os políticos e as equipes de TV se reuniram ali, o governo da cidade reagiu encontrando acomodações para os trabalhadores em edifícios públicos não usados. Mesmo que o gesto tenha durado apenas uma semana, despertou a consciência em relação ao precariado, ressaltando a falta generalizada de proteção social. No entanto, permaneceu a imagem de que as famílias e as empresas tomavam conta das pessoas, dando a entender que o Estado não precisa fazer isso. O estigma persistiu, de modo que uma pessoa desempregada não podia solicitar apoio facilmente. O incidente marcou uma mudança social das percepções. De repente, o precariado era real.

Nos Estados Unidos, depois do choque, as empresas lançaram mão de uma tática que havia se destacado depois do colapso do sistema soviético em 1991, colocando empregados regulares na categoria de "contratados" para evitar os custos fixos. No caso soviético, milhões de trabalhadores foram colocados em "licença não remunerada", enquanto as empresas guardavam seus livros de histórico do trabalho. Isso deu a impressão de que o emprego estava sendo mantido, mas empobreceu os trabalhadores, muitos dos quais morreram. Nos Estados Unidos, a transferência de empregados para contratos temporários tornou-os inelegíveis para o seguro saúde, as férias pagas, etc. Seria um exagero dizer que os Estados Unidos estavam afundando na rota soviética, mas as táticas forçaram os trabalhadores para o precariado, resultando em muito sofrimento pessoal.

A Europa também está estimulando o emprego temporário. Na Alemanha, milhões de trabalhadores foram acrescentados à categoria temporária (*Zeiterbeit*). No Reino Unido, o governo trabalhista se opôs e depois atrasou a implementação da Diretiva da União Europeia que dava aos trabalhadores contratados por agências temporárias direitos iguais aos das equipes permanentes, com o mesmo salário, férias e condições básicas. O governo queria manter o Reino Unido como um lugar atraente para o investimento estrangeiro. No entanto, confirmou a posição precária de todas as pessoas contratadas temporariamente.

A Espanha, nesse meio tempo, tornou-se o exemplo típico de um mercado de trabalho de vários níveis, com metade de sua força de trabalho em contratos temporários. Em 2010, a OCDE calculou que 85% dos empregos perdidos na Espanha depois da crise financeira eram temporários. Alegou-se que os empregados permanentes estavam sendo mantidos nos empregos porque era custoso demiti-los. Mas os altos custos da equipe assalariada já haviam induzido à mudança para temporários, bem como à terceirização e ao emprego de migrantes. O governo e os sindicatos haviam reagido à antiga pressão por flexibilidade preservando a segurança para os trabalhadores regulares e criando um "depósito" de temporários. Isso não só levou a uma força de trabalho de vários níveis como à indignação do precariado em relação aos sindicatos que cuidavam de seus próprios membros às suas custas.

Outra faceta da flexibilidade numérica é o crescimento dos empregos de tempo parcial. As razões disso incluem a mudança de posição das mulheres e as trocas para serviços. Isso também é parcialmente involuntário. Nos Estados Unidos, em meados de 2009, o Departamento de Estatísticas do Trabalho calculou que mais de 30 milhões de pessoas estavam, "inevitavelmente", em empregos de tempo parcial, mais do que o dobro do número daqueles computados como desempregados, o que contribuiu para uma taxa de desemprego ajustada de 18,7%. Uma vasta proporção daqueles empregos continuará sendo de meio período e mal paga, mesmo se a economia se reerguer.

O termo "tempo parcial" pode ser um equívoco, uma vez que grande parte do que é considerado como tempo parcial é tudo, menos isso. Como discutiremos no capítulo 5, há muitos caminhos pelos quais as empresas pagam pessoas como trabalhadores de tempo parcial, mas esperam que elas trabalhem mais horas do que são pagas para trabalhar. Como disse uma mulher ao *Wall Street Journal* (MAHER, 2008), "Tenho status de tempo parcial com horário de tempo integral". Muitos precisam assumir dois empregos de meio período só para pagar as contas ou como uma garantia na perda de um deles.

A flexibilidade numérica também tem sido associada à terceirização e à realocação de negócios para outros países [*offshoring*]. O choque financeiro acelerou o impulso global para terceirizar o trabalho, mesmo que a produção e o emprego estivessem encolhendo. As gerências se desesperaram para encontrar maneiras de reduzir os custos. Um caminho era passar as entregas menos urgentes para o transporte marítimo, o que permitiu mais *offshoring*, antes limitado pela necessidade de transporte aéreo dispendioso. As companhias também passaram a fazer mais *near-sourcing* e *near-shoring*.[8] Em tudo isso, a garantia de vínculo empregatício é uma miragem.

Por fim, há esquemas como os "contratos de zero-hora", em que a pessoa recebe um contrato, mas não tem certeza sobre quantas horas – talvez nenhuma – terá de trabalhar ou sobre quanto vai receber – se é que receberá. Outro esquema é o de "licenças não pagas", um eufemismo para dispensas, às vezes por meses seguidos, às vezes como um dia normal de descanso semanal não pago. É uma alavanca de flexibilidade. Outro esquema é o uso de estagiários. O número de pessoas nesse novo status vem crescendo desde o choque. Os governos têm dado subsídios e incentivos. Do mesmo modo que as licenças, eles trazem coisas boas para as contas do emprego e do desemprego; quem arca com a maioria dos custos são os estagiários e seus familiares.

Quando todas as complicações da flexibilidade numérica são consideradas, o resultado evidente são vidas de trabalho inseguro para um crescente número de pessoas próximas do precariado. Todo ano, cerca de um terço dos empregados em países da OCDE deixa seu empregador por uma razão ou outra. Nos Estados Unidos, cerca de 45% das pessoas deixam seus empregos a cada ano. A imagem do emprego de longo prazo é enganosa, mesmo que uma minoria ainda tenha um. Um terço da rotatividade de emprego é contabilizado pela abertura e fechamento de empresas.

Nos anos 1960, um trabalhador típico que entrasse no mercado de trabalho de um país industrializado podia esperar que passaria, até se aposentar, por quatro empregadores. Nessas circunstâncias, fazia sentido se identificar com a empresa contratante. Atualmente, um trabalhador

---

8 *Near-sourcing* é um termo usado para descrever um negócio que estrategicamente coloca algumas de suas operações perto de onde seus produtos finais são vendidos. *Near-shoring* é a transferência de negócios ou de processos para as empresas em um país vizinho, muitas vezes fronteiriço, em que ambas as partes esperam se beneficiar de uma ou mais das seguintes dimensões de proximidade: geográficas, temporais (fuso horário), culturais, linguísticas, econômicas, políticas ou históricas. (N.T.)

seria tolo se fizesse isso. Agora, um trabalhador típico – mais provável que seja mulher – pode esperar a passagem por nove empregos antes de atingir os 30 anos de idade. Essa é a extensão da mudança representada pela flexibilidade numérica.

Flexibilidade funcional e insegurança no emprego

A essência da flexibilidade funcional é possibilitar que as empresas mudem a divisão do trabalho rapidamente, sem custo, e troquem trabalhadores entre tarefas, posições e locais de trabalho. Com a competição global e uma contínua revolução tecnológica, é compreensível que as companhias queiram isso e que os governos queiram ajudar. No entanto, essa flexibilidade trouxe mudanças dolorosas que têm expandido o precariado. Enquanto a flexibilidade numérica gera uma falta de garantia quanto aos vínculos empregatícios, a flexibilidade funcional intensifica a insegurança no emprego.

Uma mudança facilitadora surgiu com o fortalecimento da prerrogativa gerencial sobre a organização do trabalho, o tema da luta nos anos 1970 e 1980, quando os empregadores tomaram o controle de sindicatos e de organizações profissionais. Ao sujeitarem os empregados a uma maior subordinação, marcaram um avanço da "proletarização" (STANDING, 2009), mas, paradoxalmente, isso foi necessário para a "precarização". O estabelecimento de controle administrativo sobre a decisão do trabalho permitiu gerenciamentos para a criação de arranjos flexíveis que incluíam linhas mais frágeis de progressão profissional.

Na medida em que mais empreendimentos se tornavam multinacionais, as gerências podiam manobrar empregos e funções entre as fábricas dentro de sua rede e de suas cadeias de abastecimento. Novos termos entraram no léxico da análise gerencial e trabalhista. A terceirização tornou-se um termo genérico para a sobreposição de processos. Ter o controle da divisão do trabalho facilitou o processo de *offshore* [transferir empregados ou tarefas para uma fábrica em outro país] e de *inshore* [transferência entre fábricas dentro de um país], e a alternância entre a *outsourcing* [terceirização] e a *insourcing* [utilização de recursos internos] sempre que fosse vantajoso.

Um gerente de maximização de lucros ou um engenheiro podem ver essa capacidade de reorientação como desejável. Mas considere as implicações para os trabalhadores sujeitos a ela. A maioria nunca teve controle sobre a construção de uma carreira, por isso não deveria haver nenhuma romantização do surgimento de alguma idade de ouro (SEN-NETT, 1998; UCHITELLE, 2006). Mas agora uma quantidade muito maior não tem controle algum. O fortalecimento da prerrogativa de gestão significa que a insegurança no trabalho é a nova norma. Como as pessoas podem construir uma carreira e desenvolver um perfil profissional quando podem ser movidas em curto prazo ou quando os próximos degraus da escada profissional de repente são terceirizados?

Uma tendência relacionada a essa flexibilização é a expansão dos contratos individuais, como parte da "contratualização" da vida. Na sociedade industrial, a norma era um contrato coletivo, definido por negociação coletiva, talvez estendida a outras empresas em um mesmo setor. Mas na medida em que os sindicatos e a negociação coletiva se retraíram, os contratos individualizados cresceram. Por um curto tempo, menos trabalhadores foram cobertos por alguns contratos, mas a tendência dos contratos individuais está se fortalecendo. Eles permitem que as empresas forneçam diferentes tratamentos, graus de segurança e status, de modo a canalizar alguns trabalhadores dentro dos assalariados, alguns em empregos estáveis, alguns em um status de precariado, aumentando as divisões e as hierarquias. Os contratos individualizados permitem que os empregadores endureçam as condições para minimizar a incerteza da empresa, condições essas impostas mediante a ameaça de sanções para a quebra de contratos.

Os contratos individuais tornaram-se mais que uma tendência global desde que a China promulgou a Lei do Trabalho de 1994 e a Lei do Contrato de Trabalho de 2008, que consolidaram contratos de prazo fixo e de prazo indeterminado. Estes vão aumentar a terceirização e a triangulação na medida em que as empresas aprenderem a minimizar os custos que acompanham os contratos. A China é o mercado de trabalho maior e mais dinâmico do mundo; esses desenvolvimentos marcam uma mudança para uma força de trabalho global em muitas camadas, na qual assalariados privilegiados trabalharão ao lado de um crescente precariado.

Os contratos individuais, a informalização dos trabalhadores e outras formas de flexibilidade externa se reúnem em outro termo desajeitado: "terciarização". Isso representa mais do que é transmitido pelo "setor terciário", o qual envolve uma mudança para serviços. Por décadas, a produção mundial e o emprego foram mudando para serviços. O termo popular "desindustrialização" é enganoso, uma vez que implica uma erosão e perda de capacidade, enquanto grande parte da mudança tem sido consistente com os avanços tecnológicos e com a natureza variável da produção. Mesmo na Alemanha, uma potência de exportação, a participação da produção no produto e no emprego diminuiu para menos de 20%. Na França, no Reino Unido e nos Estados Unidos, ela é muito menor.

A terceirização sintetiza uma combinação de formas de flexibilidade, em que as divisões do trabalho são fluidas, os locais de trabalho se misturam entre casa e espaços públicos, as horas de trabalho são flutuantes e as pessoas podem combinar várias condições de trabalho e ter vários contratos simultaneamente. Ela está profetizando um novo sistema de controle, concentrando-se no uso que as pessoas fazem do tempo. Uma maneira influente de olhar para a terceirização tem sido a da escola italiana, inspirada no marxismo e em Foucault (1977), que descreve o processo como criar uma "fábrica social", tendo a sociedade como uma extensão do local de trabalho (HARDT; NEGRI, 2000).

Essa imagem não é totalmente correta. A fábrica é o símbolo da sociedade industrial, na qual o trabalho era definido em blocos de tempo, com produção em massa e mecanismos de controle direto em locais de trabalho fixos. Isso é o contrário do sistema terciário de hoje. A flexibilidade envolve mais trabalho por tarefa; uma indefinição dos locais de trabalho, locais residenciais e locais públicos, e uma mudança do controle direto para diversas formas de controle indireto, em que cada vez mais mecanismos tecnológicos sofisticados são implantados.

Parte da flexibilidade funcional e da terceirização tem sido um crescimento do trabalho à distância, que separa grupos de empregados e tende a isolá-los. É claro que muitos trabalhadores dão boas-vindas à chance de trabalhar em casa. Na IBM, uma pioneira no trabalho à distância, 45% dos empregados não vão ao escritório regularmente, economizando 100 bilhões de dólares ao ano para a companhia (NAIRN, 2009). Os empregados têm, cada vez mais, "perfis móveis", permitindo-lhes transferir configurações e arquivos para qualquer estação de trabalho de computador que estejam usando, incluindo computadores portáteis. Os locais de trabalho virtuais se proliferaram, com empregados trabalhando "em casa" ou onde quiserem. Tais arranjos economizam dinheiro para os escritórios, dão à companhia o acesso a uma equipe com mais talentos (e mantêm mulheres após a gravidez), permitem que operem em dias estendidos, reduzem a política do escritório e as interrupções dos colegas, e são mais amigáveis ambientalmente. As desvantagens incluem a falta de compartilhamento de informações informais e menos *esprit de corps.*

Os trabalhadores à distância também são vulneráveis a serem retirados da folha de pagamento dos empregados, para fins de contribuição fiscal e social. Ou parte de seu trabalho pode não aparecer nos registros, talvez para disfarçar a extensão do trabalho ou da renda ou para aumentar a exploração da pessoa que fornece o serviço. Este trabalho paralelo é inevitável em uma economia de mercado terciária.

Desmantelamento profissional

Além da flexibilidade funcional e do trabalho à distância, as mudanças nas estruturas profissionais têm perturbado a capacidade das pessoas de controlar e desenvolver seu potencial profissional. Na era da globalização, os governos desmantelaram calmamente as instituições de "autorregulação" de profissões e ofícios e, em seu lugar, construíram elaborados sistemas de regulação estatal. Estes sistemas removeram a capacidade das corporações profissionais de estabelecer seus próprios padrões, controlar a entrada para sua profissão, estabelecer e reproduzir sua ética e maneiras de fazer as coisas, definir as taxas de remuneração e direitos, estabelecer formas de disciplinar e punir membros, definir os procedimentos para a promoção e para outras formas de progressão na carreira, e muito mais.

O ataque à autorregulação profissional fazia parte da agenda neoliberal. Milton Friedman – arquiteto do monetarismo e, depois de Friedrich Hayek, o mais influente economista que orientou Thatcher, Reagan e Pinochet no Chile – teve sua primeira experiência intelectual em 1945 com um livro que atacava a profissão médica (FRIEDMAN; KUZNETS, 1945). Os neoliberais queriam regulamentações que bloqueassem qualquer voz coletiva. As corporações profissionais estavam no topo da lista de alvos.

A regulamentação estatal tem se intensificado mediante o licenciamento profissional e uma mudança no licenciamento para entidades estatais, insistindo na adesão à concorrência e práticas baseadas no mercado. As corporações profissionais tornaram-se sujeitas a regras antitruste. As profissões que definiam suas próprias regras foram vistas como algo que distorcia o mercado, agindo monopolisticamente. Assim, mais pessoas foram submetidas ao licenciamento profissional e obrigadas a estar de acordo com as práticas de mercado.

As mudanças têm sido dramáticas. Nos Estados Unidos, atualmente, mais de mil profissões estão sujeitas ao licenciamento, o que cobre mais de 20% da força de trabalho. A expansão do licenciamento em outros lugares tem sido igualmente extensa. E considerando que se pode presumir que os Ministérios do Trabalho ou seus equivalentes seriam responsáveis pela regulação das práticas de trabalho, a tendência tem sido transferir a responsabilidade para os Ministérios da Fazenda. A Suprema Corte dos Estados Unidos e a Comissão Federal do Comércio definiram a tendência nos anos 1970, suprimindo a isenção das profissões das regras antitruste. Aos poucos, a concorrência e as instituições financeiras passaram a controlar o que as profissões podem e não podem fazer. Na Austrália, todas as profissões estão subordinadas à Comissão de Concorrência e do Consumidor; na Bélgica e nos Países Baixos, as profissões são sujeitas à regulação pelas autoridades responsáveis pela concorrência. No Reino Unido, os conselhos dominados pelo governo fizeram da concorrência e dos interesses dos consumidores os princípios dominantes.

A regulação do mercado tem acompanhado a liberalização das profissões, orquestradas, em certa medida, por dispositivos regulamentares internacionais, como o Acordo Geral sobre o Comércio de Serviços da Organização Mundial do Comércio e a Diretiva de Serviços da União Europeia. Os mercados nacionais estão sendo abertos para a competição externa nos "serviços" profissionais em países que antes tinham jurisdição nacional sobre quem podia praticar como advogado, contador, arquiteto, encanador, ou o que quer que fosse.

Mesmo profissões que eram baluartes da classe assalariada e *profician* escondem tendências do precariado mediante "carreiras" truncadas. No setor financeiro, a maioria das pessoas ocupa empregos de curta duração. Uma sala de operações financeiras com mil pessoas pode conter 50 pessoas com mais de 40 anos e apenas dez com mais de 50 anos. Uma carreira pode chegar ao seu ponto máximo depois de apenas cinco anos. Alguns se tornam vencedores, chafurdando em dinheiro. Alguns vão para o grupo assalariado, ocupando cargos administrativos. Alguns fracassam, levados pela correnteza para o precariado. Não é nenhuma surpresa que o cenário pós-2008 nos Estados Unidos produzisse minifinancistas em tempo parcial fazendo negócios a partir de seus quartos ou cozinhas para alguns clientes, tanto imaginados como reais. A estratificação se aprofunda em todos os tipos de profissões.

Com a insegurança no trabalho sendo a contrapartida da flexibilidade funcional e ligada à re-regulamentação das profissões, as empresas podem estratificar os trabalhadores quase em termos de classe, desviando os funcionários menos eficazes para empregos sem perspectiva de progresso ou desqualificados, enquanto reservam para os favoritos os postos assalariados que preservam credenciais profissionais. Embora as decisões de estratificação possam ser fundamentadas em avaliações de capacidades, o controle de estruturas ocupacionais por gestores e regras administrativas aumenta a possibilidade de desviar as pessoas de um nicho profissional para um canal de precariado. Isso pode retroalimentar decisões de aprendizagem. Por que investir numa habilidade profissional se não tenho controle sobre como posso usá-la ou desenvolvê-la?

Os regulamentos estão fragmentando as profissões, produzindo para profissões destinadas ao precariado. De acordo com a primeira Auditoria Nacional de Habilidades Estratégicas, lançada em 2010, os empregos de crescimento mais rápido da Inglaterra na última década incluíam algumas profissões e ofícios modernos – agentes de conservação, urbanistas, psicólogos e cabeleireiros – mas consistiam principalmente em trabalhos semiprofissionais, como paramédicos, assistentes jurídicos e assistentes de professores. Isso reflete o enfraquecimento de comunidades profissionais e sua divisão entre elites e precariados, estes últimos incapazes de ascender aos postos mais altos. O processo foi sintetizado pela Lei de Serviços Jurídicos do Reino Unido, de 2007, apelidada de "lei Tesco", a qual permite que sejam oferecidos serviços jurídicos padronizados, inclusive dentro de supermercados, por assistentes jurídicos com um mínimo de treinamento e sem chance de se tornarem verdadeiros advogados.

Por fim, há uma esfera emergente de reestruturação profissional que reflete a mercadorização das empresas e que vai acelerar as tendências do precariado. Essa esfera é a mercadorização da gestão, simbolizada pelo crescimento de gestores interinos contratados por meio de agências ou por eles próprios para atribuições de curto prazo. Se os diretores de gestão escolar continuarem pensando que a gestão não deve ser uma profissão, eles não se surpreenderão se muitos gestores interinos deixarem de ser *proficians* de alto status e passarem a ser membros descartáveis do precariado.

Flexibilidade do sistema de salário: reestruturando a renda social

Um imperativo da globalização é a flexibilidade salarial. O termo esconde uma série de mudanças que impulsionaram o crescimento da precariedade. Em essência, não apenas o nível de renda recebida pela maioria dos trabalhadores tem diminuído, mas sua insegurança de renda tem aumentado. Isso pode ser visto por meio do prisma da renda social, como foi mostrado no capítulo 1.

A renda social está sendo reestruturada. Inicialmente, os salários nos países industrializados se estagnaram, em muitos países durante várias décadas. As diferenças salariais aumentaram enormemente, incluindo diferenciais entre empregados regulares e empregados próximos do precariado. Por exemplo, no setor industrial alemão, os salários dos trabalhadores permanentes têm aumentado, enquanto os salários dos trabalhadores com contratos "atípicos" têm caído. No Japão, os empregados temporários recebem salários que correspondem a 40% dos valores pagos aos assalariados que fazem serviços semelhantes, e não recebem os bônus semestrais no valor de cerca de 20% da remuneração total. Os temporários têm até mesmo de pagar mais pelas refeições na cantina da empresa. Quando os salários reviveram após a recessão de 2008-2010, os salários dos retraídos assalariados subiram, enquanto os dos temporários caíram ainda mais.

Diferentemente dos outros, o precariado conta amplamente com salários nominais. No século XX, o assalariado e o proletariado passaram a contar, em grande parte, com outras formas de remuneração. Houve uma substituição de salários por benefícios empresariais e estatais, principalmente para empregados em tempo integral. A mudança foi maior na União Soviética e na China, onde o sistema de *danwei* ("tigela de arroz de ferro") dava aos empregados de empresas estatais benefícios e serviços "do berço ao túmulo", desde que eles fossem condescendentes. A mudança dos salários nominais também ocorreu nos Estados de bem-estar social, com mais benefícios estatais na Europa Ocidental e mais benefícios empresariais nos Estados Unidos e no Japão. Também aconteceu nos países em desenvolvimento onde o "setor moderno" copiou o que acontecia em outros lugares.

Algumas pessoas, como Esping-Andersen (1990), chamaram a mudança dos salários de "desmercadorização do trabalho", sugerindo que os trabalhadores eram menos dependentes do mercado no que diz respeito à renda. Isso é enganoso, visto que o direito à maioria dos benefícios dependia da participação regular no mercado de trabalho ou de ter um "chefe de família" num emprego estável. Uma descrição mais precisa é a "desmercadorização fictícia". Os trabalhadores tinham de concordar com as injunções do mercado para obter aquelas formas de renda social, o que não é o mesmo que afirmar que a renda foi libertada do mercado.

Em todo caso, a globalização reverteu a tendência de salários para benefícios. Enquanto os assalariados mantinham e continuavam ganhando uma série de benefícios corporativos e privilégios, com bônus, licença médica paga, seguro médico, férias pagas, creches, transporte subsidiado, habitação subsidiada e muito mais, o "núcleo" retraído perdia tudo isso pouco a pouco. O precariado foi completamente privado de tudo isso.

Essa é a forma como a flexibilidade salarial moldou o precariado. As contribuições do empregador e o provimento de serviços e benefícios chegaram a abranger uma grande parte dos custos do trabalho, particularmente nos países industrializados. Confrontadas pela concorrência da Chíndia, as empresas foram se desfazendo daqueles custos, por meio da terceirização e da realocação de negócios para outros países e convertendo maior quantidade da força de trabalho ao precariado, particularmente mediante a utilização de temporários aos quais era negado o direito a benefícios.

Isso é a *remercadorização* do trabalho, uma vez que a remuneração é concentrada em salários nominais. Ela acompanha a natureza mais eventual do emprego e a busca da competitividade. Apesar de ser possível dar inúmeros exemplos, o que vem acontecendo nos Estados Unidos reflete bem a história. Enquanto os assalariados mantinham benefícios da empresa, os núcleos trabalhadores eram cotados para o precariado. A porcentagem de empresas baseadas nos Estados Unidos que oferecem benefícios de serviços de saúde caiu de 69% em 2000 para 60% em 2009. Em 2001, os empregadores pagavam 74% dos custos de saúde de seus funcionários; em 2010, estavam pagando 64%. Em 1980, os empregadores norte-americanos pagavam 89% das contribuições para os benefícios de aposentadoria; por volta de 2006 o pagamento caiu para 56% (DVORAK; THURM, 2009). Em 2009, somente um quinto dos empregados tinha pensões pagas pelas companhias.

A principal razão foi que as firmas norte-americanas estavam tentando cortar custos para se ajustar à crise da globalização. Em 2009, os empregadores dos Estados Unidos que ainda ofereciam seguro saúde estavam pagando, em média, 6.700 dólares por empregado por ano, duas vezes mais do que em 2001. Uma resposta tem sido oferecer aos empregados fundamentais da empresa "planos de assistência médica altamente dedutível", em que eles devem pagar a primeira parcela dos custos médicos até uma determinada quantia especificada. A Ford desistiu de seu plano "não dedutível" em 2008, exigindo que os funcionários e seus familiares pagassem os primeiros 400 dólares antes que a indenização do seguro começasse a pagar 20% da maioria das contas médicas. Isso significou o desmantelamento de parte da renda dos empregados.

Enquanto isso, a promessa de uma pensão da empresa está sendo tirada daqueles que são empurrados para o precariado. As corporações estão correndo para reduzir as obrigações de pensão e outros "custos herdados", compromissos financeiros para ex-funcionários que vivem seus anos de aposentadoria. Os planos de aposentadoria 401 (k),[9] amplamente utilizados, em geral têm permitido aos empregadores fazerem contribuições variáveis. Em 2009, mais de um terço das empresas norte-americanas reduziram ou eliminaram os pagamentos correspondentes a esses planos. Mesmo a Associação Americana de Pessoas Aposentadas (AARP), o grupo de defesa sem fins lucrativos para pessoas com mais de 50 anos, fez isso com seus próprios empregados. Algumas empresas, como a companhia de computadores Unisys, aumentaram suas contribuições quando fecharam ou congelaram os regimes de pensão de modelo antigo, de modo a acalmar a indignação, só para suspendê-las mais tarde. As pensões das empresas estão em queda livre.

Isso prejudicou o compromisso mútuo entre empregador e empregado. A Ford, que por gerações foi considerada a epítome do capitalismo nos Estados Unidos, tem frequentemente suspendido as contribuições; entre 2001 e 2009, ela contribuiu durante apenas dois anos e meio. Os empregados assalariados contratados após 2003 não têm qualquer tipo de pensão da empresa. A Ford alegou que mudou para contas autogeridas de aposentadoria a fim de dar portabilidade aos trabalhadores, alegando que os trabalhadores mais jovens "não pensam mais numa carreira corporativa". Na realidade, a empresa estava cortando custos de trabalho e transferindo os riscos e os custos para os trabalhadores. Suas vidas estavam sendo mais precarizadas.

Nas grandes áreas de produção de automóveis em Michigan, o abandono dos benefícios da empresa foi retardado por subsídios do governo e pela intensificação do trabalho, o coração da produção enxuta. Mas, na medida em que os benefícios foram reduzidos, as fileiras do

---

[9] 401(k) é um tipo de plano de aposentadoria adotado nos Estados Unidos e em outros países. O plano é patrocinado pelo empregador e consiste no imposto qualificado de contribuição definida para a conta do plano de pensão. Seu nome deriva da seção do Código Fiscal norte-americano, em que está previsto. (N.T.)

precariado foram aumentadas por aquilo que outrora teria sido considerado a mais improvável das fontes. Como o emprego nas fábricas de automóveis despencou, diminuindo em três quartos entre 2000 e 2009, surgiu um grupo chamado "ciganos da GM", trabalhadores da indústria automobilística que se deslocavam por todo o país, na medida em que era fechada uma fábrica após a outra.

Se as pensões de empresas privadas, sobre as quais o contrato social do capitalismo do século XX foi construído, estão sendo gradualmente reduzidas, o mesmo acontece com as pensões do Estado, lideradas pelo Reino Unido. A pensão estatal do Reino Unido hoje equivale a 15% do salário médio e está decaindo, e a idade de acesso a ela deve subir de 65 para 68 anos. Pode-se prever que a idade de concessão do direito de pensão vai retroceder para 70 anos ou mais. O relatório Turner da Comissão de Pensões, aceito pelos partidos Trabalhista e Conservador, propôs um acordo tripartite: permanecer no emprego por mais tempo, poupar mais e, finalmente, receber do Estado uma pensão bem modesta. Isso tinha como intuito interromper o aumento das avaliações de recursos. Mas, a menos que as pensões básicas aumentem e as avaliações de recursos sejam reduzidas, o incentivo a poupar será enfraquecido. Quem tem baixa renda não é incentivado a poupar, pois, se o fizer, perderá o direito à pensão.

Outro aspecto da reestruturação da renda social é a mudança de pagamento fixo para flexível. Aqui, novamente, a flexibilidade significa uma vantagem para os empregadores e aumenta o risco e a insegurança para quem recebe salário. Uma das demandas dos movimentos trabalhistas do século XX era por um salário estável previsível. Mas o capitalismo global quer ajustar os salários rapidamente. Se não puder fazer isso, ele irá para onde acha que pode fazê-lo. Em 2009, as empresas norte-americanas, em média, estavam deixando de lado quase o dobro da parcela de sua folha de pagamento para ter uma remuneração variável, tais como prêmios de desempenho, como fizeram em 1994 (DVORAK; THURM, 2009).

Na recessão do início dos anos 1980, a concessão de acordos se multiplicou na medida em que os sindicatos e os empregados desistiram do direito a benefícios em troca de aumentos salariais. Agora, as concessões de acordos são mais unilaterais. Os benefícios são tirados das camadas mais baixas de trabalhadores, fazendo com que os salários subam como uma parte da renda, mas os salários estagnaram. Em 2009, os trabalhadores da Ford abriram mão dos subsídios de custo de vida e perderam o pagamento de férias e de bolsas de estudos universitários para os filhos, bem como a assistência educativa. O mesmo salário sustentava uma vida muito mais precária. Além disso, verificou-se uma pressão adicional para aumentar todas as formas de flexibilidade, incluindo o desmantelamento profissional. Assim, a Ford chegou a um acordo coletivo com a United Auto Workers, que congelava os salários de nível inicial, tinha uma cláusula antigreve e pagava aos trabalhadores atuais um bônus para concordarem com as concessões. Isso sucedeu aos acordos similares na GM e na Chrysler, que também reduziram o número de classificações de emprego; no caso da GM, a apenas três classificações especializadas.

Tais desenvolvimentos fazem parte de um processo de ajuste em todo o mundo. O círculo está se fechando. Quando os trabalhadores na China se agitaram por salários mais altos e melhores condições, as multinacionais nobremente concederam vastos aumentos de salários nominais, mas tiraram os benefícios da empresa. Os trabalhadores encurralados da Foxconn em Shenzhen tinham recebido alimentação, vestuário e dormitório subsidiados. Em junho de 2010, no dia em que anunciou um segundo grande aumento nos salários, o chefe da Foxconn disse: "Hoje vamos devolver essas funções sociais para o governo". A empresa estava mudando para salários nominais, dando a impressão de que os trabalhadores ganhavam muito (um aumento salarial de 96%), mas alterando a forma de remuneração e o caráter da relação de trabalho. O modelo global estava chegando à China.

O precariado experimenta a totalidade da força da flexibilidade salarial. Seus salários são mais baixos, mais variáveis e mais imprevisíveis. A variabilidade não tem probabilidade de se correlacionar positivamente com as necessidades pessoais. Quando as pessoas que fazem parte do precariado têm necessidades financeiras além do previsto, como quando surge uma doença ou revés na família, também é provável que estejam recebendo uma renda abaixo da média. E sua incerteza econômica é intensificada pela forma como os mercados de crédito trabalham. Não somente o custo da obtenção de empréstimos é superior, refletindo a falta de crédito, mas também a necessidade de obtê-los é maior, induzindo muitos ao desespero de tomar dinheiro emprestado de agiotas a taxas de juros insustentavelmente elevadas e com cronogramas de pagamento impraticáveis.

Há muitos estudos e um bom número de romances que mostram como nas comunidades pobres uma forma de renda insegura acentua outras. Pessoas com rendas precárias, principalmente se entram e saem de empregos de curto prazo mal pagos e lidam com as complexidades hostis do sistema de assistência social, são facilmente arrastadas para a dívida crônica.

Durante anos, o impacto da reestruturação da renda social e da estagnação salarial foi amortecido por subsídios estatais. Consideraremos esse aspecto posteriormente. Mas os ganhos estagnados e a insegurança econômica de quem pende ao precariado também foram ocultos pelo crédito barato, subsidiado pelos governos da maioria dos países da OCDE. As famílias da classe média foram capacitadas a consumir mais do que ganhavam, dissimulando o fato de que as rendas recebidas estavam diminuindo. Elas tinham uma falsa renda de benefício privado. O colapso destruiu a ilusão de que todos estavam ganhando em consequência da segunda Idade do Ouro do crescimento desenfreado. De repente, milhões de norte-americanos e europeus se sentiram mais perto do precariado.

Em resumo, a renda social, nos termos do capitalismo global, é progressivamente insegura. Enquanto as companhias estão "viajando com pouca bagagem", isto se traduz em múltiplas camadas de insegurança de renda para o precariado. E a reestruturação de renda significa que os *custos* de vida estão subindo para quem vive na insegurança econômica. Uma sociedade de mercado caracterizada pela incerteza e volatilidade torna aconselhável fazer um seguro, mas ela recompensa aqueles que o fazem e penaliza os que não podem fazê-lo. Além de ter uma maior probabilidade de passar por dificuldades financeiras, as pessoas contratadas temporariamente também acham mais difícil e mais caro fazer um seguro.

Um dos aspectos finais da reestruturação da renda social pós-globalização, considerando que antes do Estado de bem-estar social os indivíduos e as famílias se fiavam fortemente em mecanismos informais de ajuda da comunidade, é que agora estes mecanismos não existem mais – eles foram enfraquecidos pelo crescimento de benefícios do Estado e da empresa. Por várias gerações, as pessoas pensaram que não havia necessidade deles, então eles desapareceram. Mas enquanto as empresas se desfizeram dos benefícios corporativos e o Estado escolheu benefícios sujeitos à verificação de recursos, não havia apoio da comunidade ao qual recorrer. "Quando você precisa deles, eles não o ajudam", disse ao *Financial Times* um espanhol de 59 anos, desempregado, incapaz de obter ajuda dos parentes (MALLET, 2009). O sistema de reciprocidade familiar havia entrado em colapso.

Em suma, o precariado é confrontado por uma combinação única de circunstâncias. Ao contrário do antigo proletariado e dos assalariados, o precariado não tem benefícios da empresa para lhe dar segurança de renda e nem proteção social baseada em contribuições. E embora deva confiar em salários nominais, estes são mais baixos e mais variáveis e imprevisíveis do que os salários dos outros grupos. As desigualdades de renda e de benefícios aumentam cada vez mais, com o precariado sendo deixado mais para trás e dependente de um enfraquecido sistema comunitário de apoio social.

Desemprego precário

O desemprego faz parte da vida no precariado. Mas lidar com ele tem sido mais difícil porque tem acontecido uma revisão de atitudes. Na era da pré-globalização, o desemprego era considerado algo decorrente de fatores econômicos e estruturais. O desempregado era um infeliz, no lugar errado e na época errada. Os sistemas de benefícios de desemprego foram construídos com base no princípio da insegurança social; todos contribuíam, de modo que quem tivesse pouca probabilidade de ficar desempregado subsidiava quem tinha uma probabilidade mais alta ao desemprego.

Esse modelo entrou em colapso, mesmo que a ficção continue em alguns países. Menos trabalhadores estão numa posição que permite fazer contribuições ou conseguir obtê-las em seu favor, e menos se qualificam sob as regras de contribuição. Mas, em qualquer caso, as posições oficiais em relação ao desemprego têm mudado radicalmente. No modelo neoliberal, o desemprego tornou-se uma questão de responsabilidade individual, tornando-o quase "voluntário". As pessoas passaram a ser consideradas como mais ou menos "empregáveis" e a resposta foi torná-las mais aptas para o trabalho, atualizando suas "habilidades" ou reformando seus "hábitos" e "atitudes". Isso facilitou a passagem para o estágio seguinte de culpar e demonizar os desempregados como preguiçosos e parasitas. No capítulo 6, consideraremos o rumo que isso tomou. Aqui só queremos entender como o desemprego tem afetado o precariado.

A primeira recessão da era da globalização no início dos anos 1980 levou a uma mudança nas atitudes oficiais em relação aos níveis mais baixos do mercado de trabalho onde o precariado estava emergindo, bem como a uma mudança de atitude entre as pessoas que estavam perdendo empregos. No Reino Unido, os salários flexíveis e os empregos precários combinados com o alto desemprego levaram os jovens de classe operária, em particular, a abraçarem "o auxílio-desemprego" como autenticação de seu desdém aos torpes trabalhos que estavam em oferta, uma rejeição compreendida por bandas pop, como a UB40 – tanto o nome da banda quanto os membros derivam das filas de desempregados.[10] Isso pode ter afetado apenas uma minoria de jovens que crescia nas áreas de classe trabalhadora em declínio, mas ajudou a mudar as atitudes oficiais, fornecendo uma desculpa para ressuscitar uma imagem do pobre desocupado e irresponsável.

O problema real era o mercado de trabalho flexível. Se os salários são empurrados para baixo e mais empregos se tornam precários, os seguros-desemprego se tornam relativamente mais atraentes. Reconhecendo esse fato, os governos nos países industrializados diminuíram os benefícios e tornaram mais difícil obtê-los e mantê-los. Isso aboliu o caráter de seguro e o propósito declarado de prover uma renda adequada para compensar a "interrupção temporária de ganho de poder", como William Beveridge (1942, p. 7) colocou. Mas as "armadilhas do desemprego" se tornaram mais amplas, uma vez que a perda de benefícios inerentes à aceitação de um emprego de baixa remuneração empurrou a taxa efetiva de "imposto" para perto ou mesmo acima de 100%.

Um círculo vicioso guiou os governos em direções críticas. Na medida em que os salários caíam e os empregos temporários com baixa remuneração se tornavam a norma para o nível mais inferior do mercado de trabalho, a taxa de reposição de renda dos benefícios subiu. Analistas da classe média lamentaram a "generosidade excessiva" de benefícios e afirmaram que, como o "trabalho não pagava", os benefícios deveriam ser cortados. Para ajudar a fazer o trabalho "pagar", os governos introduziram benefícios associados ao trabalho e créditos de renda auferidos de impostos, uma receita para as distorções e ineficiências. Mas a armadilha do desemprego se manteve, levando os estrategistas políticos a tomarem medidas no sentido de coagir os desempregados a aceitarem empregos, por mais desagradáveis e mal remunerados que eles fossem.

A reforma global dos benefícios de desemprego funcionou como um terreno fértil para o precariado. Apesar de não ter sido idêntica em todos os países, a tendência foi similar. A maior mudança tem sido na imagem do desemprego. Agora ele é retratado como um reflexo da falta de empregabilidade, fracassos pessoais e excessivas expectativas de salários ou de trabalho. O regime de benefícios tem como fundamento averiguar se uma pessoa merece receber algo, e isso se tornou uma agenda para

---

[10] UB40, ou "Unemployment Benefit, Form 40", refere-se ao documento de solicitação de seguro-desemprego emitido pelo Departamento de Saúde e Seguridade Social do Reino Unido. (N.E.)

exigir que as pessoas se comportem de determinadas maneiras a fim de merecer assistência.

Embora o seguro-desemprego ainda reine em alguns países, houve um estreitamento nas condições de acesso a ele em todo o mundo; os períodos de direito ao seguro foram reduzidos e os benefícios foram cortados. Na maioria dos países, apenas uma minoria dos desempregados recebe benefícios e essa minoria está encolhendo. E os benefícios sujeitos a verificação de recursos têm se expandido, com todos os tipos de condições comportamentais ligadas a eles.

Nos Estados Unidos, para ter direito ao seguro-desemprego, normalmente a pessoa deve ter sido empregada em tempo integral por pelo menos um ano no seu último emprego. Mais da metade dos desempregados (57% em 2010) não se qualifica. A situação é pior, pois muitos dos que não se qualificam abandonam totalmente a força de trabalho. Dois terços dos beneficiários dizem temer que o seguro termine antes de conseguirem um emprego. Em 2010, a pobreza entre os desempregados e subempregados era pior do que em qualquer época desde os anos 1930, com um em cada nove norte-americanos vivendo de vale-alimentação. Havia seis candidatos inscritos para cada vaga de emprego, contra 1,7 antes da crise, e o desemprego de longa duração representava 40% do total, muito mais do que em recessões anteriores. Essa foi a única recessão, desde a Grande Depressão da década de 1930, a dizimar todo o crescimento de emprego da virada cíclica anterior.

A máquina geradora de emprego do mundo rico está se desgastando, o que começou a acontecer antes do choque de 2008. Nos Estados Unidos, o crescimento do PIB desacelerou entre 1940 e 2000, mas o crescimento do emprego desacelerou muito mais. Na década de 1940, o emprego não agrícola aumentou em quase 40%; o aumento foi menor nos anos 1950, acelerou ligeiramente na década de 1960, caiu para 28% nos anos 1970 e 20% nas décadas de 1980 e 1990. Mas na década de 2000, o emprego realmente caiu 0,8%. O trabalho não estava "desaparecendo", mas o mercado global estava deixando os trabalhadores norte-americanos para trás.

No mercado de trabalho globalizante, as recessões aceleram o crescimento do precariado. Atualmente, quando há mais temporários e outros trabalhadores desprotegidos, há mais espaço para a rápida perda de postos de trabalho na primeira fase de uma recessão. Foram-se os dias em que um grande número de trabalhadores era dispensado, mantendo-se seus empregos até que a demanda se erguesse. As pessoas situadas nas margens são as primeiras a perderem seus empregos. No entanto, elas podem não ter aparecido nas estatísticas de emprego antes da recessão ou posteriormente nas estatísticas de desemprego. Isso ajuda a explicar por que alguns países europeus com altos índices de empregos clandestinos e de migrantes experimentaram somente pequenos aumentos nos registros de desemprego e modestos declínios dos empregos depois de 2008.

As empresas têm usado a recessão para transferir mais trabalho para a zona do precariado e para se reestruturar de outras maneiras, incluindo uma maior utilização do *offshoring* e *outsourcing*. As sucessivas recessões nos Estados Unidos têm sido seguidas por uma recuperação mais anêmica do mercado de trabalho, ao lado de um gigantesco aumento do desemprego de longo prazo. Quando o crescimento econômico reviveu depois da recessão dos anos 1970 e começo dos anos 1980, o emprego se expandiu imediatamente e era substancial. Quando o crescimento econômico recomeçou depois da recessão de 2008-2009, demorou mais de um ano para que houvesse expansão dos empregos. Na verdade, os estados do "cinturão do sol" (Sul e Sudeste) dos Estados Unidos continuaram despejando empregos, despertando temores de um "restabelecimento da perda de emprego".

Na Alemanha, alguns dos desempregados simplesmente desapareceram do país; muitos europeus orientais partiram porque podiam obter apoio da comunidade em seus países de origem e porque, procedendo dos países membros da União Europeia, podiam voltar quando os empregos se recuperassem. Em contrapartida, os migrantes que perdiam seus empregos precários nos Estados Unidos não ousavam voltar para seus países, por medo de serem impedidos de retornar. Perversamente, esse fato podia ter ajudado a taxa de desemprego nos Estados Unidos se os migrantes conseguissem, com mais facilidade, deixar o país.

Em geral, as recessões jogam mais pessoas dentro do precariado, em parte porque quem perde o emprego escorrega para uma corrente mais baixa de renda-salário no reemprego. Estudos realizados nos Estados Unidos (como Autor; Houseman, 2010) mostraram que a utilização de empregos temporários após o desemprego tende a diminuir a renda anual e os ganhos de longo prazo. Essa é uma razão para os desempregados resistirem à pressão para pegar o primeiro emprego que lhes é oferecido. Não é por preguiça ou exploração, mas apenas por bom senso.

Enquanto isso, os desempregados foram convertidos numa categoria de tratamento. A tendência de subordinar tudo ao contrato chegou até eles. Em alguns países, os desempregados são renomeados como "clientes" e têm de assinar contratos, aceitando certas obrigações e penalidades pelo não cumprimento do que assinaram. Quase que por definição, os contratos são assinados sob coação. De modo geral, os contratos assinados em circunstâncias assim seriam discutíveis no direito consuetudinário. Mas o rumo que isso tomou será considerado mais tarde.

Os desempregados também experimentam uma forma de terceirização. Eles têm múltiplos "locais de trabalho" – trocas de emprego, escritórios de benefícios, escritórios de treinamento de procura de emprego – e têm de ceder a um monte de trabalho por tarefa – preenchendo formulários, entrando em filas, deslocando-se para trocar de trabalho, deslocando-se em busca de empregos, deslocando-se para o treinamento de trabalho e assim por diante. Estar desempregado pode ser um trabalho em tempo integral, e envolve flexibilidade, já que as pessoas devem estar em prontidão quase o tempo todo. O que os políticos chamam de ociosidade pode não ser mais do que estar diante do telefone, mastigando nervosamente as unhas, esperando por uma chamada.

A armadilha da precariedade

Um mercado de trabalho baseado em trabalho precário produz altos custos de operação para quem está nas suas margens. Esses custos incluem o tempo que se leva para requerer benefícios em caso de desemprego, a falta de renda naquele período, o tempo e os custos associados à procura de empregos, o tempo e o custo para aprender novas rotinas de trabalho e o tempo e o custo envolvidos no ajuste de atividades fora dos empregos para acomodar as demandas de novos empregos temporários. O custo total pode ser substancial em comparação com os ganhos esperados. Isso cria o que pode ser chamado de "armadilha do precariado".

Um estudo feito no Reino Unido em 2010 pela Reed in Partnership, uma empresa que ajuda os desempregados a encontrar emprego, descobriu que o custo médio para a obtenção de um emprego, com roupas, viagem, puericultura, treinamento e assim por diante, atinge 146 libras, uma quantia considerável para pessoas que podem ter ficado desempregadas por um longo tempo ou passado por uma série de empregos temporários mal remunerados. No primeiro mês de um emprego, o custo apresentou um adicional de 128 libras. Se houver a possibilidade de obter apenas um emprego temporário mal remunerado, o desestímulo implícito na armadilha da precariedade é muito maior do que na armadilha da pobreza convencional para a qual tanta atenção tem sido dada. O principal executivo da Reed in Partnership comentou que "uma grande proporção das pessoas com quem trabalhamos não pode, inclusive, arcar com a despesa de pagar os custos de transporte para ir a uma entrevista".

Uma pessoa que vive num fluxo de trabalhos temporários tem uma existência repleta de riscos. Considere uma mulher que tem um emprego temporário e ajusta suas despesas para igualá-las ao salário que recebe. Então, o trabalho acaba. Ela tem uma poupança mínima. Tem de esperar várias semanas – talvez muito mais – antes de conseguir obter qualquer benefício estatal. Nesse momento, ela ajusta para baixo seus padrões de vida, mas pode ter de pedir dinheiro emprestado ou se endividar por atrasar o pagamento do aluguel e assim por diante. Talvez haja um fator adicional. As pessoas que fazem trabalhos temporários normalmente não se apressam para requerer os benefícios. Muitas vezes, isso é feito com relutância, depois de as dificuldades terem se manifestado. Assim, as dívidas e obrigações para com os parentes, amigos e vizinhos aumentam, e os agiotas espreitam. A armadilha do precariado se torna mais terrível.

Se a nossa mulher tiver sorte, ela pode obter os benefícios do Estado com os quais conseguirá pagar algumas das dívidas e ganhar algum alívio financeiro. Mas suponha que lhe seja oferecido outro emprego temporário de baixa remuneração. Ela hesita. Alguns benefícios podem continuar por um tempo, sujeitos às regras para ajudar a "tornar o trabalho compensador" e reduzir a "armadilha da pobreza" padrão. Mas ela sabe que, quando o trabalho terminar, terá mais uma vez de enfrentar os assustadores custos da operação. A verdade é que ela não pode se dar ao luxo de aceitar o trabalho, pois, além do custo da perda dos benefícios enquanto durar o trabalho, há o custo de voltar aos benefícios. Essa é a armadilha da precariedade.

A armadilha da precariedade é intensificada pela erosão do apoio comunitário. Apesar de o fato de entrar e sair de empregos temporários com baixos salários não fortalecer o direito aos benefícios do Estado ou da empresa, a pessoa esgota sua capacidade de apelar para benefícios proporcionados pela família e pelos amigos em momentos de necessidade. Essa situação é agravada pelas dívidas e interlúdios de doença social que pode incluir consumo de drogas e pequenos crimes, como furtos. Ela é agravada pelo estresse da insegurança e pela indignidade de ter, constantemente, de tentar se vender a agências e potenciais empregadores. Sem um suporte de segurança econômica, o mercado de trabalho flexível está fadado a criar esses resultados.

O choque financeiro

No topo das mudanças de longo prazo dirigidas aos desempregados, a crise financeira de 2008-2009 acelerou o crescimento do precariado global exercendo mais pressão sobre as empresas para que elas cortassem os custos do trabalho por meio de medidas de flexibilidade e sugerindo políticas governamentais que as incentivassem.

Como era esperado, o precariado inicialmente suportou o peso do choque. Os empregados temporários foram os que mais facilmente se tornaram supérfluos, pelo simples fato de não terem seus contratos renovados. Randstad, a segunda maior empresa do mundo em matéria de pessoal, relatou declínios acentuados em toda a Europa no ano de 2008, observando que desta vez as empresas estavam mais inclinadas a cortar postos de trabalho do que em recessões anteriores. Porém, na medida em que a recessão continuou, tornou-se claro que ela era uma alavanca para a expansão do precariado. A Adecco, a maior agência do mundo de emprego temporário, relatou que o crescimento renovado do emprego estava concentrado no trabalho temporário (SIMONIAN, 2010).

No Reino Unido, o impacto da crise foi notável pela queda no número de empregados, enquanto que o número de autônomos quase não caiu. No primeiro ano da recessão, os empregos de tempo integral caíram em mais de 650 mil, enquanto os empregos de meio período subiram em 80 mil, sendo que 280 mil trabalhadores em tempo parcial afirmavam que não conseguiam emprego de tempo integral. O desemprego aumentou mais do que a queda do emprego, principalmente devido ao ingresso de jovens no mercado de trabalho e a um aumento da taxa de participação na força de trabalho dos trabalhadores mais idosos que enfrentam pensões e poupanças reduzidas.

Nos Estados Unidos, as empresas responderam à crise cortando empregados de tempo integral e substituindo outros por mudanças tecnológicas ou por terceirização, em parte para evitar uma repetição dos custos de tornar as pessoas desnecessárias. Uma pesquisa feita em 2010 concluiu que pelo menos um quarto dos 8,4 milhões de empregos eliminados nos Estados Unidos desde que a recessão começou não voltaria a existir (Izzo, 2010).

Após os cortes de empregos, a produtividade medida do trabalho se elevou, o que foi interpretado como um reflexo da pressão dos empregadores para que os empregados trabalhassem mais, coibindo a criação de emprego. Talvez isso seja apenas parte da história, uma vez que o choque pode ter acelerado a terceirização e recorrido ao trabalho paralelo. Por exemplo, houve um boom na terceirização de processos legais. A Pangea3, sediada na Índia, uma empresa líder nesse mercado emergente, dobrou sua receita em um ano. Enquanto os escritórios de advocacia do Reino Unido e dos Estados Unidos lutavam, cortando recrutamento e tornando os advogados desnecessários ou concedendo-lhes licença, a recessão foi uma benção para os advogados na Índia.

Tradicionalmente, maiores recessões conduzem a reduções na desigualdade, mas dessa vez os diferenciais de renda passaram a se ampliar, em geral e nos setores específicos. Assim, a crise levou à crescente desigualdade entre as fortunas das melhores firmas de advocacia e as fortunas de outras firmas. A elite preservou a renda e o status demitindo alguns dos assalariados e limitando as oportunidades de carreira de outros, enquanto ampliava o número de auxiliares legais com todas as inseguranças do precariado. As principais empresas de serviços financeiros e econômicos também se beneficiaram da desigualdade social, uma vez que optar por renome e grandeza é a estratégia mais prudente em momentos de insegurança. Embora a advocacia esteja passando pela mais profunda reestruturação, todas as profissões estão sendo empurradas na mesma direção, de ter menos pessoas protegidas com informações privilegiadas ao lado de um crescente número de posições inseguras de carreira com menos postos de trabalho.

A estratégia de colocar funcionários em licença não remunerada, ou folgas, tem crescido nos Estados Unidos, juntamente com a estratégia de horas extras não pagas. Em 2010, vinte estados norte-americanos exigiram que os empregados tirassem folgas não pagas e mais de 200 mil trabalhadores do setor público eram "licenciados" toda semana, estimulados a tirar a sexta-feira de folga, sem remuneração. Para muitos, isso foi libertador, apesar da perda de renda, pois permitiu que passassem mais tempo com suas famílias; a "sexta-feira de folga" tornou-se um elemento essencial da vida em todo o país. Mas foi um passo para empurrar os trabalhadores para fora da zona de conforto da classe assalariada.

As folgas também se espalharam pela Europa. Uma grande empresa britânica pediu aos funcionários para tirarem duas semanas de licença não remunerada e obteve um índice de 95% de aceitação. Outras ofereceram dois meses de folga com 50% do salário. A British Airways deu a todos os funcionários a oportunidade de trabalhar em tempo parcial; muitos disseram que desejavam fazer isso e trabalhar para a caridade no tempo disponível. As folgas também foram uma mina de ouro para a nova ocupação do *life coach* [conselheiro pessoal], ansioso para aconselhar pessoas sobre como reorganizar suas vidas.

Em 2009, um banco espanhol, o BBVA, ofereceu a seus funcionários que tirassem até cinco anos de folga recebendo 30% do salário. Isso deu ao trabalhador médio pelo menos 12 mil libras, incluindo seguro saúde. O banco fez isso em vez de pagar seis semanas de indenização para cada ano trabalhado. Reconheceu que muitos funcionários poderão ter dificuldades de readaptação quando voltarem, mas esse problema parecia muito distante.

Outro banco em outro país deu destaque ao tratamento dualista do assalariado e do precariado pós-2008. Em resposta à crise bancária, que o deixou fortemente subsidiado pelo governo do Reino Unido, o Lloyds Banking Group cortou mais de 20 mil empregos. Em outubro de 2010, anunciou que tinha "diminuído o impacto na equipe permanente com uma liberação significativa de pessoal temporário e contratado". Da próxima vez, sem dúvida, o banco terá mais funcionários temporários e outros que podem ser facilmente dispensados.

O desmantelamento do setor público

A fronteira final para o precariado é o setor público, há muito tempo o pioneiro para os padrões de trabalho e o emprego estável. Ele fornece uma alta renda social, com benefícios que respondem por grande parcela de compensação, juntamente com regras burocráticas e uma ética de serviço.

Durante gerações, a proposta do serviço público era que — apesar de seu lucro nunca ter alcançado as alturas vertiginosas dos setores comerciais privados — os funcionários tivessem garantia de vínculo empregatício, quiçá segurança no trabalho, bem como pensões normativas, benefícios de assistência médica e assim por diante. Mas, como os funcionários públicos põem em prática as instruções de seus chefes políticos para flexibilizar os mercados de trabalho privados, a diferença entre sua segurança privilegiada e a do restante da sociedade se tornou evidente. Foi só uma questão de tempo até que o próprio setor público se tornasse o principal alvo para a flexibilização. Esse momento chegou com o choque de 2008, apesar de as erosões terem começado muito antes.

O ataque começou com movimentos para comercializar, privatizar e contratar serviços. Os contratos temporários e o trabalho de tempo parcial com benefícios e salários inferiores foram se infiltrando furtivamente. Então os governos agiram contra o setor como um todo. As pensões públicas foram declaradas "inviáveis" e "injustas"; os governos usaram comparações com a economia privada para justificar o corte nos salários públicos. Isso não evitou que os pacotes de estímulo fiscal, flexibilização quantitativa e subsídios criados inchassem os déficits públicos. Não foi culpa do setor público, mas ele se tornou um alvo fácil para os cortes orçamentários. Os setores privados inseguros observavam sem solidariedade. Os mercados financeiros também insistiam em cortes nos gastos públicos como prova de que os governos estavam no "caminho certo". Isso significa incitar a erosão do assalariado público.

Em termos globais, o setor público está sendo transformado em uma zona do precariado. Em nenhum lugar esse fato é mais marcante do que nos Estados Unidos, onde o fanatismo econômico neoliberal criou uma tempestade fiscal perfeita. As cidades foram empurradas para a dívida crônica por uma camisa de força de regras fiscais que exigiam um regime de "orçamento equilibrado" de taxas fiscais reduzidas. Durante anos, os funcionários públicos defenderam seus salários por meio de sindicatos e acordos coletivos, enquanto o setor privado sofria o declínio dos salários e o encolhimento dos benefícios. Seus sindicatos permaneceram fortes. Em 2008, 37% dos trabalhadores do governo eram sindicalizados, quase o mesmo índice de 1980, enquanto a sindicalização privada caía de 20% para 7%. Em 2009, pela primeira vez, os trabalhadores do setor público constituíam mais de metade de todos os membros dos sindicatos no país. Eles haviam defendido bem os seus membros, mas a desigualdade cada vez maior entre os setores público e privado contribuiu para uma indignação crescente.

A crise foi usada para cortar a segurança de emprego do setor público, por meio da intensificação da flexibilidade funcional. Os administradores começaram a insistir que os funcionários públicos deveriam desempenhar outras tarefas além daquelas para as quais haviam sido contratados. Um gestor municipal no Arkansas disse, com orgulho evidente: "eu pago mais dinheiro para menos pessoas e maximizo a sua utilização com mais tarefas" (BULLOCK, 2009). O oficial de justiça agora trabalhava com marketing e controlava o site, os bombeiros se desdobravam como motoristas de ambulância e os trabalhadores da usina de tratamento de água recebiam pagamento extra para substituir motoristas de caminhão. Uma pesquisa realizada nas cidades e municípios descobriu que muitos planejavam tirar vantagem da crise para reorganizar o trabalho de maneira semelhante.

Em todos os lugares, o direito político usou a recessão para intensificar a campanha de corte de salários, benefícios e garantia de vínculo empregatício no setor público. De forma característica, ao comentar sobre os Estados Unidos, o *The Economist* (2009) afirmou que "os trabalhadores do setor público são vagabundos mimados", com base no fato de que, em média, eles receberam 21% a mais do que aqueles que estão no setor privado e eram 24% mais propensos a ter acesso à assistência médica. Cerca de 84% dos trabalhadores do governo estadual e local ainda tinham um plano de benefício de pensão definido, garantindo renda de aposentadoria com base em anos de "serviço" e salário final, em comparação com apenas 21% dos trabalhadores do setor privado. Os números poderiam ser interpretados como um indicativo do quanto as empresas privadas se tornaram miseráveis. Ou a comparação poderia ter sido feita com o que a elite e os assalariados privados estavam recebendo.

Os funcionários públicos enfrentam agora um ataque violento sobre as suas pensões, o que piorará as perspectivas de renda de sua prole precariada. Mais uma vez a situação dos Estados Unidos é extremamente alarmante. A Associação Nacional de Funcionários do Orçamento do Estado advertiu que os estados norte-americanos enfrentariam enormes déficits orçamentários devido a responsabilidades com pensões. Os críticos contrários ao setor público foram ajudados por histórias publicadas na mídia sobre alguns ex-altos funcionários públicos que vivem na opulência com suas pensões.

Os Estados Unidos são apenas o precursor. O ataque contra o setor público é parte do ajuste pós-2008 em todos os países industrializados. Na Grécia, sob um governo de centro-direita, 75 mil funcionários foram adicionados ao já enorme setor público entre 2004 e 2009. Logo que veio a crise em 2010, os assalariados do setor público foram reduzidos, alimentando o precariado grego. O governo também anunciou que removeria as barreiras para o ingresso em certas profissões, diminuindo seus salários para reduzir os gastos públicos. Na Itália, a pressão sobre o serviço público também aumentou. Em outubro de 2009, 4 mil oficiais de polícia marcharam por toda Roma para exigir melhores salários e novos carros de polícia. Por causa de um congelamento das contratações, a idade média dos policiais italianos havia subido para 45 anos. Eles não estavam sozinhos; milhões de servidores públicos estavam perdendo a garantia de estabilidade. Em Portugal, 50 mil servidores civis protestaram em fevereiro de 2010 contra um congelamento de salário, mas o governo seguiu em frente com um enfraquecimento dos serviços públicos. Na Irlanda, forçada a aceitar um resgate da zona do euro no final de 2010, os ganhos duramente conquistados do setor público (e suas vantagens por vezes anacrônicas) foram sendo removidos em questão de meses.

No Reino Unido, como nos Estados Unidos, dois terços de todos os novos empregos na década anterior a 2008 eram no setor público. Cortá-los aumentaria o precariado simplesmente por alterar a parcela público-privada do emprego. Mas a intenção é desviar uma parte maior do setor público para a zona do precariado através da privatização, terceirização e recontratação e informalização.

Um aspecto do ataque é o esforço para transferir mais serviços para a sociedade civil ou para organizações não governamentais (ONGs). No Reino Unido, isso é apresentado como uma maneira de reduzir o Grande Estado e gerar a Grande Sociedade. Mas, na verdade, é uma forma de obter serviços por uma ninharia, transferindo atividades feitas por empregados profissionais para empregados com contratos precários e "voluntários". As entidades registradas como instituições beneficentes têm sido grandes empregadoras, com uma equipe de 464 mil pessoas em período integral, em 2009. Mais da metade de sua renda provém dos contratos do governo para suprir serviços públicos. Porém, os empregados das instituições beneficentes não são bem pagos e têm contratos precários. Subsidiadas por doadores privados, elas tornam os serviços sociais mais baratos, solapando os equivalentes públicos e legitimando relações contratuais desfavoráveis para "voluntários". Isso torna o setor particularmente vulnerável numa recessão. Quando as doações secam, esses funcionários quase públicos podem se sentir bem próximos do precariado. Não surpreendeu que muitos deles tenham saído das ONGs para trabalhar em supermercados quando a recessão se aprofundou. Com efeito, a contratação de serviços está expandindo o precariado ao minar pequenas instituições de caridade.

Os governos também estão agindo mais como empresas comerciais no seu tratamento aos servidores públicos, que possuem flexibilidade funcional e de emprego. Por exemplo, estão economizando em espaço no escritório, descentralizando e flexibilizando o trabalho de seus empregados. Nos Estados Unidos, uma lei aprovada em 2000 obriga o governo federal e suas agências a estabelecerem políticas de rede. Em 2006, dos 140 mil funcionários federais, 19%, estavam trabalhando a partir de locais alternativos. Isso é a precarização, que isola funcionários e limita seu espaço e oportunidade para a ação coletiva.

Em 2009, 24 mil servidores públicos espanhóis – 10% do total – estavam trabalhando parcialmente em casa, com a condição de que tinham de estar no escritório durante 50% do seu tempo de trabalho. O trabalho remoto também foi introduzido na Itália, onde o setor público é famoso pelo absenteísmo. Um inovador no Reino Unido foi o Conselho Municipal de Winchester, que concentrou a localização de seus quatro escritórios em dois e instalou um sistema de reservas on-line para que os empregados reservem espaço nas mesas ou salas de reuniões quando julgarem necessário. Esse sistema de rotatividade no espaço de trabalho, chamado *hot desking*, está despersonalizando o escritório, uma vez que ele não é mais "meu escritório". O efeito psicológico é importante, uma vez que o aumento da instrumentalidade do local de trabalho vai reduzir um sentimento de apego tanto em relação à empresa ou organização quanto em relação à força de trabalho como entidade a ser defendida.

Em resumo, o setor público, há muito o baluarte do assalariado e regulador padrão para o trabalho decente, está sendo rapidamente transformado numa zona de flexibilidade em que o precariado pode crescer.

O estado de subsídio: maldição do precariado

Um aspecto da globalização raramente notado foi a expansão dos subsídios. Essa expansão pode ser um dos grandes "trambiques" da história econômica, uma vez que a maior parte dos subsídios tem ido para o capital e para as pessoas de alta renda, na forma de "benefícios fiscais", "isenções fiscais" e "créditos fiscais". Se uma pessoa rica no Reino Unido, por exemplo, deseja evitar o imposto sobre parte de sua renda, ela só precisa colocá-la em um plano de previdência pessoal, adiando a renda enquanto poupa 40% dela. Dificilmente uma pessoa do precariado tem a mesma oportunidade.

Considere o que aconteceu depois da crise de 2008. As intervenções para dar suporte global aos bancos em 2008-2009 chegaram, nos Estados

Unidos, a 14 trilhões de dólares, segundo o Banco da Inglaterra. Isso provavelmente é um eufemismo. Nesse ínterim, no meio da pressão febril das corporações, os governos ocidentais lançaram uma vasta gama de regimes de subvenção no que deveria ser chamado de protecionismo de subsídio. Não se deixando abater por seu desempenho desastroso, que levou à quebra quando favoreceu a especulação financeira, a companhia de motores americana GM disse que iria "subsidiar as compras" e transferir a produção e os empregos para onde os governos oferecessem os maiores subsídios.

Os subsídios são parte importante da política industrial, geralmente apresentados como reforço aos "vencedores". Na realidade, esses subsídios têm sido usados para apoiar as grandes empresas ou os setores que se encontram sob pressão, preservando as estruturas que contêm importantes eleitorados políticos. Mas os subsídios não vão interromper a redivisão internacional do trabalho na medida em que os empregos são transferidos de países de alto custo para áreas de alta produtividade de baixo custo. Enquanto puderem prolongar alguns empregos à moda antiga, eles o farão à custa de negar apoio a outros. Raramente eles beneficiam os grupos mais inseguros na sociedade.

Os subsídios introduzidos durante a crise de 2008-2009 para estimular a venda de automóveis beneficiaram os compradores de automóveis em comparação a outros, bem como os trabalhadores do setor automotivo em relação a outros trabalhadores. Certamente eles não eram os mais pobres ou mais precários. Em termos ecológicos, esses subsídios favoreceram o uso de recursos à custa da conservação dos recursos. E também existem os subsídios para benefícios da empresa; estes diminuem a demanda por trabalhadores responsáveis por serviços de baixa produtividade. E, como será mostrado, os benefícios da empresa são um fardo para os jovens, visto que os mais velhos e os migrantes estão mais preparados para trabalhar sem eles.

Os subsídios de trabalho, incluindo créditos de impostos de rendas recebidos e subsídios de emprego marginal, também são, na realidade, subsídios ao capital, permitindo que as empresas tenham mais lucros e paguem salários mais baixos. Eles não são justificados em termos de igualdade social ou econômica. O argumento para o principal subsídio de trabalho – os créditos fiscais – é que como as pessoas pobres e menos educadas em países ricos enfrentam a competição mais acirrada do trabalho de baixo custo nos países em desenvolvimento, os governos precisam subsidiar salários baixos para assegurar rendas adequadas. Mas enquanto destinados a compensar a desigualdade salarial, esses subsídios incentivam o crescimento ou a manutenção de empregos precários e mal pagos. Ao aumentar os salários para algo mais próximo da subsistência, os créditos fiscais tiram a pressão dos empregadores, dando-lhes um incentivo para continuarem a pagar baixos salários. Mão de obra barata significa também que as firmas sofrem menos pressão para serem eficientes. Os créditos fiscais e outros subsídios de trabalho são o equivalente, no século XXI, do sistema Speenhamland, um subsídio inspirado no proprietário de terras introduzido em Berkshire, em 1795, que se tornou famoso por causar o empobrecimento rural em toda a Inglaterra.

A insensatez ainda tem de ser percebida. Diminuindo o curso do crédito fiscal, os governos terão de correr sem sair do lugar, já que a pressão para baixo sobre os salários está crescendo na medida em que outros mercados emergentes se juntam à Chíndia. Como opinou um líder do *Financial Times* (2010a), sem chegar a essa conclusão lógica:

> Se a Grã-Bretanha continuar a oferecer uma generosa rede de bem-estar social enquanto os salários, na realidade, estão estagnados, os trabalhadores de baixa renda podem logo descobrir que viver de benefícios é apenas um pouco menos rentável do que trabalhar. Para se certificar de que o trabalho ainda paga, o governo terá de aumentar o subsídio sobre seus salários via sistema de créditos fiscais.

Acrescentou que, para limitar o aumento de custos, o governo teria de estreitar as regras sobre quem é "merecedor de apoio". Isso foi feito prontamente.

Dentro de um ano depois da crise, 16 países da OCDE introduziram subsídios salariais, contratando bônus ou empregos em obras públicas para conter o aumento do desemprego. Enquanto a Espanha teve um enorme programa de obras públicas, o Reino Unido partiu para o *"golden hellos"*,[11] que oferece até 2.500 libras para empresas que recrutavam alguém que estava desempregado há mais de seis meses, dando mil libras por trabalhador no ato da contratação e mais 1.500 libras para o treinamento. Isso de fato aumentou o precariado, ampliando o número de pessoas colocadas em postos de trabalho temporários e incitando os empregadores a demitirem os trabalhadores existentes e contratarem substitutos. A Coreia do Sul também introduziu um subsídio de contratação sob uma política

---

[11] *Golden hello* é uma quantia em dinheiro paga para "cobrir a oferta" de um empregado feita pela concorrência, bem como a recrutas muito procurados. (N.E.)

que requeria que os empregados aceitassem um congelamento de salário, removia os direitos de negociação e pagava aos recrutas subsidiados dois terços do salário dos empregados existentes – difundindo uma força de trabalho multinivelada. Nos Estados Unidos, a administração Obama conseguiu aprovar um esquema de 13 bilhões de dólares em 2010, que concedia crédito fiscal às empresas se elas contratassem desempregados à procura de emprego. Os empregadores oportunistas rapidamente descobriram como fazer substituições benéficas.

Outros países favoreceram esquemas de compensação de curta duração, em sua maioria dirigidos à fabricação, pelos quais os empregadores podiam solicitar a assistência temporária para complementar os salários dos empregados regulares. Até 2010, 21 países da União Europeia tinham esquemas de trabalho de curta duração que abrangiam mais de 2,4 milhões de trabalhadores; o esquema *Kurzarbeit* da Alemanha respondia sozinho por 1,5 milhões de trabalhadores, envolvendo um subsídio salarial que se estendia por dois anos. O subsídio compensava 60% da perda de receitas por estar num emprego de curta duração, uma fórmula copiada por outros países, como os Países Baixos. Nos Estados Unidos, 17 estados, incluindo a Califórnia, introduziram um corte temporário do imposto sobre a folha de pagamento e provisão de benefícios de desemprego para quem era forçado a trabalhar em tempo parcial.

A curta duração subsidiada funciona exatamente como qualquer subsídio de trabalho. Envolve perigos morais e imorais, gratificando a ineficiência e o desempenho insatisfatório. Também distorce os mercados, dificultando a transferência de empregos para áreas de produtividade mais alta. Embora os subsídios sejam defendidos como "mantenedores das pessoas em postos de trabalho, preservando, assim, as habilidades", e redutores dos custos sociais da recessão (ATKINS, 2009), eles impedem as pessoas de progredirem e adquirirem novas habilidades ou de fazerem uma melhor utilização daquelas que possuem.

A união do emprego de curta duração com os subsídios do governo foi um dos caminhos da conversão dos empregados em tempo integral em membros subsidiados de tempo parcial do precariado. E uma vez que quase todos os subsídios de curta duração têm uma vida finita, muita gente terá apenas uma trégua temporária antes de perder o emprego por completo.

Uma derradeira ironia dos subsídios é que eles não enganam as pessoas por muito tempo. Enquanto reforçam antigos empregos e promovem o trabalho temporário, inchando o precariado de uma maneira insustentável, eles deixam um gosto desagradável. Como disse um sul-coreano desiludido que parecia um recruta para o precariado, "mesmo se eu conseguir um emprego desse modo, só vou trabalhar por alguns meses, e, durante esse tempo, sempre me sentirei como um figurante patético que existe pela generosidade de outros trabalhadores" (CHOE, 2009).

A economia das sombras

Outro fator, conhecido de diversas maneiras como economia das sombras, subterrânea, cinza, negra ou paralela, desempenhou um papel na expansão do precariado. Há muitas razões para acreditar que essa economia cresceu e é subestimada pelas estatísticas disponíveis. A desindustrialização tem sua importância nessa questão, assim como o crescimento da flexibilidade numérica, pois a substituição de fábricas de grande escala e de prédios de escritórios, que concentravam empregos, facilita o trabalho de "aperto de mão" e dificulta sua detecção. O caráter mutante dos Estados de bem-estar também tem sido relevante, minando a solidariedade social e os princípios subjacentes do imposto direto progressivo e do seguro social.

Sejam quais forem as razões, a economia das sombras está onde a maioria do precariado sobrevive, enfrentando exploração e opressão. Um estudo feito por Friedrich Schneider da Universidade de Linz (*The Economist*, 2010b) estimou que a economia informal representa mais de um quarto do PIB grego, mais de 20% do PIB da Itália, Espanha e Portugal e mais de 10% do PIB da Alemanha, França e Reino Unido. Ele atribuiu grande parte da evasão fiscal à "rebelião fiscal", argumentando que as pessoas são mais relutantes em pagar impostos se não acharem que estão obtendo valia dos serviços oferecidos pelo Estado. Se assim for, os cortes nos serviços públicos para reduzir os déficits orçamentários podem incentivar mais rebelião de impostos, anulando o impacto dos cortes de gastos sobre o déficit.

Dada a dimensão da economia das sombras e a existência de um reforço do trabalho paralelo, em tempos de crescimento relativo, como antes da queda de 2008, uma quantidade considerável de trabalho continua não registrada. As baixas taxas de crescimento de emprego podem ser enganosas. Pela mesma lógica, uma recessão pode começar com um declínio no trabalho paralelo, dando a impressão de que o emprego não está caindo muito e que o desemprego não está crescendo muito, especialmente na medida em que as pessoas que estão nas sombras seriam inelegíveis para benefícios do Estado.

Isso é consistente com os dados disponíveis. Nos primeiros dois anos de recessão, a queda do emprego em toda a Europa foi somente um terço maior do que a porcentagem de contração da economia. Na Espanha, em 2010, o desemprego registrado havia subido para mais de 4,5 milhões, ultrapassado o nível que os sindicalistas e outros tinham previsto que levaria a tumultos. Não houve tumultos. Alguns observadores atribuíram o fato à tradicional tolerância das redes de desemprego e familiares que poderiam fornecer benefícios para a comunidade. Outros achavam que tinha mais a ver com a próspera economia subterrânea. O sindicato dos inspetores fiscais, Gestha, estimou que a economia subterrânea representava mais de 23% do PIB e que ela tinha se expandido enquanto o PIB registrado estava diminuindo consideravelmente.

Uma economia globalizada de mercado aberto, caracterizada por contratos informais, empregos de tempo parcial e temporários, serviços baseados em projetos e uma miríade de serviços pessoais é certamente favorável ao trabalho paralelo. Não é uma aberração; ela faz parte do sistema de mercado global.

O declínio da mobilidade social

Por fim, e de maneira mais reveladora, o caráter de estratificação do processo de trabalho globalizado produziu uma diminuição na mobilidade social ascendente, o que é uma característica do precariado. Como disse Daniel Cohen (2009, p. 19) sobre os trabalhadores franceses (e europeus), hoje pouquíssimas pessoas sobem para o nível médio de gestão, e "agora há uma maior probabilidade de permanecerem na parte inferior da escala salarial para o resto da vida". No Reino Unido, a mobilidade social diminuiu, o que tem sido associado ao aumento da desigualdade. Em 2010, como foi mostrado pelo Painel de Igualdade Nacional do governo trabalhista (ver também WILKINSON; PICKETT, 2009), era mais difícil para uma criança nascida na pobreza subir na escada social do que havia sido em qualquer outro momento desde 1950. Os nascidos em 1970 tinham menos probabilidade de subir no status social do que os nascidos em 1958. É apenas um sinal de que a classe ainda é importante.

O que ainda é mais impressionante, dada a imagem que o país tem de si mesmo como uma oportunidade inigualável para a mobilidade ascendente, os Estados Unidos há muito tempo tem diminuído a mobilidade social. A mobilidade intergeracional é baixa de acordo com os padrões internacionais (SAWHILL; HASKINS, 2009). As crianças nascidas nos quintis inferiores e superiores são ainda mais propensas a permanecerem neles do que as do Reino Unido, e muito mais propensas do que as da Suécia ou da Dinamarca. Com a desigualdade crescendo a níveis recordes e a mobilidade social declinando, o modelo econômico e social neoliberal certamente fracassou em sua pretensão de gerar mobilidade social baseada no mérito.

Uma das razões para a desaceleração da mobilidade social é que a renda média dos empregos foi gradualmente reduzida. Por exemplo, no Reino Unido, o número de empregos no decil salarial superior cresceu quase 80% entre 1979 e 1999. O segundo decil cresceu 25%, e os dois decis inferiores também se expandiram (GOOS; MANNING, 2007). Mas o trabalho nos seis decis do meio se retraiu. O que essa tendência significa – e ela se repete em muitos países – é que a "classe média" está sofrendo de insegurança de renda e de estresse, sendo empurrada para o precariado.

Conclusões

Houve um bruto pacto social na era da globalização – os trabalhadores eram obrigados a aceitar o trabalho flexível em troca de medidas para preservar empregos, de modo que a maioria vivenciou a elevação dos padrões de vida. Foi uma negociação faustiana. Os padrões de vida foram mantidos ao se permitir que o consumo excedesse as rendas e que os ganhos excedessem o que de fato os trabalhos valiam. Enquanto este excesso promoveu ineficiência e distorções de mercado, aquele excesso fez com que faixas da população se endividassem de maneira estonteante. Mais cedo ou mais tarde, o diabo teria o que lhe era devido, um momento que para muitas pessoas veio com a crise de 2008, quando a renda diminuída caiu abaixo do que era necessário para pagar as dívidas que tinham sido encorajadas a assumir. Uma nova camada estava prestes a se juntar ao precariado.

No final da era da globalização, o pacto havia sido rompido. Do lado dos empregadores, desejava-se mais "viajar com pouca bagagem". Do lado dos trabalhadores, havia mais estresse, insegurança e distanciamento psicológico. Os suicídios relacionados ao trabalho aumentaram em muitos países, incluindo a França, o Japão e toda a Escandinávia, a Meca da social-democracia. Nos Estados Unidos, eles aumentaram 28% em um ano. Entretanto, de acordo com o Center for Work-Life Policy, uma empresa de consultoria dos Estados Unidos, a proporção de empregados que professam lealdade a seus empregadores caiu de 95% para 39%, e a proporção que expressava confiança neles caiu de 79% para 22%. Na era do precariado, lealdade e confiança são frágeis e eventuais.

Podemos perceber por que o precariado está crescendo. Porém, quanto maior seu tamanho, mais sinistros serão seus aspectos disfuncionais. As inseguranças geram doença social, vícios e angústia anômica. As prisões transbordam. As gangues de Robin Hood perdem seu senso de humor. E as forças escuras se espalham na arena política. Trataremos disso depois de considerarmos quem está entrando no precariado e o que está acontecendo com os principais ativos da sociedade de mercado global.

Capítulo 3

Quem ingressa no precariado?

Uma resposta é "todo mundo, na verdade". Entrar para o precariado poderia acontecer para a maioria de nós, se ocorressem acidentes ou um choque eliminasse os adereços de segurança nos quais muitos vieram a confiar. Dito isso, é preciso lembrar que o precariado não compreende somente vítimas; alguns entram no precariado porque não querem as alternativas disponíveis, alguns porque ele se adapta às suas circunstâncias particulares do momento. Em suma, existem variedades de precariado.

Algumas pessoas entram o precariado devido a infortúnios ou fracassos, algumas são conduzidas para ele, algumas entram na esperança de que ele será o trampolim para outra coisa, mesmo que não ofereça uma rota direta, algumas optam por estar nele de maneira instrumental – incluindo idosos e estudantes que simplesmente desejam obter um pouco de dinheiro ou experiência – e algumas combinam uma atividade precariada com outra coisa, como é cada vez mais comum no Japão. Outros acham que o que têm feito durante anos, ou o que estavam treinando para fazer, torna-se parte de uma insegura existência precariada.

Este capítulo, sobre demografia, e o capítulo 4, sobre os migrantes, analisam os grupos que têm uma probabilidade relativamente alta de estar no precariado. A demografia pode ser resumida em termos de mulheres em comparação com homens e jovens em comparação com idosos. Em cada grupo, há *grinners* (sorridentes), que dão boas-vindas aos empregos do precariado, e *groaners* (gemedores), obrigados a assumi-los por falta de alternativas. Entre os jovens, os *grinners* são estudantes e mochileiros viajantes, felizes por ocupar empregos informais, sem futuro a longo prazo; os *groaners* são aqueles que não puderam entrar no mercado de trabalho pelo aprendizado de um ofício ou equivalente, ou por competirem com idosos "mais baratos" sem a necessidade de benefícios corporativos.

Entre os mais velhos, os *grinner*s são aqueles que recebem pensão adequada e cobertura de assistência médica, que podem fazer trabalhos casuais pelo prazer da atividade ou para ganhar dinheiro extra; os *groaners* são aqueles que não têm uma pensão razoável e encaram a competição com jovens mais enérgicos e idosos menos necessitados. Entre as mulheres, as *grinners* são aquelas cujos cônjuges são assalariados, que podem tratar um trabalho como uma atividade secundária; as *groaners* incluem solteiras que sustentam a família e aquelas que enfrentam a carga tripla de ter de cuidar de filhos, parentes idosos e ainda ter um trabalho pago. Entre os homens, os *grinners* incluem aqueles cujos cônjuges ganham um salário razoável; os *groaners* incluem solteiros capazes de obter apenas um emprego do precariado.

Mulheres: feminização da vida?

Logo no início da era da globalização, tornou-se evidente que as mulheres estavam ocupando uma proporção cada vez maior de todos os empregos, em uma tendência global para a feminização do trabalho (STANDING, 1989, 1999a). Trata-se de uma feminização em sentido duplo, de mais mulheres estarem em empregos e de mais empregos serem do tipo flexível, tipicamente ocupados por mulheres. A tendência refletia a informalização do emprego, o crescimento dos serviços e a utilização de jovens mulheres em zonas de processamento de exportação. Isso não significa que as mulheres em todos os lugares estivessem melhorando sua renda ou condições de trabalho. De fato, o salário com base no gênero e os diferenciais da renda social permaneceram desiguais, mesmo que melhorando modestamente em algumas partes do mundo.

Os empregos que estavam se espalhando levaram a uma crescente demanda por mulheres, bem como a uma mudança de homens para empregos inseguros de baixa remuneração, durante muito tempo considerados como a norma para as mulheres. Se o trabalho flexível significa mais empregos de curta duração, isso quer dizer que há poucas vantagens nos empregos tidos como masculinos e vistos – correta ou incorretamente – como empregos que oferecem compromisso de longo prazo. O temor de que as mulheres possam envolver empregadores em altos custos não salariais, porque podem engravidar ou se ausentar para cuidar dos filhos, é menos relevante quando os empregos têm duração definida de poucos meses, se o acordo não é vinculativo ou dependente de demanda flutuante, ou se não houver nenhum custo para o trabalho intermitente.

Na era da globalização, a industrialização liderada pela exportação nos países em desenvolvimento baseou-se, de uma maneira bem descarada, na organização das mulheres jovens como precariado, mobilizadas para o trabalho por uma ninharia e cuja permanência no emprego não era tão esperada. Muitos outros fatores também contribuíram para a feminização do trabalho nos dois sentidos. Um deles foi a morte do "salário-família", uma característica da era industrial e do pacto entre capital e classe trabalhadora. O proletariado industrial desenvolveu a expectativa de que o trabalhador do sexo masculino receberia um salário suficiente para manter uma família nuclear, e não apenas o próprio trabalhador. Essa regra prática se foi. O salário "individualizado" favoreceu o emprego de mulheres; enquanto o salário mais baixo induziu a um "esforço de negociação" – menor da parte dos homens, as mulheres nunca esperaram um salário-família.

Além disso, os empregos estavam mais concentrados nos serviços, para os quais a força manual não era necessária e a aprendizagem a longo prazo não era uma norma. Fatores políticos também contribuíram. Era uma característica da perda do impulso da agenda social-democrata na década de 1980 que a ênfase se deslocasse para a *equidade* social, em vez de *igualdade*. A redução da discriminação e dos diferenciais salariais baseados em gênero tornaram-se objetivos prioritários, enquanto a redução das desigualdades estruturais foi marginalizada. Algumas medidas destinadas a melhorar a equidade social até acentuaram a desigualdade. A falta de uma agenda igualitária significava que os beneficiários das leis contra a discriminação eram principalmente as mulheres com vantagens posicionais, não as mulheres em segmentos menos favorecidos da sociedade.

Seja causa ou efeito, o papel das mulheres no crescente mercado de trabalho coincidiu com o crescimento do precariado. As mulheres ocuparam uma parcela desproporcional de empregos precários, sendo muito mais propensas a terem contratos de curto prazo ou ficarem sem contrato algum. Isso não acontece apenas na Europa e na América do Norte. No Japão, a mudança para o emprego não regular coincidiu com uma parcela crescente de mulheres na força de trabalho. Em 2008, mais da metade das mulheres japonesas ocupava empregos precários, em comparação com menos de um a cada cinco homens. Na Coreia do Sul, 57% das mulheres ocupavam tais empregos, em comparação com 35% dos homens.

O Japão é um caso extremo. A desigualdade de gênero é um legado cultural que tem alimentado um precariado de gênero, em que as mulheres estão concentradas em postos de trabalho temporários, de baixa produtividade, resultando em um dos maiores diferenciais salariais entre homem-mulher no mundo industrializado. Em 2010, 44% das trabalhadoras no Japão estavam recebendo menos que o salário mínimo. O crescimento do trabalho temporário também contribuiu. O salário das mulheres em empregos regulares (permanentes) corresponde a 68% do salário dos homens, mas nos empregos temporários eles representam menos da metade do salário pago aos homens. Assim, a tendência é haver um duplo efeito adverso. Para contribuir ainda mais com a desigualdade, muitas mulheres japonesas são dirigidas para empregos relacionados ao cuidado de idosos, nos quais os salários são lamentavelmente baixos.

Isso salienta um desafio do século XXI. Como a feminização global tem continuado, mais mulheres têm experimentado uma "carga tripla". Espera-se que elas façam a maior parte do trabalho relacionado ao cuidado das crianças e "da casa", que trabalhem no mercado a fim de manter "a casa" e que cuidem do crescente número de parentes idosos.

Como as mulheres sempre se ocuparam da maior parte do trabalho de assistência[12], ele tem sido negligenciado em estatísticas econômicas e de política social. Isso chegou ao seu pior absurdo no século XX, quando o trabalho de assistência não contava como trabalho de modo algum. Um tipo de retórica liberal não ajudou. O trabalho de assistência, na maioria das vezes limitado à família, foi descrito como sendo da esfera privada, enquanto o trabalho era da esfera pública. Uma vez que a esfera pública era vista como libertadora, colocar mais mulheres em postos de trabalho, em qualquer emprego, seria libertador. Assim, a taxa de participação da força de trabalho feminina se tornou uma medida de libertação (SEN, 1999).

Isso faz sentido para as mulheres de classe média, altamente qualificadas, que podem se preparar para um emprego assalariado voltado para a carreira. Mas para a maioria das mulheres, que trabalham repetidamente numa linha de montagem, ou que costuram sem parar numa fábrica de roupas mal-iluminada numa ruela, ou que ficam sentadas

---

[12] *Care work*, tipo de trabalho realizado em prol de outras pessoas, por exemplo o cuidado de crianças, a assistência a deficientes, doentes e idosos, bem como o trabalho doméstico, e que não costuma ser remunerado. (N.T)

diante de um balcão de *check-out* durante longos turnos, os empregos dificilmente são libertadores. Eles podem fazer parte da carga tripla, em que as mulheres também têm de cuidar dos filhos e dos parentes idosos "em seu tempo livre".

Os ganhos no acesso aos empregos são reais. Porém, eles foram obtidos a um preço, pago em grande parte por mulheres, mas também, em certa medida, pelos homens. A maioria dos empregos é de tempo parcial, temporário ou estanque, sem perspectiva de desenvolvimento profissional. No entanto, os governos estão pressionando as mulheres para ocupá-los.

No Reino Unido, mais de 40% das mulheres empregadas estão em empregos de tempo parcial, que pagam muito menos por hora do que os empregos de tempo integral. Em 2009, o governo se propôs a ajudar as mulheres em empregos de tempo integral a passarem para empregos de tempo parcial, por meio de subsídios, com ênfase no trabalho flexível. O governo também lançou um banco de dados nacional sobre empregos de tempo parcial, direcionado para as mães chamadas "donas-de-casa" que procuram "um retorno ao trabalho", e anunciou planos para fazer as famílias monoparentais com crianças pequenas procurar "trabalho".

Na Alemanha, como na França, as mulheres constituem 80% de todos os empregados em tempo parcial, e elas recebem um quarto a menos do que os homens. Os horários escolar e comercial e a escassez de creches dificultam o trabalho em tempo integral para as mulheres que têm filhos. O governo Merkel introduziu o "subsídio aos pais", um benefício relacionado à renda que permite que qualquer um dos pais tire até 12 meses de licença de seu trabalho. Mas os conservadores no governo insistiram que uma decisão de expandir a creche fosse acompanhada de um novo benefício, *Betreuungsgeld*, dado às mães apenas se ficassem em casa com os filhos. Isso é injusto, pois aplica uma condicionalidade comportamental que penaliza as mulheres que desejam ou têm de ocupar empregos, bem como cuidar dos filhos.

Como as mulheres expandem o precariado ao ocuparem o papel tradicional de cuidadoras de criança e o mais novo papel de cuidar de parentes idosos, mais mulheres estão se tornando as principais provedoras do sustento da família. Isso não acontece apenas porque um maior número delas são mães solteiras ou vivem sozinhas. Os papéis de gênero também estão se invertendo. Nos Estados Unidos, a educação das mulheres aumentou em relação à dos homens, e na faixa etária de 30-44 anos, há mais mulheres do que homens diplomados. Considerando que, em 1970, apenas 4% das mulheres casadas ganhavam mais do que seus maridos, hoje isso acontece com uma em cada cinco mulheres. Como há mais pessoas se casando dentro da mesma faixa de educação, os homens que recebem altos salários são mais propensos a se casarem com mulheres que ganham salários altos, aumentando a desigualdade interfamiliar. No entanto, apesar da publicidade dada às mulheres ambiciosas, as mulheres que ganham mais do que seus parceiros têm maior probabilidade de serem encontradas em famílias de baixa renda, no precariado.

No Reino Unido, o aumento de "chefes de família" do sexo feminino tem sido associado com um aumento no número de homens saindo de um plano de carreira, ou abrindo mão da perseguição infrutífera por um plano de carreira, para se tornar cuidadores domésticos. Na década de 1960, apenas 4% das mulheres com idade entre 16-60 anos ganhavam mais do que seus parceiros. Em 2009, como nos Estados Unidos, uma em cada cinco – ou 2,7 milhões – era "esposa chefe de família" (NATIONAL EQUALITY PANEL, 2010). Cerca de 214 mil homens disseram não fazer parte do mercado de trabalho porque estavam cuidando da família ou da casa, um salto de 80% em 15 anos. Enquanto isso, o número de mulheres dizendo o mesmo caiu de 2,7 para dois milhões, uma queda de um quarto. Rob Williams, executivo-chefe do Fatherhood Institute, um grupo de pressão, comentou: "A ideia de que os homens se veem como chefes de família está desmoronando. Desde os anos 1970, os homens têm se tornado muito mais igualitários, e o número que quer sair da carreira e passar mais tempo com seus filhos tem aumentado" (BARROW, 2010).

A inversão involuntária de papéis é mais frequente, no entanto. Em cada recessão sucessiva, o desemprego masculino aumentou mais do que o desemprego feminino e a participação das mulheres em postos de trabalho cresceu. Na verdade, a queda pós-2008 levou a um momento historicamente único. Em 2010, pela primeira vez, as mulheres nos Estados Unidos ocupavam a metade de todos os empregos.

A Grande Recessão foi apelidada de *mancession*[13]. Os homens suportaram a grande maioria das perdas de emprego, uma vez que a parte

---

[13] *Mancession* é um período econômico em que a taxa de desemprego é substancialmente maior entre os homens do que entre as mulheres. O termo *mancession* foi cunhado na crise financeira de 2008-2009, durante a qual os homens suportaram o peso das perdas de emprego nos Estados Unidos, a taxas aproximadamente 50% mais altas do que a das mulheres. (N.T.)

essencial (classe operária industrial) dos empregos desapareceu. Nos Estados Unidos, a proporção de homens empregados caiu para menos de 70% em 2009, o menor nível desde que os registros começaram, em 1948. Até 2010, um em cada cinco homens americanos com idade entre 25 e 55 anos estava desempregado. Na década de 1960, 95% dessa faixa etária estavam empregados. Na União Europeia, três quartos dos empregos gerados desde 2000 foram ocupados por mulheres.

Ironicamente, o aumento da participação "pública" das mulheres na economia tem sido acompanhado por um medo crescente de fracasso devido a múltiplas formas de precariedade. Isso passou a ser chamado por um nome deprimente – "síndrome da mendiga"[14] – um medo de estar nas ruas devido ao fracasso do trabalho. Em 2006, um levantamento de seguro de vida descobriu que 90% das mulheres norte-americanas se sentiam financeiramente inseguras e quase a metade disse que tinha um "medo enorme de se tornar mendiga". Isso foi ainda mais predominante entre as mulheres que ganham mais de 100 mil dólares por ano. Mais mulheres relataram sentirem-se estressadas quanto ao dinheiro. Como afirmou uma delas, "a mendiga interior, com face enrugada e despenteada, não é brincadeira. Ela é o pior tipo de futuro possível". Isso estava acontecendo na principal economia do mundo. E tem piorado desde a crise.

A maior parte das análises convencionais predominantes também omite parte do precariado que tem sido, em grande medida, a prerrogativa das mulheres – os serviços sexuais. Milhões de mulheres em todo o mundo estão envolvidas nesse ramo, muitas forçadas a ele, muitas levadas a ele pelas dificuldades financeiras, algumas que o escolheram por uma razão ou outra. As distinções de classe são muito evidentes no ramo dos serviços sexuais, e as mulheres que fazem parte da camada inferior são a síntese da existência precariada, alugando seus corpos sem qualquer controle. Criminalizá-las e negar-lhes direitos só acentua o problema.

O que dizer, então, dos homens que se deslocam para o precariado? Os desafios não são os mesmos. O maior deles pode ser o de se ajustar a níveis inferiores. A insegurança está ligada ao medo de perder o que se

---

[14] *Bag lady syndrome*, síndrome da mulher de sacola. O termo "bag lady" costuma ser usado para se referir a mulheres que vivem na rua pedindo esmolas, carregando seus poucos pertences em sacolas plásticas. O autor usa o termo para se referir ao medo que sentem as mulheres de se tornarem destituídas e acabarem nas ruas como mendigas, mas amplia o sentido, abarcando o fenômeno das mulheres que saem correndo de casa, angustiadas, carregando seus pertences em sacolas. (N.E.)

tem. Há mais homens nessa posição quando comparados ao seu próprio passado, às gerações masculinas anteriores e às expectativas e aspirações incutidas neles por suas famílias e culturas. Na medida em que o precariado cresce e os empregos de carreira evaporam, a perda de reputação agrava a perda de renda e as armadilhas de status que as acompanham. Com o mundo gerando trabalho precário, os homens sintonizados com uma autoimagem de estabilidade e progressão na carreira correm o risco de se traumatizarem. Além disso, o desmantelamento das comunidades profissionais e a perturbação de velhas noções de carreiras profissionais produzem efeitos de frustração na medida em que os homens se defrontam com a realidade de que suas carreiras estão truncadas.

Um desafio da "masculinidade"?

Enquanto mulheres e homens enfrentam diferentes desafios em torno do precariado, o movimento embrionário da precariedade atrai o apoio de grupos de sexualidade diversa. Há boas razões para isso. Gays e lésbicas se sentem inseguros em uma sociedade voltada para os costumes heterossexuais e as famílias nucleares padrão. Mas também há outras tensões, ligadas às evoluções do emprego. A feminização do emprego afeta as ideias tradicionais de masculinidade e feminilidade. Um tema que há muito tem preocupado os sociólogos é a alegação de que os homens jovens estão cada vez mais alienados e anômicos.

Historicamente, os jovens dispunham de modelos de papéis para ajudá-los na vida adulta. Eles eram apresentados a uma ideia virilizante. Cuidariam de seus pais, ganhariam o suficiente para ser capazes de sustentar esposa e filhos, e terminariam seus anos como anciões respeitados. O modelo era machista e patriarcal, não uma estrutura para ser aplaudida, mas enraizada ao longo de gerações. Agora, há poucos modelos realistas para que os jovens homens da classe trabalhadora imitem e que lhes possibilitem a conquista do autorrespeito, e suas perspectivas de ser um futuro "chefe de família" são parcas.

A escassez de modelos aspiracionais poderia ser uma consequência da segunda geração da flexibilização dos anos 1980 e 1990. Seu resultado é um prolongamento da adolescência, com homens jovens incapazes de se motivarem. Como disse Lucie Russell, diretora da instituição beneficente Young Minds, do Reino Unido: "Como é que meninos se tornam homens quando não há um papel a se desempenhar ou um trabalho?"

Essa insuficiência começa na escola, onde, cada vez mais, as meninas estão superando os meninos. Na Inglaterra e no País de Gales, 64% das meninas conseguem cinco aprovações (exames com a idade de 15 ou 16 anos) do Certificado Geral do Ensino Secundário (*General Certificate of Secondary Education* – GCSE) em comparação com 54% dos meninos. Os meninos não só carecem de modelos masculinos em casa, mas também são ensinados, predominantemente, por mulheres. Cerca de 5 mil escolas não têm nenhum professor do sexo masculino. A desvantagem de gênero avança na escala educacional; metade das mulheres jovens participa do ensino superior, contra 37% dos homens jovens. Padrões semelhantes são encontrados em outros países. Em geral, nas universidades norte-americanas e europeias, o número de mulheres supera o de homens em um terço. E depois da universidade, entre os licenciados do Reino Unido, a probabilidade de os homens ficarem desempregados é 50% maior.

Como consequência de sua precariedade, mais homens jovens continuam a viver com os pais ou perto deles em caso de necessidade. Na Itália, esse é um fenômeno comum; os homens jovens (e não tão jovens) que vivem com suas famílias, às vezes perto dos 40 anos, são chamados de *mammoni* (menino da mamãe). No Reino Unido, mais de um quarto dos homens com idades entre 25 e 29 anos estão vivendo com os pais, o dobro da proporção das mulheres com a mesma idade. Um em cada dez homens ainda está na casa de seus pais aos 35 anos de idade. A imagem é a do "filho bumerangue", voltando para casa depois de concluir a formação educacional e que fica à deriva em letargia, trabalhando em empregos de tempo parcial, assumindo dívidas, usando drogas e com vagas ambições de "viajar".

A precariedade desencoraja o casamento e leva à gravidez tardia. Em 2008, apenas 232.990 pares se casaram na Inglaterra e no País de Gales, o número mais baixo desde 1895. A taxa de nupcialidade, calculada como o número de casamentos por habitante, caiu para o menor nível desde que os registros começaram em 1862. Da mesma forma, as taxas de casamento caíram nos estágios posteriores à fase desintegrada da Grande Transformação no final do século XIX, em um momento de contagiosa insegurança. A tendência de queda tem sido semelhante em toda a Europa, com um aumento da coabitação. Estima-se que em 2015 a maioria dos bebês na Inglaterra e no País de Gales nascerá de pais solteiros.

Os homens e as mulheres também estão se casando mais tarde. Entre 1998 e 2008, a média de idade do primeiro casamento na Inglaterra e no País de Gales subiu em três anos, tanto para homens quanto para mulheres. A média provisória de idade ao casar para os homens que se casam pela primeira vez era de 32,1 anos e, para as mulheres, era de 29,9 anos. A idade crescente podia refletir o aumento de custos – tanto os custos reais quanto o custo de risco de fracasso. Mas certamente atesta uma sensação de precariedade que afeta, simultaneamente, homens e mulheres, embora de maneiras diferentes.

A tendência tem contribuído para um crescente número de famílias unipessoais nos países industrializados. Mas, como vimos, os jovens também foram voltando aos poucos para a casa dos pais, com a sua própria precariedade que, muitas vezes, somava-se à dos pais. Entre os neologismos inventados para esse grupo, temos *Kippers* (crianças no bolso dos pais corroendo as poupanças da aposentadoria) e *iPods* (inseguros, pressionados, sobretaxados, cheios de dívidas e econômicos).

Em um polêmico livro que supostamente descreve o que os homens jovens, como os próprios autores, enfrentam agora (embora seus *Curricula Vitae* tenham entregado o jogo), Ed Howker e Shiv Malik (2010) resumiram "sua" existência da seguinte forma:

> Trabalhamos em empregos e vivemos em casas garantidas por contratos de curto prazo; os passos de nossa vida são constantemente sinuosos; para muitos de nós a nossa casa de infância representa nosso único ponto de apoio... A geração que vai salvar a Grã-Bretanha não pode dar a partida; enquanto isso as dívidas estão ficando maiores, os trabalhos estão ficando mais escassos, a vida está ficando mais difícil.

Juventude: nômades urbanos

A juventude mundial, composta por mais de um bilhão de pessoas com idade entre 15 e 25 anos, compreende a maior grupo de juventude na história, com a maioria dos jovens nos países em desenvolvimento. O mundo pode estar envelhecendo, mas há uma quantidade gigantesca de jovens por aí, com diversos motivos para se frustrar. Embora muitos outros grupos acompanhem o precariado, a imagem mais comum é a de jovens saindo da escola e da faculdade para entrar numa existência precária durante anos, o que muitas vezes os torna mais frustrados porque a geração de seus pais, aparentemente, havia ocupado empregos estáveis.

A juventude sempre entrou na força de trabalho em posições precárias, esperando provar seu valor e aprender. Mas, atualmente, não é oferecida à juventude uma negociação razoável. Muitos começam em empregos temporários que se estendem bem além do que poderia ser necessário para o estabelecimento da "empregabilidade". Um arremedo de flexibilidade tem sido a ampliação dos períodos experimentais, durante os quais as firmas podem, legalmente, pagar salários mais baixos e fornecer menos benefícios.

A probabilidade decrescente de passar para um contrato de longo prazo aumenta a indignação. Na França, por exemplo, 75% de todos os jovens trabalhadores começam com contratos temporários, e a maioria permanece neles; apenas aqueles jovens com títulos acadêmicos podem esperar passar para uma posição "permanente". Tradicionalmente, os jovens podiam tolerar um período inicial em que eram alheios aos quadros da empresa desde que houvesse a esperança de um dia se tornar um membro privilegiado dessa empresa. Enquanto isso, eles viviam perto dos pais. A solidariedade familiar aliviou a precariedade inicial. Mas hoje, a precariedade foi estendida, enquanto a solidariedade familiar é mais fraca; a família é mais frágil e a geração mais velha não pode antever uma reciprocidade intergeracional equilibrada.

Uma característica da reestruturação da renda social e da flexibilidade do salário tem sido a queda nos salários e rendas das pessoas jovens em relação aos mais velhos. Não só há mais jovens em empregos precários nos quais os salários são mais baixos de qualquer maneira, como sua posição negocial está debilitada no acesso a todo tipo de emprego, ao mesmo tempo em que a falta de benefícios corporativos ou estatais intensifica sua vulnerabilidade à pobreza.

Um exemplo é o Japão, onde a média anual de ganhos dos trabalhadores com idade em torno de 20 anos caiu 14% entre 1997 e 2008. Um relatório do Ministério da Saúde, Trabalho e Bem-Estar, em 2010, descobriu que 56% dos trabalhadores empregados com idade de 16 a 34 anos precisavam de uma segunda fonte de renda para ajudá-los a pagar as despesas básicas de subsistência.

Os jovens ficam indignados com a insegurança e querem, principalmente, seguir algum tipo de carreira. No entanto, muitos que desejam uma vida gratificante não se impressionam com as histórias de trabalho penoso e estresse das gerações mais velhas. Rejeitam o trabalhismo dos empregos estáveis de tempo integral que se estendem a perder de vista. Nas pesquisas internacionais de opinião pública, cerca de dois terços dos jovens dizem que prefeririam ser "autônomos", trabalhar por conta própria em vez de ocupar um emprego. Mas os mercados de trabalho flexíveis forjados pela velha geração de políticos e por interesses comerciais condenam a maioria dos jovens a passar anos no precariado.

A juventude constitui o núcleo do precariado e terá de assumir a liderança na formação de um futuro viável para si. A juventude tem sido sempre o repositório de raiva em relação ao presente e o prenúncio de um amanhã melhor. Alguns analistas, como Daniel Cohen (2009, p. 28), consideram o mês de maio de 1968 como o ponto em que a juventude surgiu como "força social autônoma". Certamente os *baby boomers*[15] quebraram os planos criados pela geração de seus pais. Mas a juventude tem sido o agente de mudança ao longo da história. De certa forma, 1968 marcou o início do precariado, com a rejeição da sociedade industrial e o trabalhismo monótono. Posteriormente, tendo protestado contra o capitalismo, os *baby boomers* aceitaram as pensões e outros benefícios, incluindo os produtos baratos das economias de mercado emergentes e, então, prenunciaram a flexibilidade e a insegurança para seus sucessores. Um diplomado desempregado e angustiado (HANKINSON, 2010) escreveu: "Os *baby boomers* tiveram educação gratuita, casas a preços acessíveis, pensões gordas, aposentadoria precoce e segundas residências. Nós ficamos com as prestações do financiamento (dívida do aluno) e a propriedade de uma escada com degraus podres. E o sistema financeiro que tornou nossos pais ricos nos deixou escolher entre uma porcaria de trabalho ou nenhum trabalho".

Naturalmente, o discurso contra a geração anterior apresenta uma imagem falsa; ele negligencia a classe. Apenas uma pequena minoria dos *baby boomers* do Reino Unido foi para a universidade, ao passo que hoje a metade de todos os que saem da escola vão para alguma forma de ensino superior. Muitos membros da geração mais velha sofreram a devastação da desindustrialização, e, como os mineiros, os metalúrgicos, os estivadores, os impressores e tantos outros, foram postos de lado na história. E a maioria das mulheres carregava o fardo adicional da marginalidade econômica. A interpretação intergeracional quase podia ser uma tática diversiva, pois está de acordo com uma visão conservadora que, cuidadosamente, omite o papel da globalização (WILLETTS, 2010). A juventude de hoje não é pior

---

[15] O termo *baby boom* corresponde a uma definição genérica para aqueles que nasceram durante uma explosão populacional; aqui o termo se refere à explosão populacional que aconteceu depois da Segunda Guerra Mundial. (N.T.)

do que as gerações anteriores. O dilema é apenas diferente e varia com a classe. Aquelas antigas comunidades da classe trabalhadora tinham um etos de solidariedade social reproduzido de geração a geração. Agora, elas são zonas do precariado, como também o são os campi e as comunidades daqueles que os italianos chamam de *alternativi*.

Seu enfraquecimento criou três desafios para os jovens de hoje. Eles viram seus pais perderem o status, a renda, o orgulho e a estabilidade; não têm modelos para imitar; e deslocam-se à deriva para dentro das armadilhas da precariedade, com empregos de baixos salários intercalados a períodos de desemprego e ociosidade forçada. Dentro dos bairros de baixa renda, a "ética do trabalho" é transmitida de geração a geração (SHILDRICK; MacDONALD; WEBSTER; GARTHWAITE, 2010). Mas a experiência de uma existência precarizada de uma geração também transmitirá atitudes e normas de comportamento para a próxima. A primeira geração sujeita à flexibilidade sistêmica atingiu a maioridade nos anos 1980. São seus filhos que estão entrando no mercado de trabalho no início do século XXI. Ela não pode evitar que muitos esperem ganhar menos e tenham carreiras menos bem-sucedidas que seus pais. O interessante é que, no Reino Unido, o número de jovens que afirmam pertencer à classe trabalhadora é maior do que aqueles que julgam que seus pais pertencem a ela. Há um sentido de decadência, combinado com o que eles veem à sua frente.

Mercadorização da educação

A mercadorização da educação também contribui para o desapontamento e a raiva. O empenho do sistema educacional para aprimorar o "capital humano" não produziu melhores perspectivas de emprego. Uma educação vendida como um bem de investimento que não tem retorno econômico para a maioria dos compradores é, de maneira muito simples, uma fraude. Para dar um exemplo, 40% dos estudantes universitários espanhóis depois de um ano de formados acham-se em empregos pouco qualificados que não exigem suas qualificações. Esse fato só pode produzir uma pandemia de frustração de status.

Atualmente, a média de ganho monetário vitalício por cursar uma faculdade ou universidade é substancial: 200 mil libras para os homens no Reino Unido (BROWNE, 2010). A imposição de taxas elevadas pode, assim, parecer justa. Porém, há o risco de se marginalizar disciplinas universitárias que não oferecem retorno financeiro e ignoram o fato de que o retorno é uma *média*. Em uma sociedade de mercado, o vencedor arrebata todos os mercados que proliferam; é por essa razão que os diferenciais de renda têm crescido muito além do que seria justificável em termos de produtividade. Um número cada vez menor de alunos obtém os lucros de alta renda que a média produz. Uma quantidade maior obterá os empregos que pagam bem abaixo da média.

Agora levemos em conta o que está acontecendo no mercado de trabalho. As economias geram novos tipos de trabalho o tempo todo, mas nós sabemos a direção que eles estão tomando. Por exemplo, durante a próxima década, menos da metade de todos os novos empregos nos Estados Unidos será para pessoas graduadas ou equivalentes (FLORIDA, 2010). Destes, com base na experiência passada, 40% podem ser ocupados por quem não tiver qualificações adquiridas em faculdades. Afinal, Bill Gates era um egresso. Assim, apenas um terço de todos os novos empregos estará disponível para pessoas jovens que completam o ensino superior.

A maioria vai ser rebaixada para empregos que não exigem alto nível de qualificações. E a situação ainda fica pior. As pessoas vão ouvir que precisam se comprometer e serem felizes e fiéis em empregos que estão abaixo de suas qualificações, além de pagar as dívidas contraídas com a promessa de que seus diplomas seriam a garantia de empregos de alta renda.

O Estado neoliberal vem transformando os sistemas escolares para torná-los uma parte consistente da sociedade de mercado, pressionando a educação na direção da formação de "capital humano" e da preparação para o trabalho. Isso tem sido um dos mais indecorosos aspectos da globalização.

Através dos tempos, a educação tem sido considerada um processo subversivo, libertador, de questionamento, pelo qual a mente é ajudada a desenvolver as capacidades incipientes. A essência do Iluminismo era que o ser humano poderia moldar o mundo e refinar a si mesmo mediante o aprendizado e a deliberação. Em uma sociedade de mercado, esse papel é empurrado para as margens.

O sistema de educação está sendo globalizado. É ousadamente descrito como uma indústria, como uma fonte de lucros e receitas de exportação, uma zona de competitividade, com países, universidades e escolas classificados por indicadores de desempenho. É difícil parodiar o que está acontecendo. Os administradores assumiram as escolas e as universidades, impondo um "modelo de negócios" voltado para o mercado. Apesar de seus padrões terem caído de forma abismal, o líder da "indústria" mundial é os Estados Unidos. A ideia é processar mercadorias, chamadas de "certificados" e "diplomas". As universidades tendem a competir, não por um ensino melhor, mas por oferecerem um "modelo de luxo" – dormitórios agradáveis, esportes extravagantes e instalações de dança, além da atração de acadêmicos de renome, famosos por realizações não ligadas ao ensino.

Simbolizando a perda dos valores do Iluminismo, no Reino Unido, em 2009, a responsabilidade pelas universidades foi transferida do Ministério da Educação para o Ministério do Comércio. O então ministro do Comércio, lorde Mandelson, justificou a transferência da seguinte maneira: "Quero que as universidades se concentrem mais na comercialização dos frutos do seu esforço... o negócio tem que ser central".

A comercialização da educação em todos os níveis é global. Uma empresa comercial sueca bem-sucedida está exportando um sistema de ensino padronizado que minimiza o contato direto entre professores e alunos e monitora a ambos eletronicamente. No ensino superior, o ensino sem professor e as "salas de aula sem professor" estão se proliferando (GIRIDHARADAS, 2009). O Instituto de Tecnologia de Massachusetts lançou o Open Courseware Consortium, que arrola universidades ao redor do mundo para que postem os cursos on-line gratuitamente, incluindo anotações de professores, vídeos e exames. O portal do iTunes oferece palestras de Berkeley, Oxford e muitas outras. A Universidade do Povo, fundada por um empreendedor israelense, oferece ensino gratuito (sem taxa) para o grau de bacharel, por meio do que chama de ensino *peer-to-peer* – os alunos não aprendem de professores, mas de outros colegas estudantes, trocando perguntas e respostas on-line.

Os negociantes afirmam que isso consiste em "colocar os consumidores no comando". Scott McNealy, presidente da Sun Microsystems e investidor na Western Governors University, que oferece títulos acadêmicos on-line, argumentou que os professores devem voltar a se posicionar como "treinadores e não criadores de conteúdo", customizando o material de seus alunos apenas observando o ensino superior de outros. Essa mercadorização e padronização significa baratear a educação, desnudar a profissão de sua integridade e desgastar a transmissão de conhecimento informal. Ela está fortalecendo o vencedor que arrebata todos os mercados e acelerando o desmantelamento de uma comunidade profissional. Um mercado que invista em capital humano aumentará a ênfase nos professores e nas universidades de renome, e favorecerá as normas e a sabedoria convencional. Os filisteus não estão nos portões; estão dentro deles.

As instituições financeiras internacionais como o Banco Mundial insistem que "os currículos inadequados" sem relação com a economia deveriam ser excluídos. Um relatório encomendado pelo presidente francês, Nicolas Sarkozy, argumentou que a escolarização precoce deveria se concentrar na empregabilidade, e que a economia deveria ser ensinada em todas as escolas primárias. O governo trabalhista do Reino Unido instou a Autoridade de Serviços Financeiros a informar sobre o modo como "incorporar uma cultura empresarial" nas escolas. Na Itália, o primeiro-ministro Silvio Berlusconi afirmou que tudo o que os alunos precisavam aprender eram os "três is" – *inglese, internet, impresa* (inglês, internet, empresa). Em vez de aprenderem sobre a cultura e a história, as crianças devem aprender a ser consumidores eficientes e pessoas que mantêm o emprego.

Num esquema experimental em quatro cidades norte-americanas, os estudantes são pagos para estudar. Em Dallas, os alunos da segunda série recebem dois dólares por cada livro que leem; em Chicago, os alunos do ensino médio são pagos se tiram boas notas; em Washington, D.C., os alunos do ensino fundamental são pagos por bom comportamento e frequência. Alguns pais reclamaram que essa tendência está desgastando a motivação intrínseca para aprender (Turque, 2010). Mas o mercado continua seguindo em frente.

Entretanto, há notícias sobre a perda da capacidade de ler, acompanhando uma síndrome coletiva de déficit de atenção. O documentário *Waiting for Superman*, de Davis Guggenheim, relatou que esta é a primeira geração de norte-americanos que é menos letrada do que sua antecessora (Harris, 2010). Como professor de inglês, Mark Bauerlein disse ao *New York Times* (Bernstein, 2009) que "temos taxas abismais de conhecimento cívico e de conhecimento histórico". Duvida-se que os negociantes estejam preocupados. O conhecimento cívico não nos compra um emprego, tampouco nos torna "felizes".

A técnica de memorização pela repetição e os cursos padronizados continuam aumentando no sistema. O economista francês Daniel Cohen declarou em tom de aprovação que "a universidade é para o novo século o que a empresa fordista era para o século anterior" (Cohen, 2009, p. 81). Mas o ensino está produzindo alguma coisa sem precedentes na história. Estão sendo vendidas às pessoas mais e mais "credenciais" que valem cada vez menos. Os vendedores são incentivados a produzir mais, os compradores são convidados a comprar mais, e se eles estão em dívida por causa da compra da última rodada de "qualificações", precisam aumentar a dívida para comprar a próxima rodada, que talvez só seja suficiente para garantir um emprego que tornaria o investimento total compensador. O que essa loucura significa para o precariado?

Leve em consideração o impacto sobre as capacidades. Em seu livro mais vendido, *Shop Class as Soulcraft* (2009), Matthew Crawford ataca a América por desvalorizar o trabalho qualificado. Ele argumenta que, considerando que já foram ensinadas aos alunos das escolas as habilidades vocacionais que lhes interessam (em "oficinas"), agora eles devem fazer cursos que os tornem candidatos universitários competitivos. As habilidades reais estão sendo sacrificadas em função do empenho para adquirir mais certificados.

Parte do processo de geração do precariado vem da supersimplificação do sistema educacional. O jogo é maximizar os lucros por meio da maximização do "rendimento" (produtividade). No Reino Unido, centenas de cursos universitários com financiamento público fornecem qualificações acadêmicas, embora as matérias sejam não acadêmicas. Em 2007, a Taxpayers' Alliance identificou 401 desses "não cursos", incluindo um tipo de especialização em "aventura ao ar livre com filosofia", oferecido na University College Plymouth St. Mark and St. John, e um em "gestão de estilo de vida" na Leeds Metropolitan University.

A medicina alternativa também vai bem. Richard Tomkins (2009) citou 42 universidades oferecendo 84 cursos em matérias como reflexologia, aromaterapia, acupuntura e medicina fitoterápica, incluindo 51 cursos de Bacharelado em Ciências. Eles refletem um "Obscurantismo", um deslocamento do pensamento do Iluminismo racionalista para uma maneira emocional de pensamento associada à religião e à superstição. Na falta de evidência, os defensores da medicina alternativa citam os testemunhos dos pacientes. E há um efeito placebo do tratamento quando se acredita nele.

A mercadorização da educação superior legitima a irracionalidade. Qualquer curso é aceitável se houver uma demanda por ele, se ele puder ser vendido aos consumidores dispostos a pagarem o preço. Qualquer pessoa pode fazer um pseudocurso que fornece um grau credencialista "porque você o merece", ou seja, porque você ou seus pais podem pagar e porque estamos aqui para lhe dar o que você quer, não o que acreditamos ser científico ou válido com base em gerações de conhecimento. Os cursos e os exames são facilitados para maximizar o índice de aprovação e para evitar dissuadir os alunos de se inscreverem e pagarem taxas cada vez mais gordas.

O custo de ir para a universidade tem aumentado de maneira mais rápida do que a renda pessoal, especialmente nos Estados Unidos. Entre 1970 e 2010, enquanto a renda familiar média aumentou 6,5 vezes, o custo de frequentar uma faculdade particular aumentou 13 vezes, e o custo de uma faculdade estadual aumentou 15 vezes para os alunos do Estado e 24 vezes para os alunos de fora do estado. O valor do dinheiro tem despencado. Em 1961, os alunos de tempo integral em faculdades de quatro anos de duração estudavam, em média, 24 horas por semana; em 2010, eram apenas 14 horas. As taxas de evasão e de adiamento são elevadas; apenas 40% dos alunos se graduam em quatro anos. Tanto os acadêmicos quanto os alunos obtêm ganhos de curto prazo. As baixas cargas de ensino habilitam os acadêmicos a se venderem como pesquisadores por um tempo mais longo, enquanto as notas escolares inflacionadas tornam mais fácil para os alunos obter o produto de um diploma universitário. O absentismo recompensa. Os professores titulares nas universidades de Ivy League, que dificilmente assumem a sala de aula, agora tiram licenças sabáticas a cada três anos; isso costumava acontecer a cada sete anos. Eles se parecem com professores ausentes, que só cumprem com as exigências burocráticas.

Não os culpe. Eles estão agindo de acordo com uma sociedade de mercado. O sistema está erodindo a ética profissional da educação. Um mercado é baseado no oportunismo. O que Adam Smith enaltecia e o que os economistas neoliberais pregam é o interesse próprio. Mas vários acadêmicos e professores que vivem nesse espaço de mercadorização não são cínicos e desonestos. Muitos ficam deprimidos e estressados quando tentam se ajustar. O Estado neoliberal que encoraja o comportamento comercial reage à relutância dos professores para praticarem um ensino padrão introduzindo o desempenho artificial e a auditoria de testes e indicadores, ambos apoiados por sanções e penalidades. Os jovens e os professores compartilham a perda.

Nesse ínterim, a reação internacional ao desastre financeiro de 2008 havia incluído cortes para a educação estadual e uma alteração adicional de custos sobre os alunos e suas famílias. O ex-governador da Califórnia, Arnold Schwarzenegger, cortou um bilhão de dólares do orçamento da University of California. As mensalidades subiram 20%; as equipes de apoio foram demitidas; os professores tiveram de tirar licença não remunerada. Suas ações repercutiram através dos Estados Unidos. E no Reino

Unido, o governo disse em 2009 que planejava cortar os gastos com o ensino superior. O sindicato dos professores universitários afirmou que 30 universidades poderiam fechar, com uma perda de 14 mil empregos. No entanto, o novo governo aumentou os cortes planejados e deixou claro que o ensino superior deveria se tornar ainda mais funcional em termos econômicos. As artes e ciências sociais eram dispensáveis.

No mundo inteiro, o aperto sobre os gastos estatais está facilitando o crescimento da educação comercial. A University of Phoenix, o maior "prestador de serviços educacionais" dos Estados Unidos, teve um aumento do número total de matrículas em 2009, passando de 384 mil para 455 mil. Na Inglaterra, empresários e corporações estão patrocinando "academias" escolares, o que lhes confere influência sobre o currículo e as especializações. O plano, iniciado pelo governo trabalhista, está sendo expandido pela coalizão dos partidos Conservador/Liberal Democrata. O grupo de mídia de Rupert Murdoch planeja patrocinar uma escola em Londres, como já está fazendo em Nova York, sem dúvida colocando em prática suas armadilhas ideológicas de direita. Outra escola de Londres foi patrocinada pelos malfadados Lehman Brothers, antes da falência espetacular do banco em 2008.

Essa mercadorização da educação é uma doença social. Há um preço a pagar. Se a educação é vendida como um bem de investimento, se há um suprimento ilimitado de certificados e se isso não produz o retorno prometido, em termos de acesso a bons empregos e de renda alta para pagar as dívidas contraídas porque os indivíduos foram empurrados para comprar maior quantidade do produto, a entrada de mais pessoas no precariado será exasperada e amarga. Faz-nos lembrar do mercado de limões.[16] E também da velha piada soviética, na qual os trabalhadores dizem "Eles fingem nos pagar, nós fingimos trabalhar". A variante da educação seria a seguinte: "Eles fingem nos educar, nós fingimos aprender". Infantilizar a mente é parte do processo, não para a elite, mas para a maioria das pessoas. Os cursos ficam mais fáceis para que os índices de aprovação sejam maximizados. Os acadêmicos devem se conformar com a situação.

---

[16] A teoria do mercado de limões de George Akerlof diz, basicamente, que as pessoas reduzem o risco de serem enganadas se pensarem que todas as pessoas querem, de fato, enganá-las. A teoria refere-se ao mercado no qual é impossível avaliar de antemão a qualidade de um produto/serviço e em que o vendedor tem mais informações sobre o produto/serviço do que o comprador. (N.T.)

Separação educacional [*streaming schooling*] para o precariado

Há sinais de que sistemas educacionais mercadorizados estão sendo reestruturados para confluírem jovens para o sistema de trabalho flexível, baseado em uma elite privilegiada, uma pequena classe trabalhadora técnica e um precariado crescente. Se a indústria da educação está vendendo produtos, e não se espera que muitos alunos entrem em uma carreira profissional, há mais espaço para o fornecimento de produtos "plebeus". Um adolescente amante do surfe disse que estava indo para a Plymouth University para estudar "ciência e tecnologia do surfe"; o curso exigia que ele "surfasse duas vezes por semana, o que é obrigatório". Esses são exemplos de diplomas supersimplificados para trabalhadores supersimplificados.

Na Alemanha, o famoso sistema de aprendizagem está encolhendo, enquanto mais jovens estão sendo empurrados para um "sistema transicional", isto é, escolas de apoio que raramente produzem habilidades sustentáveis. O treinamento da aprendizagem é altamente especializado e só pode ser fornecido por escolas aprovadas. Assar pão e fazer massas são disciplinas separadas; se alguém quer gerenciar um McDonald's, deve aprender *Systemgastronomie*. Essas especializações estritas dificultam a obtenção de emprego. Em 2005, mais de um terço dos graduados ainda estavam desempregados um ano depois de se formar. O sistema, adequado para uma era industrial, é disfuncional, a sua rigidez obriga a produzir desajustados numa economia flexível.

Há pressão por uma formação geral que facilite os negócios de troca e dê direitos de formação para uma gama maior de escolas. No entanto, o sistema alemão está evoluindo para empurrar mais jovens para o precariado. As crianças são separadas já aos 10 anos de idade em três tipos de escola secundária. O nível mais baixo, o *Hauptschulen*, que tradicionalmente oferecia o aprendizado de ofício a novatos, tornou-se um repositório para crianças fracas; muitas crianças que passaram por ele agora entram no sistema transicional. O sistema de aprendizagem de ofícios atual atrai novatos das escolas de ensino fundamental, *Realschulen*, as quais costumavam formar trabalhadores de colarinho branco. Mesmo as principais escolas de gramática, *Gymnasien*, atendem os novatos, embora devessem encaminhar os alunos para a universidade. O sistema educacional está se adaptando para moldar sua juventude.

Essa separação continua dentro do mercado de trabalho. Assim, a burocracia estatal tem quatro planos de carreira; as pessoas selecionadas para um plano têm pouca chance de passar para outro. Um desses planos é reservado para pessoas com um *Meisterbrief*, a credencial profissional mais alta. Com um sistema tão rígido, quem não consegue entrar num plano privilegiado no início da vida deve se sentir desesperado.

O sistema alemão está levando sua juventude ao fracasso; os números comparativos compilados pela OCDE em 2001 mostraram que os jovens de 15 anos estavam se saindo pior do que os jovens de quase todos os países industrializados. Mais de um quinto deles não conseguia ler nem fazer cálculos corretamente, e muitos adolescentes deixaram de frequentar a escola. Tem havido reformas em algumas partes do país, desgastando o sistema de castas entre a formação profissional e a universitária. Mas o progresso é lento. Em vez disso, a Alemanha está caminhando rumo à separação de três vias, em que uma parte crescente do sistema está preparando a juventude para a vida no precariado.

A separação também está crescendo nos Estados Unidos. Lá, o treinamento vocacional tem sido desprezado, uma vez que embota a oportunidade numa idade precoce. As universidades têm sido vistas como um caminho para os altos salários e façanhas internacionais. Em 2005, apenas um quinto dos alunos do ensino médio estava frequentando disciplinas de formação profissional, em comparação com um terço em 1982. No entanto, a demanda de trabalho tem mudado diante dos compradores de diplomas. Aparentemente reconhecendo esse fato, o Conselho de Consultores Econômicos do presidente Obama propôs mais diplomas universitários técnicos de dois anos; alguns estados estão retomando a aprendizagem de ofícios e as "academias de carreira" estão se espalhando, combinando currículo técnico e acadêmico com experiência de trabalho. O presidente Obama encorajou todos os norte-americanos a se comprometerem com pelo menos um ano de treinamento. As faculdades comunitárias são a nova grande esperança. Um processo intermediário de separação está tomando forma, preparando jovens para uma vida de trabalho de nível mais baixo.

No outro lado do mundo, milhões de pessoas estão surgindo de universidades de segundo escalão para entrar no precariado chinês. A admissão na universidade passou de um milhão de alunos em 2000 para sete milhões em 2010. O sistema produziu um caminho familiar de imobilidade social (CHAN, 2010). Quem frequenta boas escolas primárias passa para boas escolas secundárias; as melhores universidades admitem os alunos oriundos de lá. Mas a maioria nasce em famílias pobres, vive em regiões pobres, frequenta escolas primárias pobres e acaba em escolas secundárias ruins, das quais as melhores universidades não aceitam alunos.

Desde 2006, mais de um milhão dos alunos graduados a cada ano se tornaram desempregados ao deixarem a universidade. Eles têm sido chamados *Ant Tribe* [Tribo de formigas] (Si, 2009), ou *Wandering Tribe* [Tribo errante], porque se movimentam em torno de suas redes de contatos ou vagueiam ao redor de seus *campi* num esforço desesperado para manter uma rede de apoio e incentivo. Grupos de graduados moram juntos nas periferias da cidade em habitações minúsculas. Três quartos deles são oriundos de áreas rurais e carecem de documentos de registro de residência. Quase todos são solteiros e vivem de empregos casuais que pagam baixos salários, que eles compartilham. Com base nos salários que recebem, eles teriam de trabalhar durante um ano para comprar uma parte minúscula de suas moradias apertadas.

Armadilhas da precariedade da juventude

Há duas armadilhas da precariedade para os jovens que saem do ensino superior. A primeira é a armadilha da dívida. Considere que eles querem construir identidades e carreiras profissionais, as quais exigem uma estratégia de longo prazo. Saem da faculdade com certificados e dívidas e já encontram oficiais esperando com postura ameaçadora para receber o pagamento assim que recém-formados começarem a ganhar dinheiro (ou mesmo que não ganhem). Muitas pessoas acreditam que os empregos que conseguem são temporários e que os salários são muito baixos para pagar as dívidas. Os trabalhos não são consistentes com suas qualificações e aspirações. Eles veem e ouvem dizer que milhões de colegas estão presos em trabalhos nos quais suas competências são mal ajustadas. Tiveram de aceitar o emprego que puderam, não o que lhes permitiria construir aquela preciosa identidade profissional. A armadilha da precariedade é agravada porque os potenciais empregadores podem saber das dívidas que eles têm e se preocupar com sua confiabilidade.

Em Tóquio, os estudantes entram na lista negra se não pagarem os créditos educativos; seu acesso limitado a empregos é ainda mais enfraquecido por terem registros de crédito duvidosos. Essas informações são apreendidas por empresas de recrutamento que fazem as checagens. Uma coisa leva a outra. Em geral, os jovens estão divididos entre suas aspirações, apoiados por certificados e anos de estudo, e sua necessidade de renda. Essa é a segunda armadilha da precariedade. Eles podem assumir um emprego temporário porque precisam da renda para viver e para pagar a dívida. Eles não podem assumir um emprego temporário porque isso pode enfraquecer suas perspectivas de uma alternativa de construção de carreira. Caso recusem o emprego temporário sem perspectiva de progresso, podem ser marcados como preguiçosos e parasitas. Caso aceitem o emprego, podem acabar perdendo o rumo.

Muito se tem discutido se os jovens de hoje têm uma atitude diferente em relação ao trabalho quando comparada à vontade de seus antecessores. Eles ouvem dizer que precisam almejar mais daquilo que os políticos chamam de "equilíbrio entre vida e trabalho", um chavão que beira a tautologia, no sentido de que ninguém pode se imaginar desejando um desequilíbrio entre vida e trabalho. Acredita-se que os membros do que é variavelmente chamado de Geração Y, geração do milênio ou "geração iPod" (grosso modo, nascidos a partir de meados da década de 1980) são menos ambiciosos materialmente e menos comprometidos com empregos do que os *baby boomers* (nascidos entre 1946-1960) ou a Geração X (nascidos entre os dois). Isto pode simplesmente refletir a natureza dos empregos disponíveis para a geração mais jovem e a prevalência da armadilha da precariedade. Por razões psicológicas e econômicas, muitos não podem se dar ao luxo de serem tão comprometidos com empregos que poderiam se evaporar a curto prazo.

Alguns estudos norte-americanos descobriram que a maioria dos jovens empregados diz que é leal a seus empregadores (HEWLETT *et al.*, 2009). Mas uma pesquisa feita em duas empresas com empregados formados na faculdade constatou que 89% da Geração Y e 87% dos *baby boomers* também consideram o trabalho flexível igualmente importante, e mais de dois terços queriam trabalhar remotamente durante algum tempo. Apenas uma pequena minoria de uma ou outra geração se descreveu como "centrada no trabalho" e a maioria não vê o trabalho como caminho para a felicidade. As atitudes das duas gerações foram semelhantes; a diferença está na realidade que as confronta. Esses estudos se concentraram nas pessoas que conseguiram obter empregos assalariados, as quais supostamente deveriam demonstrar um compromisso maior com o emprego do que as pessoas que não conseguiram emprego nenhum.

Um estudo no Reino Unido (Centre for Women in Business, 2009) também descobriu jovens profissionais professando lealdade a suas firmas, mas essa era uma lealdade contingente, visto que a maioria estava pronta para mudar de emprego se não fosse promovida. Sentiam que a confiança de seus pais em uma "organização" havia sido traída e não queriam estar abertos a tal decepção. Apesar de alguns afirmarem que a Grande Recessão atuou como um necessário "freio da realidade" sobre o "ar de superioridade" da Geração Y (Tulgan, 2009), na verdade ela terá reforçado o sentimento dos jovens de que o "sistema" está contra eles.

No final, as armadilhas do precariado refletem uma discordância entre as aspirações dos jovens e o sistema de formação do "capital humano", que vende qualificações credencialistas num prospecto falso. A maioria dos empregos oferecidos não exige todos aqueles anos de escolaridade, e apresentar a escolaridade como algo que forma pessoas para empregos é criar tensões e frustrações que abrirão caminho para a desilusão.

A moda do estagiário

Enquanto isso, está se espalhando uma nova forma de trabalho precariado especialmente designada para a juventude. O emprego probatório à moda antiga, pelo menos em princípio, levou a empregos estáveis, como aconteceu com a aprendizagem de ofícios. Os estágios não. Eles são apresentados como uma forma de ganhar experiência útil destinada a fornecer, direta ou indiretamente, uma entrada potencial para um emprego regular. Na prática, eles são usados por muitos empregadores como um meio de obter trabalho dispensável barato. No entanto, os jovens estão competindo ferozmente por esses estágios não remunerados ou com remuneração muito baixa, na esperança de se ocuparem, adquirirem habilidades e experiência, expandirem redes e, apenas talvez, obterem esse emprego enganoso.

Os estágios estão se tornando um *rite de passage* para a juventude da classe média em alguns países. Os Estados Unidos têm até "estagiários virtuais", que trabalham remotamente para uma ou mais empresas, fazendo pesquisa, vendas por telefone, marketing, desenvolvimento de design gráfico ou de mídia social. Enquanto os alunos são expostos a esferas potenciais de trabalho futuro e podem trabalhar quando é conveniente, as potenciais desvantagens incluem o isolamento e a ausência de rede de comunicação.

Nos Estados Unidos, os estagiários podem arrecadar auxílios de desemprego de cerca de 400 dólares por mês, contanto que possam alegar que estão procurando emprego. Ser um estagiário disfarça o desemprego, proporciona um emprego artificial e melhora currículos. A lei federal proíbe o uso de estagiários como substitutos de empregados regulares. Mas isso é difícil de verificar. Para evitar complicações legais, algumas empresas limitam os estágios que valem créditos para os estudantes. Assim, alguns jovens trabalhadores se inscrevem nas escolas só para terem a permissão de fazer estágios. Os jovens que ficaram desempregados também estão se juntando ao mercado de estágios. Esses candidatos a estágios são aconselhados a dizer que estão procurando uma mudança de carreira ou aprender alguma coisa nova, e nunca dizer que perderam o emprego e não têm nada para fazer (NEEDLEMAN, 2009). Tudo é particularmente triste e sem esperança.

Os estágios moveram-se furtivamente para dentro da política do mercado de trabalho. O Plano de Estágio Administrativo na Coreia do Sul, criado em 2008, oferece trabalho temporário para os graduados, que são colocados como estagiários nos departamentos governamentais ou órgãos públicos por até 11 meses. Os estagiários não são reconhecidos como funcionários públicos, não são cobertos pela Lei de Normas Trabalhistas (Labour Standard Act) ou pela Lei Oficial do Governo (Government Official Act), estão proibidos de serem empregados como funcionários públicos depois de estarem no programa, não podem ser convertidos em empregados de tempo integral e recebem pagamento abaixo do salário mínimo. Podem receber treinamento de empregado, especialmente treinamento remoto, mas como a maioria faz estágios com duração de cinco meses, e não os onze meses estipulados como limite máximo, esse treinamento é limitado. Em uma pesquisa, apenas 8% disseram que o estágio lhes deu alguma chance de desenvolverem habilidades profissionais.

No Reino Unido, os estagiários vêm principalmente de famílias da classe média, que podem se dar ao luxo de apoiar suas proles na busca de um pouco de acréscimo aos seus currículos e de um caminho para um trabalho real. Houve até mesmo leilões para estágios na mídia e outros setores privilegiados, uma vez que a "experiência de trabalho" não paga ou paga é cada vez mais necessária para o acesso a "empregos decentes". Embora seja contra a lei empregar alguém sem lhe pagar nada, isso é o que acontece com os estagiários. Um caso judicial de 2009 (*Nicola Vetta contra London Dreams*) estabeleceu que uma estagiária tinha o direito ao salário mínimo nacional, mesmo que ela houvesse concordado em trabalhar para a empresa de cinema na base de "apenas despesas". A questão legal era que ninguém poderia "concordar" com um acordo ilegal. Mas isso está acontecendo o tempo todo.

Os estágios são uma ameaça para os jovens que estão no precariado e em torno dele. Mesmo que haja um pagamento, os estagiários estão fazendo um trabalho barato sem perspectiva de progresso, que pressiona para baixo os salários e as oportunidades de outros que normalmente poderiam ser empregados. Um estágio pode até proporcionar vantagem para uns poucos jovens na hora de concorrer a um cargo, porém ele é mais como comprar um bilhete de loteria, nesse caso envolvendo um subsídio privado, em geral pago pela família do estagiário.

Por fim, seria um erro pensar que os estagiários são apenas uma característica dos países ricos e dos jovens da classe média. Deixando de lado a Coreia do Sul, eles também estão muito difundidos na China. Uma greve na maior fábrica de transmissão da Honda em Foshan revelou que os estagiários representam um terço de todos os empregados, refletindo um uso generalizado de estudantes e trabalhadores temporários na manufatura chinesa (MITCHELL, 2010). Como em todos os outros lugares, os estagiários são um substituto precariado para o emprego regular.

A tensão geracional

Nos países industrializados, os jovens entram num mercado de trabalho em que terão de fazer crescentes contribuições de seus baixos salários para financiar a renda de aposentadoria do número ascendente de pensionistas. Os dados demográficos são desanimadores. No Japão, onde a tendência de envelhecimento é mais avançada, o número de trabalhadores necessário para sustentar cada aposentado caiu de dez, em 1950, para quatro, em 2000, e deverá cair para dois em 2025. Nada menos do que 70% do orçamento de previdência social do país vai para os idosos e apenas 4% para a assistência à infância (KINGSTON, 2010). Vamos considerar o que está acontecendo com os idosos posteriormente. Preocupa-nos aqui a forma como isso afeta a juventude.

A juventude do século XXI precisa buscar cada vez mais qualificações, a um alto custo, a fim de ter uma baixa probabilidade de conquistar um ponto de entrada na carreira – uma miragem distante para muitos. Além disso, mesmo que tenha êxito, ela pagará contribuições, como os trabalhadores atuais, para as pensões dos trabalhadores de ontem. Como os custos dessa operação estão se elevando, principalmente por causa dos idosos, o Estado está aumentando as contribuições que os trabalhadores devem pagar atualmente e está aumentando a idade mínima para que os atuais empregados comecem a obter uma pensão. Para tornar o acordo ainda menos atraente para os empregados dos dias de hoje, o Estado está cortando o valor real da futura pensão estatal. E os trabalhadores do momento são informados de que devem suportar mais o risco, por terem mais de suas contribuições colocadas em regimes de contribuição definidos (ou seja, em vez de ter um nível garantido de pensão, as contribuições são colocadas em fundos de investimento que podem aumentar ou diminuir em valor). Muitas vezes os trabalhadores são obrigados a contribuir em fundos de pensões que fazem investimentos em seu nome, sejam esses fundos competentes ou não para fazer isso.

A ausência de voz e a recessão pós-2008

Os jovens estão entrando nos mercados de trabalho bastante confusos, muitos experimentando um estado de frustração, sentindo-se economicamente inseguros e incapazes de ver como construir uma carreira. Sua situação desagradável em muitos países é agravada pelo desemprego. O desastre financeiro atinge duramente a juventude. Milhões de jovens perderam o emprego, outros milhões não podiam entrar no mercado de trabalho, e aqueles que conseguiram acabaram descobrindo que tinham salários mais baixos do que os de seus antecessores. Em 2010, o desemprego dos jovens (com idades entre 16 e 24 anos) na Espanha foi de mais de 40%, na Irlanda, 28%, na Itália, 27%, na Grécia, 25%. A taxa de desemprego entre os adolescentes norte-americanos era de desconcertantes 52%. Em todo o mundo, o número de jovens que saíram da força de trabalho era três vezes maior do que o número de adultos. Muitos voltaram ou tentaram voltar para o ensino superior, intensificando a espiral das "qualificações" que passavam, assim, a exceder as exigências para os empregos disponíveis.

No Japão, a crise acelerou a mudança dos jovens para o precariado na medida em que as companhias congelaram o ingresso inicial para as posições assalariadas de executivo qualificado. Tradicionalmente, os licenciados das universidades surgiam em março de cada ano para começar um trabalho assalariado que os preparasse para um emprego vitalício. Houve um congelamento parcial durante a recessão no início dos anos

1990, mas depois de 2008 o congelamento se ampliou. Em 2010, mais de um em cada cinco alunos graduados não tinha qualquer oferta de emprego. O modelo assalariado havia desmoronado. Quase metade de todas as grandes e médias empresas disse que não tinha a intenção de contratar nenhum empregado regular. Os graduados devem se ajustar a novas perspectivas de vida, na medida em que os empregadores crescem mais confortáveis com o abandono das normas vitalícias do *salaryman*.

A confusão dos jovens no mercado de trabalho tem sido agravada por sua alienação do principal mecanismo para o desabafo da frustração e o exercício da Voz na negociação de um futuro menos precarizado. O fortalecimento de direitos para os empregados regulares – conquista dos sindicatos e dos movimentos sociais democráticos do século XX – tem levado o precariado jovem a hostilizar os sindicatos por considerarem que estes são protetores dos privilégios dos funcionários mais antigos, privilégios que não podem antecipar para si mesmos. Em antigos baluartes do sindicalismo, como a Espanha e a Itália, os jovens rejeitam fortemente os sindicatos. Para ser justo, os sindicatos têm lutado para que os benefícios se estendam aos empregados temporários. Mas não podem conseguir isso. Veem os salários declinando e os empregos indo para outros lugares, corroendo ainda mais a sua legitimidade – tanto assim que os políticos social-democratas encontraram expedientes para se distanciar deles. Até mesmo os líderes sindicais estão perdidos. Richard Trumka, ao ser eleito presidente da AFL-CIO (Federação Americana do Trabalho e Congresso de Organizações Industriais – The American Federation of Labor and Congress of Industrial Organizations) em 2010, admitiu que quando os jovens "olham para os sindicatos, muitas vezes o que eles veem é um resíduo da economia dos pais".

Os jovens de hoje acham difícil formar associações coletivas no processo de produção, de certa forma porque eles fazem parte da força de trabalho flexível, ocupando empregos temporários, trabalhando remotamente e assim por diante. A juventude abrange a maior parte dos nômades urbanos do mundo, correndo de um lugar público para outro, de cibercafés para qualquer outro lugar que funcione tanto como local de trabalho quanto como local de diversão. Por essa razão, Delfanti Alessandro, da San Precario Connection, disse: "Nossa geração perdeu o direito de exercer o conflito dentro da esfera produtiva" (JOHAL, 2010). Isso é verdade, mas a juventude precisa de algum tipo de voz coletiva.

Perspectivas sombrias

A juventude tem uma combinação de desafios. Para muitos, a precariedade é uma armadilha que lhes acena. Para outros tantos, a exposição a um sistema de educação mercadorizado leva a um período de frustração de status. Enquanto para alguns um curto período de ação no precariado pode ser um interlúdio entre a educação e a entrada no mundo do assalariado rico ou mesmo na elite, para a maioria, o futuro promete um fluxo de empregos temporários, sem qualquer perspectiva de desenvolvimento de uma carreira profissional. Para um número crescente de jovens, o desafio significa ser treinado em "empregabilidade" para se tornarem apresentáveis e flexíveis em qualquer pluralidade de caminhos, sendo que nenhum deles corresponde ao que eles realmente querem.

Para alguns, o desafio é demasiado. Uma reação ao choque entre a educação e a perspectiva de empregos precários é a opção pela busca de empregos no geral, tornando-se o que os observadores italianos apelidaram de *alternativi* ou *cognitariat*, que levam uma vida de boemia que troca a segurança por uma vida de criatividade e autonomia (FLORIDA, 2003, p. 35). Isso só é possível para poucos e significa uma barganha faustiana, em que o preço da liberdade e da emoção é cobrado mais tarde, na falta de uma pensão ou de outros confortos materiais. Isso, no entanto, chama a atenção de muitas pessoas.

Warren Buffett tinha uma teoria da bola de neve. Quanto mais cedo pudermos definir nossas aptidões e ambições, mais tempo teremos para deixá-las rolar, acumulando tamanho e poder. Se os primeiros anos preciosos são gastos tateando por aí em empregos precários, a capacidade de se desenvolver será permanentemente prejudicada. É isso que pode tornar o jovem mais irritado. A perspectiva da insegurança persistente se acomoda desconfortavelmente com um sentimento de que ela é inventada, não necessária.

Eis o resumo disso. A parte jovem do precariado está protestando contra o escurecimento da luz da educação e contra a mercadorização da vida, em que há um choque entre um processo educacional comercial e os empregos alienantes, que parecem estar abaixo das qualificações que os jovens devem ter. Eles compartilham uma visão da vida equivalente à revelação de um drama de frustração de status, ainda que rejeitem a monotonia do trabalhismo que foi a sina da geração de seus pais. Há algumas reconsiderações a serem feitas.

Idosos: *groaners e grinners*

O mundo está "envelhecendo" – uma ideia inquietante que se tornou parte de nosso vocabulário. Pode-se descrever o mesmo processo como "rejuvenescimento", pois embora as pessoas estejam vivendo mais e a quota da população nas faixas etárias mais idosas esteja aumentando, mais pessoas "idosas" são ativas e vigorosas por mais tempo. É comum ouvir que as pessoas de 70 anos de hoje são as de 50 anos de ontem. Isso pode ser um pensamento ilusório para alguns, mas, em linhas gerais, está correto.

Enquanto os jovens estão tendo problemas para começar uma vida viável, os idosos estão confusos, alguns de uma forma agradável, alguns de uma maneira ignóbil. Depois de décadas sendo informados de que não eram desejados, apaziguados em aposentadoria precoce nas recessões, agora estão sendo informados de que devem trabalhar por mais tempo.

Na primeira recessão da era neoliberal, no começo dos anos 1980, o governo dos países ricos impeliram os idosos para dentro da escuridão econômica, consolando-os com benefícios por incapacidade, mesmo que muitos não fossem incapacitados, ou com benefícios especiais de desemprego, ou ainda com a aposentadoria precoce. O objetivo era liberar empregos para os jovens. Porém, embora isso parecesse inteligente para os políticos da época, a política foi um fracasso dispendioso. O principal resultado foi que a idade efetiva para a aposentadoria se precipitou abaixo da idade oficial. Em 2004, nos países da OCDE, apenas 60% das pessoas com idade entre 50 e 64 anos estavam trabalhando, em comparação com os 76% daqueles com idades entre 24 e 49 anos.

Nesse meio tempo, nos países ricos, as mulheres jovens pararam de ter bebês; a taxa de fertilidade caiu abaixo da taxa de reprodução. De repente, os governos ficaram alarmados com a "bomba-relógio da pensão", visto que o número que se aproximava da idade da aposentadoria excedia o número de trabalhadores jovens que entrava no mercado de trabalho e que poderia contribuir para os regimes de pensões. Uma crise estava se construindo.

A lenta morte das pensões

A era das pensões era a maravilha do mundo moderno, mesmo que tenha sobrevivido por apenas uma minúscula fração de tempo na história. Ela fez parte da desilusão da globalização. Por alguns anos, nos países industrializados, as pensões compulsórias, líquidas de impostos e contribuições para a previdência social, atingiram a média de 70% dos lucros líquidos anteriores e mais de 80% para os salários mais baixos. Nos Países Baixos, em 2005, a pensão média líquida ultrapassou os salários médios líquidos; na Espanha, a média foi mais de 80%; na Itália, na Suécia, no Canadá e na França, mais de 60%; na Alemanha e nos Estados Unidos, aproximadamente 60%. Somente no Reino Unido e no Japão, entre os principais países da OCDE, a média permaneceu abaixo de 50%, A pensão estatal do Reino Unido caiu para um nível tão baixo que a conexão com os ganhos cortados pelo governo Thatcher está sendo restaurada desde 2012.

O que assusta os políticos e os analistas de fundos de pensão é um aspecto meramente aritmético. A parcela da população mundial com 65 anos ou mais vai dobrar entre 2010 e 2040 para 14%. Na Europa Ocidental, a menos que as comportas de migração sejam abertas, essa parcela aumentará de 18% para mais de 28%. Em 2050, um quinto dos nove bilhões de habitantes do mundo terá mais de 60 anos de idade, e nos países ricos atuais essa fração será de um terço. Aproximadamente uma em cada 10 pessoas vai ter mais de 80 anos. Os países em desenvolvimento já têm 490 milhões de pessoas com idade superior a 60 anos; esse número subirá para 1,5 bilhões em 2050. As Nações Unidas estimam que, globalmente, a expectativa de vida ao nascer passará de 68 anos em 2010 para 76 anos em 2050, e nos países ricos ela passará de 77 para 83 anos. E haverá muito mais mulheres idosas, uma vez que, em média, elas vivem acima de cinco anos a mais do que os homens.

Outros políticos são ainda mais otimistas em relação à longevidade. Calculam que a tendência de aumento de longo prazo é de cerca de três meses por ano, de modo que, em 2050, a expectativa de vida nos países de alta longevidade será bem mais de 90 anos. Isso está acontecendo com a crescente capacidade de ser um indivíduo ativo. A incapacidade entre aqueles indivíduos com idade acima de 65 anos diminuiu, e tem havido uma compressão da morbidade no último ano de vida. Portanto, vai haver muito mais idosos ativos por toda parte.

O problema é que as pensões não foram projetadas para o que está se desenrolando no século XXI. Quando os Estados Unidos introduziram em 1935 seu plano de Seguro Social (pensão do Estado) para evitar a pobreza da velhice, a idade de aposentadoria era de 65 anos, enquanto a expectativa de vida média era de 62 anos. Desde então, a expectativa de vida aumentou para 78 anos. Em 1983, os Estados Unidos legislaram no sentido de aumentar aos poucos a idade da aposentadoria para 67 anos até 2027. Mas isso significa que a promessa de pensões vai continuar a cobrir muitos anos mais de aposentadoria do que na década de 1930, a menos que haja mais alterações. Haverá. Processos semelhantes deverão acontecer em todos os países ricos.

O principal fator de nossa análise é que, em média, as pessoas podem passar um tempo muito longo em aposentadoria nominal. A OCDE calculou que, em 2007, nos seus países-membros, os homens poderiam antecipar a aposentadoria em 14 a 24 anos, e as mulheres, em 21 a 28 anos. Esse valor era 50% maior do que em 1970 e foi subestimado ao usar o cálculo da expectativa de vida em 2007 em vez de usá-la no futuro. A situação é financeiramente insustentável.

De acordo com o FMI, o custo do choque financeiro será tolhido pelo custo da "crise do envelhecimento". Seu cálculo é baseado nas pressões dos atuais fundos de pensão, numa continuação do atual padrão de participação da força de trabalho e na taxa crescente de "dependência na velhice" – o número de pessoas com idade entre 15-64 anos dividido pelo número de pessoas com idade de 65 anos ou mais. Na União Europeia, essa taxa cairá de quatro para dois em 2040. De modo que, enquanto hoje são necessárias as contribuições de quatro trabalhadores para suportar um pensionista, esse número cairá para apenas dois. O desafio é ainda maior, uma vez que nem todas as pessoas com idades entre 15 e 64 anos estão na força de trabalho. Levando isso em conta, a taxa de dependência da velhice está definida para cair de pouco menos de três para pouco menos de 1,5. Grosso modo, espera-se que cada três pessoas na força de trabalho suportem duas pessoas com mais de 65 anos de idade, se todas elas estiverem aposentadas com direito à pensão.

Isso não vai acontecer. É a ideia de aposentadoria que vai desaparecer, juntamente com a pensão, que antes era adequada para uma era industrial. A reação à crise fiscal tem sido reverter os antigos regimes de aposentadoria e os benefícios relacionados com a incapacidade por idade para reduzir as pensões estatais e para recuar a idade em que as pessoas podem reivindicar uma pensão do Estado e a idade em que podem reivindicar uma pensão integral do Estado. As taxas de contribuição estão sendo elevadas e a idade em que as pessoas podem receber uma pensão aumentou, mais para as mulheres do que para os homens, a fim de se chegar à igualdade entre ambos. O número de anos de contribuições para obter o direito a uma pensão do Estado subiu, e o número de anos necessários para receber uma pensão integral aumentou ainda mais. Em alguns países, especialmente na Escandinávia, a idade legal de aposentadoria para a elegibilidade a uma pensão do Estado agora é vinculada à expectativa de vida, para que o acesso a esse benefício diminua, uma vez que as pessoas, em média, vivem mais e a longevidade tende a aumentar com cada avanço revolucionário da medicina.

Isso equivale a cortar pela raiz o velho pacto social. Mas o quadro é ainda mais complexo, pois enquanto os governos estão convencidos de que estão em dificuldade fiscal com as pensões, estão preocupados com o efeito do envelhecimento na oferta de mão de obra. Por mais bizarro que possa parecer no meio de uma recessão, os governos estão procurando maneiras de manter os trabalhadores mais velhos na força de trabalho em vez de deixá-los depender de uma pensão, porque acham que haverá uma escassez de trabalhadores. Que melhor maneira de superar isso do que tornar mais fácil a entrada dos idosos no precariado?

Da aposentadoria antecipada para a aposentadoria laboral

Aqui, os estrategistas políticos têm uma porta aberta para atuar. Pelo fato de mais empregos serem de caráter precário, os idosos estão em melhores posições para ocupá-los, e como há mais idosos em toda parte, mais empregos são colocados no precariado. Isso está revertendo uma tendência de longo alcance.

O Reino Unido é um bom exemplo. Les Mayhew (2009) observou que a proporção de pessoas na força de trabalho caiu nitidamente depois da idade de 50 anos – aproximadamente quando tem início a elegibilidade para a pensão privada. Na idade de 54 anos, menos da metade dos homens e menos de um terço das mulheres realiza atividade laboral. A maioria deles é saudável e a saúde das pessoas de 50 a 70 anos está melhorando o tempo todo. Quanto mais saudável e mais educada é a pessoa nessa faixa etária, maior a probabilidade de um idoso ser economicamente ativo. Mayhew estimou que, em média, as pessoas já são saudáveis o suficiente para continuarem a trabalhar por 11 anos além da idade prevista atualmente para a aposentadoria estatal, que é de 65 anos. O conjunto de idosos capazes de trabalhar é enorme.

Muitos já estão fazendo isso, geralmente sem registro algum. Muitos estão firmemente situados dentro do precariado. Na verdade, os idosos se tornaram uma força propulsora do seu crescimento. Tornaram-se uma fonte de trabalho barato, pago com salários baixos, recebem poucos benefícios e são facilmente demitidos. Em alguns aspectos, desempenham papéis semelhantes aos dos migrantes, dos quais falaremos adiante. Em outros aspectos isso não acontece, uma vez que mais pessoas certamente recebem com agrado uma existência precariada, no sentido estrito do termo. Muitas vezes são gratos apenas por serem queridos. Um grande número deles já trabalha como voluntários. A organização ativista para os idosos, Age Concern, estimou que, sob esse pretexto, eles contribuem com três bilhões de libras anuais para a economia do Reino Unido, a qual não leva em conta o trabalho de seus avós (e, em um número crescente de casos, o trabalho parental).

Os idosos são atraídos para as atividades de tempo parcial, temporária e de trabalho autônomo. As pesquisas de opinião pública nos Estados Unidos e na Europa descobriram que, exceto na França e na Alemanha, enquanto a maioria dos *baby boomers* é a favor de trabalhar por mais tempo para obter uma pensão maior, a maior parte das pessoas quer empregos de tempo parcial. E uma pesquisa da Eurobarometer, de 2007, descobriu que 61% dos norte-americanos prefeririam ser autônomos a ocupar um emprego. Embora os europeus com idade inferior a 24 anos estivessem quase tão entusiasmados com essa relativa liberdade e admissão de risco do trabalho autônomo, os europeus mais velhos estavam ligeiramente mais inclinados a preferir o emprego. No entanto, as diferenças de idade encobriam as diferenças nacionais. Cerca de 57% dos portugueses prefeririam o trabalho autônomo, em comparação com 30% dos belgas.

Há um apoio crescente às políticas que tornam mais fácil para os idosos estarem no mercado de trabalho após a idade da aposentadoria. Ambos, o jovem e o velho, encaram isso positivamente, apesar de as atitudes variarem entre diferentes países. Quase nove em cada dez pessoas no Reino Unido, Dinamarca, Finlândia e Países Baixos disseram ao Eurobarometer que as pessoas mais velhas deveriam ser ajudadas para encontrar trabalho se assim o quisessem. Por outro lado, 55% dos gregos se opunham ao trabalho do idoso, e na Grécia, Chipre, Hungria, Itália e Portugal, a maioria das pessoas ouvidas achava que os idosos tirariam os empregos dos jovens.

Na recessão pós-2008, os governos fizeram o contrário do que haviam feito nos anos 1980, encorajando os idosos a continuar no mercado de trabalho por meio da restrição dos benefícios por incapacidade e tornando mais difícil conseguir a aposentadoria antecipada. Muitos idosos postergaram a ideia da aposentadoria porque suas poupanças foram atingidas pela crise financeira.

De forma significativa, na recessão pós-2008, o emprego dos idosos não diminuiu tanto quanto o emprego dos jovens. Nos Estados Unidos, a oferta de trabalho para idosos aumentou, em parte devido ao desgaste das pensões. Uma pesquisa mostrou que 44% dos entrevistados com mais de 50 anos planejavam adiar sua aposentadoria, metade deles pretendia permanecer na força de trabalho por três anos a mais do que era esperado anteriormente. Mais de um quarto da força de trabalho dos Estados Unidos tem mais de 55 anos, de modo que isso implica um aumento substancial na força de trabalho de idosos. De acordo com pesquisas anuais do Employment Benefit Research Institute, a mudança tem sido dramática. Em 2007, 17% planejavam se aposentar antes da idade de 60 anos; em 2009, apenas 9% o fizeram. O índice daqueles que planejavam se aposentar entre 60 e 65 anos também caiu; o daqueles que planejavam se aposentar após 65 subiu de 24% para 31%; e o dos que não esperavam se aposentar de modo algum saltou de 11% para 20%. Que mudança de perspectiva mental isso representa! Não é o clássico efeito "trabalhador secundário", como foi a norma em cada recessão do século XX. É algo novo.

O envelhecimento está produzindo desafios inoportunos para as relações entre as gerações. Na sociedade industrial, os jovens adultos eram os responsáveis pelas necessidades de seus filhos e não estavam preocupados com os pais porque eles estavam mortos, ou porque não se esperava que vivessem muito tempo, ou porque os pais não faziam muitas exigências se continuassem vivos. Hoje em dia, mais jovens, experimentando uma vida no precariado, não podem considerar a possibilidade de sustentar os pais, especialmente se levarem em conta que isso pode continuar sendo necessário por muitos anos. Além disso, por causa da gravidez tardia, essa perspectiva é ainda mais assustadora diante da ideia de que os jovens estariam sustentando os filhos e os pais idosos ao mesmo tempo.

Assim, os idosos estão perdendo a possibilidade de serem sustentados por seus filhos. Isso os empurra cada vez mais para a força de trabalho, para se tornarem, voluntariamente, parte do precariado. Mas o Estado não permanece neutro diante desse quadro. Uma geração mais velha privada do apoio familiar pode se tornar um fardo fiscal. Assim, alguns governos estão se recusando a tolerar essa perspectiva. A Chíndia está assumindo a liderança. Na China, como na Índia, uma lei aprovada em 1996 determina que cuidar dos pais é obrigação legal dos adultos. Ao formalizar uma antiga tradição confucionista, o Estado revelou que a tradição estava sujeita ao estresse. O temor é que uma regra "4-2-1" se dissemine, com uma prole tendo a responsabilidade de apoiar dois pais e quatro avós. Além disso, as pessoas estão achando mais difícil viver em uma unidade trigeracional por causa da mobilidade geográfica.

Em outros países, o Estado deposita mais esperança nos idosos "viáveis" que cuidam de idosos frágeis e em um maior número de mulheres que aceitam a carga tripla de cuidar do filho, do ancião e do trabalho remunerado, usando assistentes sociais e instituições cuidadoras para preencher a lacuna.

A geração subsidiada

O precariado está sendo impulsionado por idosos que não têm interesse em construir uma carreira ou em garantia de vínculo empregatício de longo prazo. Isso os torna uma ameaça para os jovens e outras pessoas que se encontram no precariado, uma vez que os idosos podem assumir facilmente empregos de baixo salário e sem perspectiva de progresso. Eles não se frustram pelo número reduzido de carreiras como os jovens se frustrariam. Mas os idosos também podem ser *grinners* ou *groaners*.

Os *grinners* querem apenas alguma coisa para fazer. Eles têm uma pensão com a qual podem contar, os financiamentos habitacionais estão quitados, o seguro-saúde está coberto e os filhos já saíram de casa, talvez até estejam disponíveis para ajudá-los ou lhes dar apoio financeiro, ou é isso o que eles esperam. Muitos deles procuram e acham aquele ilusório "equilíbrio entre vida e trabalho".

O equilíbrio normalmente é visto pelos casais jovens com filhos como algo com que devem se preocupar. Mas outros fatores são igualmente poderosos entre os idosos. Lucy Kellaway ficou intrigada quando um ex-diretor de marketing de 56 anos de idade disse a ela que havia se tornado carteiro:

> Mas, em seguida, ele disse algo que fazia mais sentido. Seu novo trabalho lhe permitiu recuperar a mente. Quando ele vai para casa a uma hora da tarde todos os dias, não tem que pensar no trabalho até às sete e meia da manhã do dia seguinte. Em seu antigo emprego, as preocupações do escritório ocupavam permanentemente sua cabeça, tornando suas sinapses irregulares demais para que conseguisse se

concentrar de maneira adequada em qualquer outra coisa. Então comecei a perceber por que ele ama tanto esse trabalho. Não tem nada a ver com o quanto é bom ser carteiro, em termos absolutos, mas sim com o quanto é bom em relação a ser um gerente sênior. Ele gosta de carregar aquela bolsa grande, porque sabe qual é a alternativa. Ele sabe como é terrível passar a vida profissional tentando levar as pessoas a fazer coisas que não querem fazer e se responsabilizar por coisas que não se pode mudar.

Muitos idosos se identificariam com isso, até mesmo para se sentirem satisfeitos em fazer algo que não tem carreira. Eles assumem empregos temporários nos quais, deliberadamente, subutilizam suas capacidades técnicas e experiência. Desse modo, podem ser concorrentes sem precedentes para os trabalhadores mais jovens que tentam ascender numa escala profissional.

Entretanto, os *groaners* não têm uma pensão com a qual possam se empolgar, pagam financiamento de imóvel ou simplesmente não têm casa. Precisam de dinheiro; temem andar pela rua como "mendiga" ou "mendigo". Seu desespero os torna uma ameaça para outros indivíduos que estão no precariado, uma vez que vão aceitar qualquer coisa que apareça. E, quer sejam *groaners* ou *grinners*, os idosos estão sendo ajudados a competir com os jovens no precariado, na medida em que os governos reagem à combinação da crise de pensão com a percepção de que, no longo prazo, haverá uma escassez de trabalho.

Primeiro, os governos estão oferecendo subsídios para investimentos de pensão privados (e alguns públicos). Temendo espiralar os custos da pensão, os governos introduziram incentivos fiscais para poupanças privadas de pensão. Os incentivos são desiguais, como a maioria dos subsídios. São um suborno para quem pode se dar ao luxo de fazer o que é de seu interesse a longo prazo. Do ponto de vista da equidade, são difíceis de justificar. O subsídio permite que os idosos concorram de maneira mais eficaz com os trabalhadores mais jovens. As pessoas que estão na faixa dos 50 e 60 anos se beneficiam da renda de pensão oriunda de seus programas subsidiados, e por isso podem assumir empregos com salários mais baixos, sem contribuições previdenciárias dos empregadores. Além disso, estarão mais inclinados a trabalhar "sem registro".

Em segundo lugar, os governos estão encorajando as empresas a manterem em seus quadros os empregados mais velhos e até mesmo a recrutá-los. Alguns governos também oferecem subsídios para isso. No

Japão, trabalhar por renda quando se está bem além da idade da aposentadoria está se tornando uma norma. Porém, empresas como a Hitachi, auxiliadas por um subsídio do governo, estão recontratando muitos dos funcionários que atingem a idade de 60 anos pagando-lhes salários mais baixos (no caso da Hitachi, 80% do salário normal), com baixo status e sem a antiguidade de tempo de serviço.

Em terceiro lugar, os idosos são uma das últimas fronteiras para a regulamentação de proteção. Por causa de imagens formadas na sociedade industrial, a discriminação de idade ainda é muito comum. Os estrategistas políticos estão combatendo isso. Tudo começou com a lei norte-americana de discriminação etária no emprego (*Age Discrimination in Employment Act*), de 1967, que foi projetada para proporcionar igualdade de oportunidades para pessoas maiores de 40 anos. Mais tarde, a lei foi emendada de modo que as empresas podiam definir a idade de aposentadoria obrigatória para a maioria dos empregos. Na França, o governo impôs um imposto – a contribuição Delalande, no valor de até um ano de salário – sobre qualquer empresa que demita trabalhadores mais velhos. O imposto tem agido como impedimento para a contratação de idosos e, em 2010, estava em vias de ser extinto. Mas em muitos países, liderados por uma diretiva da União Europeia, há uma cobrança para proibir a discriminação por idade.

Se aceitarmos que a produtividade diminui com a idade, então as leis antidiscriminação de idade podem levar os empregadores a usar outras táticas para se livrar dos trabalhadores de menor produtividade. Se os governos tentam compensar a ideia de menor produtividade fornecendo subsídios para os idosos, eles podem igualar as oportunidades. Mas, em um sistema terciário, as diferenças de produtividade podem não ser grandes; as políticas destinadas a igualar as oportunidades podem, assim, reforçar na prática as vantagens dos idosos. Vegard Skirbekk, do International Institute for Applied Systems Analysis, mostrou que em muitos empregos a produtividade, de fato, diminui na meia idade. Enquanto os trabalhos 3D (*dirty*, *dangerous* e *demanding* – sujo, perigoso e exigente) podem ter diminuído, mais empregos exigem habilidades cognitivas, que declinam entre aqueles com 50 anos ou mais. A "inteligência fluida" diminui, incluindo as habilidades numéricas e a capacidade de adaptação à novidade. Mas, felizmente, para idosos, a "inteligência cristalizada" – conhecimento geral, experiência e habilidade verbal – não declina até que as pessoas atinjam uma idade bem mais avançada. Também pode ser que as pessoas com mais experiência voltada para a carreira adquiram capacidades que as pessoas com longa exposição a uma existência precariada não adquirem, dando-lhes uma vantagem em muitos empregos no setor de serviços.

Decididamente, os idosos são subsidiados por não precisarem de vários benefícios corporativos que os jovens desejam. Eles não precisam da promessa de licença maternidade, creches, seguro saúde, subsídios de moradia, títulos de clubes esportivos, etc. Assim, pelo fato de custarem menos, os idosos estão desgastando as condições de negociação dos jovens.

Nos Estados Unidos, as corporações estão conseguindo pré-aposentar os *baby boomers*, oferecendo incentivos para induzi-los a trabalhar mais ou para tirarem vantagem dos incentivos fiscais. Por exemplo, a Cisco Systems, fabricante de equipamentos de comunicação, tem conectado a sua elegantemente chamada "rede de líderes mais antigos" (empregados pré-aposentados) com a sua "rede de nova contratação" (um eufemismo menos impressionante) para incentivar a transferência de conhecimento entre elas. Isso significa induzir mais trabalho por tarefa por parte dos idosos e intensificar a contribuição do trabalho. O nome fantasioso dado a isso é *mentoring* (tutoria); o nome legítimo é treinamento de baixo custo.

Na medida em que os pensionistas se tornam mais numerosos, a indignação dos trabalhadores atuais por terem de pagar pelos trabalhadores de ontem se intensifica, especialmente porque não lhes é oferecido o mesmo tipo de acordo. Os sistemas de pensão multipilares são uma consequência disso, com os planos privados sendo um acréscimo subsidiado para o encolhimento dos programas públicos. Tornam acessíveis as mudanças para planos de poupança vitalícia que, em teoria, poderiam satisfazer o precariado e os *proficians*, acrescentando uma fonte de segurança de renda por meio de subvenções acessíveis em tempos de necessidade. Na prática, as mudanças podem deixar mais pessoas inseguras, porque elas não podem contribuir de maneira regular ou suficiente. As pessoas são incapazes de poupar o bastante para cobrir os riscos da pensão, e há uma subvenção cruzada limitada do tipo encontrado em planos de seguro social.

Os riscos de pensão são compostos pela possibilidade de os fundos de pensão abrir falência ou fazerem maus investimentos, como ocorreu depois da crise financeira. Quem sofre esses riscos são os idosos, e por esse motivo eles expandem, a cada recessão, a reserva de mão de obra, aumentando o desemprego e baixando os salários.

Encorajar os idosos ao emprego pode ter outros custos para o Estado. Mais emprego pode significar menos trabalho não remunerado realizado pelos idosos. Muitos aposentados empreendem trabalhos voluntários e de assistência, tomando conta de netos, de pais idosos frágeis e assim por diante. Empurrá-los ainda mais para o precariado também teria custos. Porém, o maior problema está no fato de que os idosos são subsidiados em relação aos trabalhadores mais jovens e são relativamente passíveis de aceitar um status precariado. Resolver as tensões vai exigir novas reformas, nos moldes propostos no capítulo 7.

Minorias étnicas

Não está claro se as minorias étnicas sempre terão uma alta propensão de entrar no precariado. Vamos mencioná-las aqui porque elas enfrentam grandes barreiras no mercado de trabalho, embora haja indícios de que as minorias étnicas tentam reproduzir suas colocações profissionais ao longo de gerações, fazendo isso geralmente por meio dos negócios de família e dos contatos étnicos e de redes.

Isso não é verdade de modo algum para todas as minorias. Assim, embora a recessão norte-americana pós-2008 tenha sido uma *mancession*, os mais atingidos foram os homens negros. Metade de todos os homens negros jovens estava desempregada no final de 2009, e essa alarmante estatística era baseada num cálculo da força de trabalho que excluía todos os que estavam na prisão, numa época em que havia cerca de cinco vezes mais negros do que brancos atrás das grades.

Os negros norte-americanos sofreram devido a uma cruel combinação de circunstâncias – registros de prisão, concentração em regiões de alto desemprego e falta de contatos em negócios de pequena escala, bem como escolaridade abaixo da média. Em 2010, somente cerca da metade de todos os negros adultos estava empregada, e a proporção chegava perto de 40% entre os homens negros jovens. Para os adultos brancos, a porcentagem era de 59%. Os negros que ficavam desempregados permaneciam nessa situação, em média, cinco semanas a mais do que as outras pessoas, acentuando a perda de habilidades, atitudes positivas, contatos, e assim por diante. Suas chances de construir uma carreira e evitar uma vida no precariado eram pequenas.

Os "incapacitados": um conceito em reconstrução?

A noção de "incapacitado" é infeliz. Todos nós temos deficiências ou incapacidades de algum tipo. A maioria de nós passa pela vida sem que muitas pessoas saibam ou se preocupem com as nossas dificuldades –

físicas, mentais, psicológicas, ou sejam quais forem elas. Porém, muitos sofrem porque sua dificuldade particular é notada e levada em conta na maneira como são tratados.

No mundo atual, com diagnóstico e comunicação instantâneos, possibilitados pela tecnologia, é mais fácil identificar e categorizar as dificuldades de um indivíduo e marcar essa pessoa para a eternidade. Isso significa que muito mais pessoas satisfazem as condições para serem classificadas, tratadas ou negligenciadas. E no meio disso há um muro aviltante de discriminação.

É assim que a deficiência e a precariedade se juntam. As pessoas identificadas como diferentes, além de serem mais propensas a encontrar oportunidades de vida restritas a opções precárias, também são mais propensas a ser pressionadas nesse sentido. Além disso, um dos aspectos do envelhecimento das sociedades é o fato de mais pessoas caminharem para a velhice marcadas pelas deficiências, e suas vidas mais longas estão dando a um maior número de pessoas mais tempo para observá-las.

O Estado tem reagido ao crescente reconhecimento da incapacidade construindo um arsenal de políticas. Em termos de mercado de trabalho, essas políticas têm sistemas de quotas institucionalizadas, locais de trabalho especializados, leis antidiscriminação, melhorias na igualdade de oportunidades no local de trabalho e assim por diante. Elas têm tentado, cada vez mais, optar pelo pobre merecedor. Na década de 1980, diversos países recorreram aos benefícios de incapacidade, muitas vezes numa base indefinida, a fim de retirar as pessoas do desemprego e colocá-las totalmente fora da força de trabalho. No começo do século XXI, os governos olharam com olhos fiscais céticos para as dívidas cada vez maiores dos benefícios e se prepararam para reduzi-las pela confirmação da "medicalização" da deficiência, pela busca para tornar "empregáveis" mais pessoas com deficiência e por empurrá-las para os empregos. Muitos se juntaram ao precariado pela porta lateral.

Reflita-se sobre um aspecto pouco discutido nos debates públicos: a "incapacidade episódica". Isso está causando uma crescente conexão entre a deficiência e o precariado. Milhões de pessoas sofrem de limitações que as atacam de tempos em tempos, desde enxaqueca e depressão até diabetes e epilepsia. Elas tendem a ser vítimas dos mercados de trabalho flexíveis mundiais, com empregadores relutantes em recrutar e ansiosos por dispensar o "desempenho prejudicado". Muitas pessoas serão levadas para empregos precários e para um ciclo precário de desvantagem e insegurança. Isso pode intensificar suas dificuldades médicas e provocar outras. Aquelas pessoas com incapacidades episódicas também podem enfrentar barreiras no sistema de benefícios sociais. Podem ser informadas de que são capazes de trabalhar, o que de fato são, e terem os benefícios negados. Provavelmente, a maioria delas desejaria um emprego pago. Mas quem vai empregá-las quando outros são considerados mais "confiáveis"?

O criminalizado: precariado por trás das grades

O precariado está sendo alimentado por um extraordinário número de pessoas que foram criminalizadas de uma maneira ou de outra. Há mais pessoas nessas condições do que jamais houve. Uma característica da globalização é o crescimento do encarceramento. Cada vez mais pessoas são detidas, acusadas e presas, tornando-se "habitantes", sem direitos vitais, a maioria delas limitada a uma existência precariada. Isso tem tido muito a ver com o renascimento do utilitarismo e com um zelo pelos criminosos penalizados, juntamente com a capacidade técnica da vigilância do Estado e a privatização dos serviços de segurança, das prisões e das atividades relacionadas.

Ao contrário das previsões nos anos 1970, feitas por Michel Foucault, Rothman David e Michael Ignatieff, que achavam que a prisão estava em declínio terminal, a prisão tornou-se uma instituição abrangente e um instrumento de política. Desde a década de 1970, a quantidade de prisões dobrou na Bélgica, na França e no Reino Unido; triplicou na Grécia, nos Países Baixos e na Espanha, e quintuplicou nos Estados Unidos (WACQUANT, 2008). Todos os dias, mais 700 pessoas são adicionadas à população italiana na prisão. A prisão é uma incubadora do precariado, um laboratório para a vida precariada.

Os Estados Unidos, a China e a Rússia se tornaram os maiores criminalizadores, cada um deles encarcerando milhões de seus próprios cidadãos, além de muitos estrangeiros. Mais de um em cada cinco norte-americanos têm ficha criminal, o que diminui seus direitos na sociedade. Países como o Reino Unido e a França, tendo aumentado seus índices de criminalização, estão mantendo pessoas como "habitantes" criminalizados. Cerca de 40% de todos os internos em prisões do Reino Unido já estiveram presos anteriormente. Eles reincidem porque não têm "emprego" e não podem conseguir um, porque já estiveram na prisão.

A criminalização condena as pessoas a uma existência precariada de empregos inseguros e sem possibilidade de carreiras e a uma capacidade cada vez menor de manter um curso de vida estável de longo prazo. Há um duplo risco em quase todos os pontos, já que além de serem punidas por qualquer crime que cometeram, vão descobrir que a punição é acentuada por barreiras à sua regular participação na sociedade.

No entanto, também há um crescimento do precariado *dentro* das prisões. Consideramos a forma como a China tem recorrido ao trabalho prisional no capítulo 4. Porém, países tão heterogêneos como os Estados Unidos, o Reino Unido e a Índia estão caminhando em direções similares. O maior complexo de prisão da Índia, fora de Delhi, privatizado, é claro, está usando prisioneiros para produzir uma ampla variedade de produtos, muitos vendidos on-line, com a mão de obra mais barata que pode ser encontrada e que trabalha em turnos de oito horas, seis dias por semana. Os prisioneiros graduados recebem cerca de um dólar por dia, os outros, um pouco menos. Em 2010 o novo ministro da Justiça do Reino Unido anunciou que o trabalho prisional seria ampliado, dizendo que queria que os prisioneiros trabalhassem 40 horas por semana. O trabalho prisional por uma ninharia tem sido comum nos Estados Unidos. O precariado do lado de fora, sem dúvida, dará boas-vindas à competição.

Pontos concludentes

O precariado não consiste em pessoas com históricos idênticos e não é composto apenas por aqueles grupos que destacamos até agora. Faz sentido pensar que há variedades de precariado, com diferentes graus de insegurança e atitudes para ter uma vida precariada.

O crescimento do precariado global coincidiu com quatro mudanças extraordinárias. As mulheres têm substituído os homens, a ponto de haver conversas sobre *mancessions* e feminização dos mercados de trabalho. Os homens têm sido arrastados para o precariado, enquanto as mulheres têm sido confrontadas com a perspectiva da jornada tripla. De maneira mais notável, os idosos têm marchado de volta para os mercados de trabalho, subsidiados para assumir empregos precários e empurrando para baixo os salários e as oportunidades para a juventude. Por sua vez, os jovens são confrontados com a frustração de status, as poucas possibilidades de carreira e a competição subsidiada interna e externamente. Se esperam pacientemente pelo melhor, arriscam-se a ser demonizados como preguiçosos, como veremos. Trata-se de um impasse.

Também é notável que, proporcionalmente, mais adultos parecem sofrer de algum tipo de deficiência socialmente reconhecida, o que os torna mais propensos a serem relegados ao trabalho inseguro com menos possibilidade de carreira, talvez subsidiado pelo Estado. E, finalmente, por todos os tipos de razões, mais de nossos companheiros seres humanos estão sendo criminalizados e deixados com pouca opção além dos degraus mais baixos do precariado. Resta considerar aqueles que talvez sejam mais bem descritos como a infantaria ligeira de todo o processo, os migrantes.

Capítulo 4

Migrantes: vítimas, vilões ou heróis?

Os migrantes constituem uma grande parte do precariado mundial. Eles são uma das razões de seu crescimento e perigam se tornar suas principais vítimas, demonizados e transformados em bode expiatório dos problemas não criados por eles. No entanto, com poucas exceções, tudo o que estão fazendo é tentar melhorar suas vidas.

O termo "migrante" carrega uma bagagem histórica e cobre uma multiplicidade de tipos de experiência e de comportamento. Alguns se assemelham a nômades, mudando-se para vários lugares sem residência fixa, compelidos ou habituados a perambular, sempre esperando se estabelecer "algum dia". O nômade autêntico de fato sabe onde estava indo e por quê. O nômade moderno é mais oportunista. Depois, há os "circulantes", que deixam suas casas em busca de rendas ou experiência, mas planejam voltar mais cedo do que tarde. E há os migrantes colonos, aqueles que se mudam com a intenção de permanecer no local se puderem, bem como os refugiados e os que buscam asilo.

Depois de declinar em meados do século XX, quando as economias eram mais fechadas, a mobilidade das pessoas em todo o mundo aumentou com a globalização. Um bilhão de pessoas cruzam as fronteiras nacionais a cada ano, e o número está aumentando. Segundo a Organização Internacional de Migração, havia 214 milhões de migrantes internacionais em todo o mundo em 2010, totalizando 3% da população mundial. Isso é, provavelmente, um valor subestimado, uma vez que os migrantes em situação irregular são, obviamente, difíceis de serem computados. Além disso, talvez 740 milhões sejam migrantes "internos", incluindo os 200 milhões de migrantes rurais para as cidades industriais da China que compartilham muitas das características dos migrantes internacionais (HOUSE, 2009).

Embora a migração documentada dentro dos países industrializados tenha diminuído depois da crise financeira de 2008, até então ela estava crescendo 11% ao ano (OCDE, 2010a). Um em cada quatro trabalhadores australianos é migrante, do mesmo modo que um em cada cinco trabalhadores irlandeses. Na Europa, 12 milhões de cidadãos europeus moram em algum país diferente do seu dentro da União Europeia.

Os Estados Unidos continuam sendo o maior receptor de migrantes. Na primeira década do século XX, mais de um milhão de migrantes "legais" e talvez outros meio milhão de migrantes "ilegais" entraram no país anualmente. Hoje, uma em cada oito pessoas é migrante, e aproximadamente um em cada seis trabalhadores é nascido no exterior, a maior proporção desde os anos 1920. As barreiras cuidadosamente erguidas viram a quota de migrantes na força de trabalho dos Estados Unidos cair de uma alta taxa de 21% em 1910 para 5% em 1970. Mas, em 2010, a taxa estava de volta aos 16%. Na Califórnia, os imigrantes representam mais de um a cada três trabalhadores, e em Nova York, Nova Jersey e Nevada, mais de um em cada quatro. Embora os migrantes estejam principalmente na agricultura, na construção, no abastecimento, no transporte e no sistema de saúde, um quarto dos trabalhadores altamente educados com doutorado são estrangeiros.

Outros países também se tornaram grandes receptores de migrantes. Em 2000, os migrantes representavam 10% da população em 70 países, em comparação a apenas 48 países em 1970. Na Alemanha, 16 milhões de sua população, composta pelo total de 82 milhões de habitantes, são de origem migrante. Em algumas cidades, mais de um terço dos residentes são imigrantes e mais da metade deles são crianças. Em outros países europeus, os migrantes também representam uma parcela crescente da população, em parte por causa das baixas taxas de fertilidade dos habitantes nacionais. No Reino Unido, uma em cada dez pessoas é migrante e a primeira década do século XXI viu a maior imigração já experimentada no país. Com base nas tendências atuais, pode ser que o "branco" britânico seja minoria na segunda metade deste século (COLEMAN, 2010).

A migração moderna não consiste apenas em se mudar de países pobres para países ricos. Aproximadamente um terço dos migrantes do mundo se mudou de um país pobre para um país rico, um terço se mudou de um país rico para outro e um terço se mudou de um país pobre para outro. Muitos países, tal como a África do Sul, experimentam, simultaneamente, grandes fluxos de emigração e imigração. Além disso, enquanto a imagem da migração ainda é uma imagem de assentamento, a migração atual tem sete características que definem a Transformação Global e abastecem o crescimento do precariado.

Primeira, uma parte da migração historicamente elevada não é documentada. Muitos governos são coniventes com isso, alegando que estão limitando a migração enquanto facilitam o crescimento de uma oferta de trabalho descartável com baixos salários. Os Estados Unidos têm a maior parte dos migrantes em situação irregular, com uma estimativa de 12 milhões em 2008 e um aumento de 42% desde 2000; mais da metade deles vem do México. A resposta política tem sido incoerente. Em 2006, a Câmara dos Deputados aprovou um projeto de lei tornando a "migração ilegal" um crime, mas não conseguiu aprová-lo no Senado, que havia tentado, sem sucesso, aprovar uma lei semelhante em 2007. Em 2009, dois sindicatos produziram um plano para regularizar a situação dos migrantes e lançaram uma campanha para a legalização. Isso também caiu por terra. Os defensores da reforma argumentam que tornar pública a economia paralela dos imigrantes aumentaria a receita fiscal, acabaria com o abuso de imigrantes ilegais, elevaria os salários em todos os lugares e impulsionaria o crescimento. Mas a vontade política para legalizar continuou fraca. Demasiados interesses se beneficiam de um exército de imigrantes ilegais, e muitos populistas retratam as tentativas de legalização como algo que vai corroer a segurança dos cidadãos.

A migração não documentada também tem crescido em todos os lugares, com condições e conflitos de interesse similares. Os trabalhadores não registrados ocupam empregos mal remunerados e podem ser demitidos e deportados se necessário, ou demonstram ser obstinados. Eles não aparecem nas folhas de pagamento das empresas e das famílias, e desaparecem nos cantos e recantos da sociedade quando a recessão a atinge. A produtividade parece se elevar maravilhosamente em uma alta repentina, na medida em que mais pessoas são recrutadas sem aparecer nas estatísticas, e o emprego, misteriosamente, cai menos do que a queda na produção e da demanda nas recessões. Os migrantes são, verdadeiramente, um exército de reserva fantasma.

Segunda, uma parcela crescente da migração consiste em "circulação", em contraste com o último pico da migração no início do século XX, quando a maioria dos migrantes eram colonos. Os circulantes modernos se veem como itinerantes, que se deslocam para assumir empregos temporários, muitas vezes com a esperança de remeter dinheiro para os parentes.

A *terceira* característica distinta é a feminização da migração (OCDE, 2010b). As mulheres, frequentemente mudando-se por conta própria, constituem uma importante parte dos migrantes internacionais em comparação a qualquer outro momento na história. Há muito tempo elas incluem uma elevada proporção de migrantes internos, uma maioria em alguns países. Há tendências sinistras bem documentadas, com o tráfico e a prostituição sendo as mais visíveis, e há a tristeza das "cadeias de cuidados domésticos", quando as mulheres partem das aldeias para as cidades e para fora do país, deixando que seus filhos sejam cuidados por outras pessoas. Muitas vezes vinculadas a contratos afiançados e endividadas, elas são vulneráveis, abusadas, não têm nenhuma proteção e muitas vezes vivem uma existência sombria. Também tem havido um fluxo problemático de duvidosas cessões de casamento, com mulheres jovens a quem não é dada nenhuma escolha por suas famílias ou culturas. No entanto, grande parte da migração tem sido exatamente como a dos homens, realizadas na busca de uma vida melhor.

A *quarta* característica da migração induzida pela globalização é a mobilidade estudantil. Embora não seja nova, a população estudantil móvel tem crescido dramaticamente e agora – em parte devido às medidas antiterrorismo – uma maior proporção de estudantes está indo para países diferentes dos Estados Unidos. Entre 2001 e 2008, a porcentagem de estudantes estrangeiros nos Estados Unidos caiu de 28% para 21%, enquanto o número de estudantes móveis no âmbito mundial aumentou 50%.

A *quinta* característica é o movimento dentro das corporações multinacionais. Isso também tem sido praticado em todas as épocas; era uma característica dos grandes bancos comerciais da Idade Média, por exemplo, mas hoje é sistêmica. Envolve quase todos os níveis, desde os executivos até a equipe júnior. Cria carreiras fragmentadas e uma mistura inebriante de experiências.

A *sexta* característica é mais nefasta. Nunca houve nada parecido com o grande número de refugiados e de pedidos de asilo como acontece hoje. O tratamento jurídico moderno é derivado da resposta ao deslocamento em massa ocorrido antes e durante a Segunda Guerra Mundial, o que levou ao estabelecimento da *Convenção Relativa ao Estatuto dos Refugiados* das Nações Unidas, de 1951. O problema foi considerado como um dos ajustes de curto prazo, na medida em que as pessoas eram ajudadas a regressar aos seus países ou autorizadas a se reassentarem em outro lugar. Agora, um número crescente de pessoas que procura escapar da degradação, da opressão e do conflito está se deparando com o aumento das barreiras de entrada. Muitos incorrem na insegurança crônica, tanto social quanto econômica.

De acordo com uma agência de refugiados das Nações Unidas, em 2009 havia mais de 15 milhões de refugiados, a maioria na Ásia e na África, com mais um milhão de pedidos de asilo aguardando decisão. E cerca de 27 milhões de pessoas foram deslocadas de seus países como resultado de conflitos (CENTRO DE MONITORAMENTO DE DESLOCADOS INTERNOS, 2010). Globalmente, uma tragédia tem sido revelada. Milhões de pessoas estão passando anos em hotéis esquálidos, centros de detenção, acampamentos ou terrenos baldios, perdendo com isso sua dignidade, suas habilidades e sua humanidade.

O sublime princípio de *non-refoulement* – nenhum país pode enviar uma pessoa de volta à sua terra natal se for para enfrentar o perigo – é cada vez mais violado. Em alguns países, o tempo médio para o processamento dos pedidos de asilo aumentou para mais de 15 anos. A situação dos presos em países de trânsito, na esperança de chegar a outro lugar onde as portas estão fechadas, piorou. Em muitos países, onde a maioria dos cidadãos é favorável a restrições mais rigorosas em matéria de imigração, a hostilidade aos refugiados e requerentes de asilo é maior do que a hostilidade aos migrantes que ocupam uma posição economicamente favorável.

Finalmente, há um novo grupo migrante – os "refugiados ambientais". A degradação ambiental, incluindo o aumento do nível dos oceanos e outras manifestações de mudança climática, podem conduzir 200 milhões de pessoas para longe de suas casas por volta do ano 2050 (FUNDAÇÃO DE JUSTIÇA AMBIENTAL, 2009). O Furacão Katrina, em 2005, provocou o maior movimento de pessoas na história dos Estados Unidos. Em duas semanas, 1,5 milhões de pessoas fugiram para a costa do Golfo, três vezes mais do que o número de indivíduos que se mudou na migração do Dust Bowl dos anos 1930. Metade da população de Nova Orleans ainda não havia retornado para a cidade cinco anos depois do Katrina. Ele pode ser um prenúncio de muitos eventos desse tipo.

Em resumo, a migração está crescendo e mudando de caráter de uma forma que está intensificando as inseguranças e colocando muito mais pessoas em circunstâncias precárias. Como se isso não bastasse, há também uma "desterritorialização" da migração. Esse é um termo canhestro para uma tendência canhestra. Mais e mais pessoas que "parecem migrantes" estão sujeitas ao exame intrusivo dentro das fronteiras nacionais, sendo paradas pela polícia e por grupos vigilantes exigindo que elas provem sua identidade e legalidade.

A lei SB1070 de 2010, do estado norte-americano do Arizona, determinou a "desterritorialização"; as pessoas barradas por suspeita de fazerem algo ilegal são forçadas a provar a legalidade de sua condição de migrante. Os defensores da SB1070 reivindicam que isso não é "traçar um perfil racial", mas certamente a lei dá à polícia licença para visar pessoas que parecem migrantes. O que está acontecendo no Arizona está acontecendo em boa parte do mundo.

Os novos "habitantes"

Considerar as variedades de migrantes – nômades, circulatórios, ilegais, refugiados, colonos e assim por diante – leva a um conceito negligenciado que tem profundas raízes históricas. Trata-se do conceito de *habitante* [*denizen*], uma forma diferente de *cidadão* [*citizen*]. Na Idade Média, na Inglaterra e em outros países europeus, um "habitante" era um estrangeiro a quem foi, discricionariamente, concedido pelo monarca ou governante alguns – mas não todos – direitos que eram automaticamente concedidos aos nativos ou cidadãos. Assim, em troca de pagamento, seriam concedidas a um estrangeiro "cartas patentes" que lhes permitiam comprar terras ou praticar algum tipo de comércio.

No direito consuetudinário, um "habitante" não era um cidadão pleno, mas tinha um status similar ao do atual "residente estrangeiro"; a lei seguia a antiga ideia romana de conceder a alguém o direito de viver em um lugar, mas não de participar em sua vida política. Mais tarde, a palavra "habitante" assumiria outra conotação, passando a indicar alguém que frequentava um tipo de lugar, como é o caso de "habitantes de uma casa noturna"; também era usada para se referir a negros não escravos nos Estados Unidos antes da abolição da escravidão.

Todos os migrantes internacionais são "habitantes", sendo que diferentes grupos que têm alguns direitos – civis, sociais, políticos, econômicos e culturais –, mas não outros. A construção progressiva de uma estrutura internacional de direitos significa que existem variedades de habitantes. Em primeiro lugar, estão os menos seguros, os requerentes de asilo e os migrantes em situação irregular que têm direitos civis (como proteção contra a agressão) – geralmente com base no princípio da territorialidade, que protege a todos quando eles estão no território do país –, mas não direitos econômicos ou políticos. Um pouco mais seguros são os residentes temporários legalizados, mas eles também não têm plenos direitos econômicos ou políticos. Os mais seguros são aqueles que adquiriram plenos direitos de cidadania pelo devido processo legal. Esse sistema em camadas surgiu em uma forma *ad hoc* e varia até mesmo dentro de um bloco regional, como a União Europeia.

A condição de ser "habitante" é complicada pela dupla cidadania e múltiplos status. Os migrantes podem ficar relutantes em optar pela cidadania do país onde residem ou trabalham por medo de perder a cidadania de seu país de origem. Uma pessoa pode ter o direito de viver em um país, mas não de ter um emprego ali, embora tenha direito de trabalhar por salários em outro país sem o direito de ter uma residência no local se não estiver empregada. Alguns juristas se referem a isso como "condição de habitante cosmopolita" (ZOLBERG, 1995).

No entanto, o conceito de "habitante" é útil para delinear o que as pessoas podem ou não fazer na sociedade. O espectro começa com os solicitantes de asilo, que praticamente não têm direito algum. À medida que seu número cresce, os governos dificultam mais suas vidas. Muitas vezes eles são humilhados e tratados como se fossem criminosos. Aqueles que são capazes podem tentar sobreviver levando uma existência precariada. Muitos simplesmente padecem, vendo suas vidas definharem.

Em seguida, estão os migrantes em situação irregular, que têm direitos civis como seres humanos, mas não têm direitos econômicos, sociais ou políticos. Normalmente, não têm nenhuma alternativa para ganhar a vida no precariado, com muitos deles fazendo isso na economia subterrânea. Nos Estados Unidos, os milhões de migrantes em situação irregular não têm direito de trabalhar por salário, mas são contratados de qualquer forma. Vivem com a ameaça da deportação e sem direito à proteção social, tais como os benefícios de desemprego. Na Espanha, cogita-se que milhões de migrantes não regularizados explicam a enorme economia subterrânea no país. É provável que a história seja semelhante na maioria dos países.

Depois há aqueles com o direito de residência temporária, mas que têm restrições do que podem fazer legalmente de acordo com a situação de seu visto. Eles podem ter alguns direitos sociais, como o direito aos benefícios da empresa e do Estado, e talvez o direito de pertencer a organizações econômicas, tais como sindicatos ou associações empresariais.

Mas têm direitos limitados ou nenhum direito à mobilidade socioeconômica e nenhum direito político, o que lhes dá pouca oportunidade de se integrarem à sociedade local. Eles são os "habitantes" clássicos.

Mais adiante no espectro estão os "habitantes" que têm direito à residência de longo prazo e são formalmente autorizados a procurar empregos de sua preferência. Eles podem ser relativamente seguros, porém enfrentam limitações estruturais nos direitos econômicos e sociais, por exemplo, se possuem qualificações que não são reconhecidas no país. Dessa forma, um engenheiro, um arquiteto ou um dentista que se capacita em um país pode não ser autorizado a praticar em outro, simplesmente porque não há reconhecimento mútuo de padrões. Devido a esses expedientes, milhões de migrantes qualificados estão proibidos de exercer sua profissão e são obrigados a disputar empregos com "desperdício cerebral" de níveis mais baixos no precariado.

Isso se deve, principalmente, à maneira como se desenvolveu o licenciamento profissional (STANDING, 2009). Somente na Alemanha mais de meio milhão de imigrantes são incapazes de trabalhar em atividades para as quais são qualificados porque o Estado não reconhece suas qualificações. Mas o fenômeno é global. O licenciamento profissional tem sido uma forma de limitar e modelar a migração. Qualquer pessoa que vá a Nova York encontrará migrantes advogados e doutores dirigindo táxis. Em países federativos, como os Estados Unidos, a Austrália e o Canadá, até mesmo as pessoas que se mudam de um estado ou província para outro podem se descobrir como "habitantes", tendo negado o direito de exercer sua profissão ou negócio. O licenciamento tem sido uma parte do processo de trabalho global e até agora é uma maneira poderosa de negar direitos econômicos a um número crescente de pessoas em todo o mundo.

Em geral, esses mesmos "habitantes" também são legalmente excluídos do serviço público e da função política, e são mais propensos a ter acesso legal ao trabalho autônomo do que aos empregos. São suscetíveis a expulsão por razões de segurança pública, se não se comportam como "bons cidadãos". Isso limita a integração, reforçando a sua posição como "habitantes forasteiros". Na França e na Alemanha, há um sistema de três camadas, com plenos direitos políticos para os cidadãos, direitos políticos parciais para cidadãos de outros países da União Europeia e nenhum direito político para os nativos de países terceiros (fora da União Europeia). No Reino Unido, alguns nativos de países terceiros – da Comunidade de Nações e da Irlanda – estão incluídos no primeiro ou no segundo grupos.

Os governos têm aumentado o número de condições necessárias para ser um migrante legal, colocando, nesse processo, mais pessoas em status de "habitantes" mais precários. Além disso, os "habitantes" podem ter direitos *de jure*, mas serem excluídos *de facto* desses direitos. Alguns dos exemplos mais flagrantes surgem nos países em desenvolvimento.

Na Índia, embora todos os indianos, supostamente, tenham direitos iguais, isso não é verdade na lei, na política e na prática. Por exemplo, os moradores das favelas urbanas podem, depois de muitos anos, obter uma identificação de eleitor e um cartão de racionamento,[17] mas não podem obter o direito de serem ligados ao sistema de água e de esgotos da cidade. Também não há regras sobre quanto tempo leva para alguém obter direitos referentes à residência local. Os migrantes de dentro do país têm, de fato, o direito de trabalhar e viver em outro lugar na Índia, mas podem não ser capazes de enviar seus filhos à escola ou obter cartões de racionamento, uma vez que os estados têm diferentes regras de elegibilidade. A condição de "habitante" também se associa com os trabalhadores informais. Por exemplo, um trabalhador que trabalha em casa numa favela urbana não terá direito à eletricidade. Um vendedor de rua é tratado como criminoso. E os "não cidadãos", como os trabalhadores domésticos de Bangladesh ou do Nepal, não têm nenhum direito.

A condição de "habitante" tem crescido mais na China, onde 200 milhões de migrantes rurais perderam seus direitos ao se mudarem para as cidades e oficinas industriais que servem ao mundo. Aos "habitantes" é negado o *hukou*, a caderneta de residência que lhes daria direitos residenciais e o direito de receber benefícios e ser empregado legalmente no seu próprio país.

Ao contrário do que acontecia no início do século XX, grande parte da migração de hoje não é a assimilação de uma nova cidadania, mas sim algo mais próximo de um processo de *descidadania*. Em vez de serem colonos, muitos migrantes têm negadas várias formas de cidadania – direitos detidos por nativos locais, direitos de cidadania de onde eles vêm e direitos que acompanham o status legal. Muitos também não têm cidadania profissional, tendo negado o direito de praticarem sua profissão. Eles também não estão em uma trajetória que lhes permita

---

[17] Cartão emitido pelo governo que proporciona subsídio alimentar aos cidadãos, garantindo descontos na compra de produtos básicos como cereais, açúcar, querosene, etc. (N.E.)

obter os direitos que inicialmente lhes foram negados, tornando-os superexplorados. E eles não estão se tornando parte de um proletariado, uma classe operária dos trabalhadores estabilizados. São descartáveis, sem acesso aos benefícios do Estado ou da empresa, e podem ser descartados com impunidade, pois, se protestarem, a polícia será mobilizada para penalizá-los, criminalizá-los e deportá-los.

Isso realça o processo fragmentado de trabalho em que variedades do precariado têm diferentes direitos e uma estrutura diferente de renda social. Traduz-se na questão da identidade. Os nativos podem exibir múltiplas identidades, os migrantes legais podem se concentrar na identidade que lhes dá mais segurança e os migrantes ilegais não devem exibir qualquer identidade, por medo de serem expostos.

Tendo em mente a ideia de "habitantes", consideramos a maneira como os grupos distintos de migrantes estão sendo tratados e como eles figuram no crescimento do precariado global.

Refugiados e requerentes de asilo

Vamos começar com os refugiados e os requerentes de asilo. Um exemplo pode esclarecer o tormento deles. De acordo com um relatório do Ombudsman do Serviço Parlamentar e de Saúde (2010), a Agência de Fronteiras do Reino Unido (UKBA), responsável pelos refugiados, teve um acúmulo de 250 mil pedidos de asilo. Alguns casos permanecem sem solução por anos a fio; um somali a quem foi concedida uma autorização de permanência indefinida em 2000 só recebeu seus documentos em 2008. Tais pessoas vivem em economias subterrâneas, com suas vidas em suspenso. Enquanto definham nessa posição de "habitante", recebem míseras 42 libras por semana e não têm permissão para assumir empregos, depois das ações do governo trabalhista para restringir a ajuda aos requerentes de asilo. Trata-se de uma receita para o precariado da economia subterrânea.

Migrantes clandestinos e ilegais

O ato de demonizar os "migrantes ilegais" passou a fazer parte da reação populista às inseguranças infligidas ao precariado em geral. Em vez de responsabilizarem as políticas de flexibilidade do trabalho e a retração da assistência social, culpam os migrantes pelas dificuldades dos trabalhadores locais. A primeira declaração de Silvio Berlusconi em sua reeleição como primeiro-ministro da Itália foi uma promessa de derrotar "o exército do mal", termo que usou para se referir aos migrantes em situação irregular. Imediatamente emitiu um decreto autorizando a criação de grupos de vigilantes particulares, que não demonstravam de modo nenhum quais eram os alvos planejados. Além disso, expulsou os ciganos de seus acampamentos em toda a Itália.

Depois que os migrantes africanos na Calábria, na ponta da bota da Itália, fizeram um rebuliço em janeiro de 2010 em protesto contra salários não pagos, seus acampamentos improvisados foram demolidos e muitos foram sumariamente deportados. Eles haviam sido recrutados como mão de obra barata para as fazendas agrícolas controladas pela máfia local, que tinha simplesmente parado de pagar os salários após o choque da crise financeira. Quando os africanos protestaram, possivelmente instigados pela própria máfia que esperava o que aconteceria a seguir, foram alvejados e espancados por vigilantes, aplaudidos pelos moradores locais. Os motins foram seguidos por anos de assédio e ataques por parte da juventude local. No entanto, Roberto Maroni, ministro do interior da Itália, disse em uma entrevista que os motins eram fruto de "tolerância demais". Ataques semelhantes contra os imigrantes têm acontecido em toda a Itália.

Na França, o presidente Nicolas Sarkozy, ironicamente, ele mesmo de origem migrante, assumiu o mantra populista, emitindo ordens para destruir os acampamentos ciganos "ilegais" e expulsar seus moradores. Os ciganos foram devidamente enviados para a Bulgária e a Romênia, muitos jurando voltar, uma vez que tinham o direito legal de se deslocarem na União Europeia. Um memorando que vazou do ministro do Interior deixou claro que os ciganos eram um alvo prioritário, em provável violação da constituição francesa (WILLSHER, 2010). O ministro da Imigração, Eric Bosson, disse em uma entrevista coletiva que "a livre circulação no espaço europeu não significa livre estabelecimento". Aparentemente, os migrantes deveriam ser mantidos em constante movimentação. Que tipo de sociedade é essa?

Enquanto isso, do outro lado do Atlântico, grupos entusiastas com tatuagens e camisetas religiosas armavam-se e seguiam para a fronteira entre o México e o Arizona. Lá eles ficavam à espreita e usavam binóculos para identificar bandidos mal vestidos que corriam para atravessar a fronteira, a maioria simplesmente em busca de uma vida melhor. Alguns migrantes de fato transportam drogas, muitas vezes forçados pelos traficantes de pessoas. Outros são "criminosos" — eles estão em todos os grupos populacionais. Mas a demonização é generalizada. O crescimento do precariado migrante nos Estados Unidos foi acompanhado por ataques repentinos no estilo de comandos oficiais às fábricas suspeitas de empregarem "ilegais". Por mais que o presidente Obama ordenasse o fim desses ataques, eles poderiam facilmente voltar a acontecer.

A lei do Arizona, de 2010, que tornou a imigração ilegal uma contravenção estadual bem como uma violação civil federal, intensificou a tensão entre os migrantes e os "cidadãos nativos" temerosos de se juntarem ao precariado. Ela exige que a polícia local, depois de fazer "contato legal", verifique o status de imigração daqueles que provocam "suspeita razoável" e os prendam se não tiverem documentos, abrindo a porta para a parada aleatória de motoristas que parecem hispânicos pelos menores pretextos. A lei levou a protestos nacionais por parte dos hispânicos e simpatizantes. Mas ela se conectou a um nervo populista, ligado ao que alguns chamaram de "conflito de geração cultural", uma forma sutil de racismo. No Arizona, 83% dos idosos são brancos, mas apenas 43% das crianças o são. Os brancos mais velhos acreditam que estão pagando impostos por filhos que não reconhecem como seus. Isso está alimentando o populismo anti-impostos do Tea Party, no qual os *baby boomers* do sexo masculino são figuras proeminentes. Algo similar está acontecendo na Alemanha, onde em muitas cidades os migrantes já representam a maioria das crianças.

A maior parte dos americanos parece apoiar a lei do Arizona. Um plebiscito nacional apresentou os seguintes resultados, mostrando as porcentagens favoráveis a cada proposição:

- aumentar as multas para os empregadores de imigrantes ilegais 80%
- criminalizar o emprego de imigrantes ilegais 75%
- exigir que a polícia denuncie imigrantes ilegais ao governo federal 70%
- patrulhas da Guarda Nacional da fronteira com o México 68%
- construir mais cercas nas fronteiras 60%
- permitir que a polícia exija prova da condição de migrante 50%
- excluir os filhos de imigrantes ilegais da escola 42%
- exigir que as igrejas denunciem os imigrantes ilegais 37%

Na África do Sul, um fenômeno ainda mais terrível simboliza o que está acontecendo em muitas partes do mundo. Milhões de migrantes deslizam através das fronteiras e abrem seu caminho para os municípios, particularmente em torno de Joanesburgo. Eles vêm do Zimbábue, Maláui, Moçambique e de outros países do continente africano, bem como do Paquistão e de outras partes da Ásia. Deve haver mais de quatro milhões deles. A maioria não tem visto de trabalho, mas tem que trabalhar. O governo dificulta para eles a obtenção de vistos, e milhares viajam longas distâncias todos os dias para ficar na fila, na esperança de adquirir o seu.

Muitos jovens sul-africanos não podem conseguir empregos legais que pagam salários legais porque os migrantes desesperados são obrigados a assumir empregos ilegais que pagam salários ilegais sem benefícios. Sua presença reduz o poder de barganha dos trabalhadores em geral, aumenta o precariado e permite que políticos e economistas afirmem que há desemprego maciço e que os salários reais e as proteções trabalhistas devem ser diminuídos. Na realidade, a maior parte dos empregos, simplesmente, não está sendo medida. As alegações de que a taxa de desemprego na África do Sul varia até 40% são absurdas. No entanto, em maio de 2008, as tensões se tornaram explosivas e os migrantes que estavam nos municípios foram barbaramente atacados. Dezenas foram mortos e milhares fugiram. Foram vítimas de uma sociedade que tem crescido cada vez mais desigual desde o fim do *apartheid*.

Migrantes temporários e sazonais

Muitos outros migrantes, apesar de serem legais, ficam vulneráveis a tal ponto que qualquer observador imparcial seria levado a se perguntar se isso não é proposital, para satisfazer alguns interesses locais, para aplacar os trabalhadores locais ou porque eles não têm direitos políticos e não podem votar. Alguns exemplos recentes são sugestivos.

Após inúmeros incidentes, especialmente as mortes de 23 chineses catadores de moluscos capturados pela maré na Baía Morecambe em fevereiro de 2004, o governo do Reino Unido criou a Autoridade para Licenciamento de Agentes Empregadores para regulamentar o trabalho agenciado. Mas um inquérito da Comissão de Igualdade e Direitos Humanos (EHRC, 2010) sobre fábricas de processamento de carne e aves, que empregam 90 mil pessoas, mostrou que a Autoridade não tinha recursos financeiros suficientes para realizar seu trabalho.

Naquele que, em certa medida, é o maior setor manufatureiro remanescente no Reino Unido, o inquérito encontrou péssimas condições de trabalho, com trabalhadores obrigados a ficar durante horas nas linhas de produção de operação rápida, sem intervalos para ir ao banheiro e sujeitos a abusos. As gestantes eram afetadas de maneira impressionante; algumas sofreriam abortos e muitas encaravam discriminação aberta. Os trabalhadores tinham de cumprir turnos de 16 a 17 horas por dia, com apenas algumas horas de sono entre eles. Em alguns casos, as agências entravam nas casas dos trabalhadores para acordá-los de manhã cedo, pois os supermercados que operavam com pedidos *just-in-time* estavam deixando os pedidos para o último minuto, colocando pressão sobre as fábricas para que tivessem funcionários em prontidão.

Um terço da força de trabalho englobava empregados agenciados; 70% eram migrantes da Europa Oriental, com uns poucos de Portugal. A maioria disse que os empregadores tratam pior os empregados agenciados, enquanto os trabalhadores britânicos estavam relutantes em trabalhar no setor, dissuadidos pelos baixos salários e pelas condições de trabalho miseráveis. Alguns trabalhadores britânicos disseram à Comissão de Igualdade e Direitos Humanos que as agências só contratam migrantes, uma prática ilícita de acordo com a Lei das Relações Raciais. O abuso dos trabalhadores agenciados foi associado à inspeção deliberadamente negligente.

Lamentavelmente, a Comissão de Igualdade e Direitos Humanos recomendou que a indústria melhorasse suas práticas de forma voluntária, ou seja, uma esperança vã; ela não tinha a intenção de litigar. Em outras palavras, o precariado seria deixado exposto ao abuso. E a Lei Gangmasters (de Licenciamento) de 2004 não abrangia os setores de cuidado e de hospitalidade, onde os migrantes estão concentrados em maior número.

Também no Reino Unido, no duro inverno de 2009-2010, quando muitos migrantes europeus orientais estavam desempregados e se tornaram desabrigados por causa das dívidas, as autoridades locais começaram a mandá-los de volta para casa. Em Boston, Lincolnshire, os migrantes trabalhadores agrícolas constituíam um quarto da população em 2008. Quando os empregos nas fazendas encolheram, muitos voltaram aos seus países, mas outros ficaram, na esperança de encontrar novos empregos. Os migrantes não se qualificavam para os benefícios do Estado, especialmente o Jobseeker's Allowance (auxílio-desemprego), que exige que uma pessoa tenha permanecido empregada continuamente por pelo menos um ano. Em meados do inverno, alguns, sem teto e sem dinheiro, passaram a viver em tendas improvisadas. Considerando-os como uma ferida social, com crescente morbidade e aumento de crimes menores, o governo optou por livrar a comunidade local da força de trabalho nômade.

As autoridades de Boston contrataram um Flautista de Hamelin,[18] na forma da organização Iniciativas de Redução da Criminalidade (CRI), fundada pelo governo e pelos conselhos locais para lidar com as causas de desordem nas comunidades.

A descrição do trabalho para o contrato da CRI era bastante benigna – a fim de verificar se os sem-teto eram elegíveis para os benefícios e, se não o fossem, para oferecer-lhes uma passagem só de ida para casa. Podemos nos perguntar por que o governo usaria uma firma com título de combate ao crime para fazer tal trabalho. Parecia um passo rumo à privatização do policiamento. John Rossington, do CRI, disse à imprensa: "Boston tem um problema com os desabrigados, a maioria deles é proveniente da Europa Oriental. Quase todas essas pessoas são incapazes de receber benefícios, ou porque não têm direito, ou porque perderam os documentos e não podem comprovar o direito. Estamos incentivando-os a se apresentar, para que possamos determinar sua situação" (Barber, 2010). O CRI tornou claro o objetivo comercial, dizendo que o repatriamento economizaria dinheiro. "Essas pessoas não têm dinheiro e são muito vulneráveis, especialmente se vivem na rua, expostas ao frio. Se acabarem infringindo a lei ou adoecendo, é provável que custem aos contribuintes mais do que um voo barato só de ida para a Europa Oriental".

Migrantes de longo prazo

Em muitos países, os migrantes legalmente estabelecidos têm sido demonizados por razões culturais. Isso pode facilmente levar a uma política discriminatória e à violência xenofóbica. Vamos nos contentar com dois exemplos pungentes, embora indiquem tendências mais amplas.

Nos anos de 1950 e 1960, a Alemanha acolheu centenas de milhares de trabalhadores convidados da Turquia e de outras partes do sul da Europa, necessários para o fornecimento de mão de obra barata na construção do milagre alemão, como foi apelidada a regeneração do país. Supunha-se que eles iriam para casa quando os contratos expirassem. Então, o Estado garantiu que eles não se integrassem em termos sociais, políticos ou econômicos. Os migrantes receberam uma posição especial fora da sociedade. Mas em vez de irem embora, eles ficaram. Isso criou uma

---

[18] Personagem exterminador de ratos do clássico conto dos Irmãos Grimm, capaz de hipnotizar com sua flauta. (N.E.)

base para a animosidade; como a população alemã começava a diminuir devido à sua baixa fertilidade, os populistas foram capazes de retratar um futuro de dominância de população estrangeira, com imagens de uma subclasse islâmica que recusava se integrar na sociedade alemã. Primeiro, o Estado impediu que os migrantes se integrassem; em seguida, culpou-os por não terem se integrado.

Em 2002 foi dada a seus filhos a opção de adotarem a cidadania alemã, contanto que isso fosse feito antes de completarem 23 anos. Isso refletia a situação da condição de "cidadania do habitante", pois tradicionalmente a lei de nacionalidade alemã era baseada no sangue de uma pessoa, e não no local de nascimento. Mas o sistema de trabalhador-convidado havia plantado as sementes para a tensão.

Outros países europeus enfrentariam essa dificuldade. A população alemã nativa está encolhendo, a total está diminuindo, a escassez de trabalho é temida. Mas apenas uma minoria dos eleitores alemães deseja ver a "imigração controlada" como uma solução parcial para o problema (PEEL, 2010). Os Democratas Livres favoráveis aos negócios tentaram introduzir um sistema de pontos para trazer imigrantes capacitados, mas foram impedidos pelos Democratas Cristãos, alegando que essa era uma tentativa de trazer mão de obra barata em vez de treinar os trabalhadores locais. No entanto, em 2011, as fronteiras alemãs seriam livremente abertas para os trabalhadores da Europa Oriental, pela primeira vez. A Alemanha já tem 2,5 milhões de migrantes da União Europeia, mais do que qualquer outro país da UE.

Um "plano de integração nacional" ampliou a formação linguística, e o ensino do islamismo agora é possível em escolas públicas. Mas o racismo é galopante. Em 2010, Thilo Sarrazin, um proeminente político social-democrata, disse que os turcos e os árabes de Berlim "não estavam dispostos a se integrar nem eram capazes disso". As pesquisas de opinião constataram que a maioria dos alemães concordava com ele. Demitido como membro do conselho do Bundesbank, Sarrazin publicou um best-seller instantâneo, alegando que não queria que seus netos vivessem numa sociedade dominada por uma cultura estrangeira. Falar das sombras do passado é quase um exagero.

Agora considere o que está acontecendo na França. Por décadas depois da Segunda Guerra Mundial, a migração de mão de obra foi deixada a cargo de empresas privadas, que recrutavam trabalhadores de fora para suprir a escassez em casa. O período coincidiu com a descolonização das posses norte-africanas da França, e os magrebinos do Marrocos, Tunísia e Argélia foram responsáveis por uma parcela crescente de migrantes, chegando a 30% em 2005 (TAVAN, 2005). Durante décadas, as tensões entre os cidadãos franceses e os migrantes norte-africanos foram silenciadas. Como a maioria dos migrantes era jovem e estava empregada, eles eram contribuintes líquidos para o sistema de segurança social, enquanto os cidadãos franceses eram beneficiários líquidos. Mas o Estado estava construindo um precariado. Os salários dos migrantes são inferiores aos dos trabalhadores franceses e eles são mais vulneráveis ao desemprego, em parte porque estão em empregos de baixa qualificação, tais como a construção, e são mais afetados pelas flutuações econômicas, em parte por causa da descriminação. Os magrebinos desempregados muitas vezes não têm o registro de contribuição necessário para reivindicar o auxílio-desemprego e são obrigados a contar com o RMI (*Revenu minimum d'insertion*) condicinado à verificação de recursos. No entanto, a fim de serem elegíveis para o RMI, benefícios de habitação e proteção da saúde, os cidadãos não franceses devem possuir uma autorização de residência e devem ter vivido na França por mais de cinco anos. Muitos magrebinos foram simplesmente deixados de fora.

O Estado havia permitido o aumento da migração ilegal, mas depois de 1996 colocou muitos imigrantes do Magrebe e da África subsaariana na embaraçosa posição que fez com que passassem a chamar a si mesmos de *sans-papiers* (sem documentos). Apesar de terem trabalhado durante anos na França, de repente sua posição se tornou incerta, se não ilegal. Os *sans-papiers* se organizaram para contestar seu status de forasteiro, exigindo ter seus contratos de trabalho temporários convertidos em contratos regulares. Mas, dessa vez, o Estado foi hostil. Enquanto alguns migrantes tiveram suas situações "regularizadas", milhares foram enviados de volta – 29 mil em 2009. Em abril de 2010, o ministro da imigração anunciou que os *sans-papiers* que pediram a regularização ainda deveriam ser expulsos.

Mesmo quando se trata de cidadãos franceses, os magrebinos são "habitantes", tendo direitos iguais na lei, mas não na prática. Por exemplo, o Código do Trabalho defende o princípio de tratamento igual durante o emprego, mas não abrange a discriminação no recrutamento. Um estudo realizado para a Comissão de Oportunidades Iguais e Antidiscriminação revelou que, em Paris, as pessoas com nomes magrebinos tinham uma probabilidade cinco vezes menor de serem chamadas para uma entrevista de emprego, e os magrebinos universitários graduados tinham uma probabilidade três vezes menor de serem entrevistados do que seus colegas franceses (FAUROUX, 2005). Não surpreende que os motins nos *banlieues* (subúrbios de Paris) no final de 2005 tenham sido liderados por magrebinos de segunda geração desiludidos por um sistema que proclamou sua igualdade, mas gerou sua precariedade.

Esses exemplos – ambos envolvendo muçulmanos, no coração da Europa – mostram como os migrantes outrora acolhidos podem se tornar forasteiros demonizados mesmo depois de terem criado raízes profundas. Eles estão sendo remarginalizados.

O precariado como reserva flutuante

Poder-se-ia esperar que a Grande Recessão que seguiu o choque de 2008 alterasse o fluxo de migrantes, mas em uma economia global não é fácil predizer o que acontece. Por exemplo, a migração de retorno do Reino Unido foi considerável em 2009; o número de trabalhadores registrados dos novos países-membros da União Europeia na Europa Oriental caiu mais de 50%. Foi previsto que 200 mil trabalhadores capacitados retornariam dos países industrializados para a Índia e a China nos próximos cinco anos. Mas, ao mesmo tempo, uma mudança notável estava ocorrendo.

À medida que a recessão se aprofundou, a porcentagem do emprego total ocupado pelos migrantes *aumentou* bastante. As empresas continuaram contratando estrangeiros, mesmo quando o desemprego aumentou. O número de pessoas empregadas nascidas no Reino Unido caiu em 654 mil entre o final de 2008 e o final de 2010, enquanto o número de migrantes empregados aumentou em 139 mil. Em parte, isso pode ter sido um reflexo da natureza setorial dos cortes de empregos, uma vez que as antigas indústrias onde se concentravam a classe operária local e os assalariados de menor nível foram duramente atingidas. Isso também refletiu uma tendência das empresas de usarem recessões para se livrar dos trabalhadores mais velhos e mais caros a longo prazo. E refletiu um aumento da rotatividade do trabalho e a maior facilidade de mudar para temporários de custos mais baixos e para aqueles pagos "por fora". Com um processo global de trabalho flexível, os velhos mecanismos de enfileiramento e o sistema LIFO ("last-in, first-out", o último que entra e o primeiro que sai) se romperam. As recessões agora aceleram a tendência em direção ao trabalho precariado, favorecendo o emprego dos mais conformados em aceitar salários mais baixos e menos benefícios.

A substituição de migrantes aconteceu mesmo que muitos deles tenham sido enviados ou transportados para casa, muitas vezes a um custo pago pelos governos. A Espanha e o Japão ofereceram incentivos em dinheiro para os imigrantes partirem; o Reino Unido pagou passagens só de ida para casa. Mas os governos que tentam reduzir a migração se deparam com a resistência dos interesses comerciais.

Embora os políticos possam se posicionar em favor dos limites sobre a migração e enviando os migrantes de "volta", as empresas insistem na sua presença para usá-los como trabalho barato. Na Austrália, uma pesquisa constatou que as empresas estavam se recusando a reduzir o número dos migrantes qualificados que possuíam vistos, mas não tinham a mesma atitude em relação aos trabalhadores locais. Elas estavam pagando aos migrantes menos da metade do valor que pagavam, ou deveriam pagar, aos trabalhadores locais. No final das contas, o governo trabalhista se posicionou ao lado das empresas aceitando que elas não tinham mais que dar preferência aos trabalhadores australianos (Knox, 2010).

Em países europeus, como a França e a Itália, com seus baixos índices de natalidade e uma população em processo de envelhecimento, as organizações empresariais também têm se oposto à limitação da migração, especialmente a de mão de obra qualificada. No Reino Unido, as companhias multinacionais pressionaram o governo de coalizão para que retirasse seus planos de fixar um limite máximo para o número de migrantes qualificados que entram no país vindos de fora da União Europeia. Foram debatidas algumas ideias pouco edificantes, como a de leiloar um número limitado de autorizações de trabalho.

No Japão, enquanto alguns políticos se tornam mais insistentemente antimigrantes e nacionalistas, as empresas têm dado boas vindas aos sul-coreanos, brasileiros de descendência japonesa e trabalhadores chineses afiançados. Nos Estados Unidos, onde se estimava em 2005 que os migrantes irregulares constituíam metade de todos os trabalhadores rurais, um quarto dos trabalhadores da indústria de carnes e aves e um quarto dos trabalhadores das fábricas de máquinas de lavar louça, os negócios têm favorecido a legalização dos migrantes em vez das expulsões (Bloomberg Businessweek, 2005).

O capital dá boas-vindas à migração porque ela traz mão de obra maleável de baixo custo. Os grupos que mais veementemente se opõem à migração são a velha classe trabalhadora (branca) e a baixa classe média, ambas espremidas pela globalização e que estão caindo no precariado.

Da fila aos obstáculos?

Tradicionalmente, os migrantes eram vistos como pessoas que entram em uma fila para vagas de empregos. Essa era uma imagem razoavelmente precisa na era pré-globalização. Mas as filas já não funcionam, devido, principalmente, ao mercado de trabalho e às reformas de proteção social.

Nos mercados de trabalho flexíveis com fronteiras permeáveis, os salários são forçados a baixar para níveis que só serão aceitos de bom grado pelos migrantes, ficando abaixo do que os residentes habituados a um padrão de vida mais alto poderiam tolerar. No Reino Unido, a queda dos salários e a deterioração das condições nos setores de prestação de cuidados, hospitalidade e agrícola, onde os migrantes se concentram, têm intensificado a pressão sobre outros setores. A retórica ultranacionalista do primeiro-ministro Gordon Brown, em 2007 – "empregos britânicos para trabalhadores britânicos" – nada mudou; na verdade, a imigração aumentou. Uma sociedade mais desigual, combinada com um regime de mão de obra migrante barata, possibilitou que os ricos se beneficiassem de babás de baixo custo, faxineiras e encanadores. Além disso, o acesso aos migrantes qualificados diminuiu a pressão sobre as firmas para que treinassem os desempregados em habilidades manuais, deixando os moradores locais em outra desvantagem.

Outra razão para o colapso das filas foi o desmantelamento do sistema trabalhista de segurança social. Como os governos se apressaram em substituir o seguro social por assistência social, os cidadãos mais antigos se viram em desvantagem no acesso aos benefícios e serviços sociais. É provável que isso tenha colaborado, mais do que qualquer outra coisa, para atiçar a indignação dos migrantes e das minorias étnicas, particularmente nas áreas urbanas decadentes que haviam sido redutos da classe trabalhadora. Enquanto alguns de seus próprios membros culpavam a derrota do Partido Trabalhista nas eleições gerais do Reino Unido em 2010 por sua incapacidade de atingir a classe trabalhadora branca nas questões sobre a imigração, eles não conseguiam ver, ou não queriam reconhecer que o sistema de verificação de recursos que eles próprios haviam construído era o principal problema.

A verificação de recursos destruiu um pilar do Estado do bem-estar social. Um tipo de sistema de seguro social com base em direitos adquiridos por meio de contribuições baseadas no trabalho recompensa quem participa do sistema por um longo tempo. Se os benefícios e o acesso aos serviços sociais são determinados pela prova de necessidade financeira, então as pessoas que contribuíram vão perder para aquelas que, como os migrantes, são comprovadamente piores. Para a definhante "classe trabalhadora", isso é visto como injusto. Então é irônico que no Reino Unido e em outros lugares o governo social-democrata tenha sido responsável por deslocar a política nessa direção.

No Reino Unido, a mudança para o sistema de verificação de recursos ajudou a acelerar a dissolução de famílias inteiras da classe trabalhadora, como demonstrou um estudo pioneiro realizado no extremo leste de Londres por Dench, Gavron e Young (2006). Os migrantes de Bangladesh, sendo os mais pobres, passaram na frente da fila para a habitação social, enquanto famílias antigas da classe trabalhadora foram jogadas para o fim da lista e tiveram de se mudar para encontrar habitação mais barata.

Os migrantes, inadvertidamente, também contribuem para outros problemas sociais. Eles são sub-registrados nos censos, o que leva à subestimação de uma população significativa nas áreas onde os migrantes estão concentrados, resultando em subfinanciamento do governo central para escolas, habitação e assim por diante. Em 2010, segundo algumas estimativas, é provável que havia mais de um milhão de pessoas vivendo "ilegalmente" no Reino Unido.

Como os mecanismos de filas deixaram de funcionar, os países estão buscando outras formas de gerir a migração. Alguns produzem esquemas complexos para selecionar profissões consideradas escassas. Até 2010, a Austrália tinha 106 "profissões em demanda". Isso foi mudado para uma lista "mais direcionada", projetada para se concentrar em cuidados de saúde, engenharia e mineração. Tais medidas não funcionam bem. No Reino Unido, os vistos Tier 1 são concedidos aos imigrantes considerados possuidores de "altas habilidades" que estão em falta. No entanto, em 2010, identificou-se que pelo menos 29% dos portadores de visto Tier 1 estavam fazendo trabalhos não qualificados (UKBA, 2010), o que é parte de um processo de "desperdício de cérebros".

Também se tornou mais difícil obter a cidadania do Reino Unido. Em 2009, inspirado em um programa australiano, o Reino Unido delineou planos para permitir que os imigrantes "ganhassem" um passaporte ao acumular pontos de acordo com alguns critérios, como prestação de trabalho voluntário, saber falar inglês, pagar impostos, ter habilidades úteis e estar preparado para viver em regiões do país onde há um déficit de competências. A mudança para um sistema baseado em pontos, em vez de dar um direito automático à cidadania para os migrantes que tinham vivido no país por cinco anos sem antecedentes criminais, significava que o governo podia alterar as barreiras quando quisesse. Uma fonte do Ministério do Interior disse: "seremos mais duros ao conceder cidadania às pessoas. Não haverá mais o direito automático e a ligação entre trabalho e cidadania está efetivamente quebrada" (HINSLIFF, 2009).

Isso significa converter os migrantes em habitantes permanentes, mais aparelhados para o precariado. O governo trabalhista do Reino Unido também estava planejando um sistema baseado em pontos para os migrantes temporários, restringindo as autorizações de trabalho para aqueles oriundos de fora da União Europeia e colocando algumas profissões fora da lista daquelas consideradas escassas. Em 2010, o novo governo de coalizão apertou ainda mais o processo.

Em resumo, como o velho sistema de filas se dissolveu e como os governos não podem ou não querem reverter as reformas do mercado de trabalho que instituíram, eles têm buscado aumentar cada vez mais as barreiras de entrada, tornar o status de "habitante" dos migrantes mais precário, além de encorajá-los e obrigá-los a ir embora quando não forem mais necessários. Isso abre algumas possibilidades indecorosas.

Migrantes como mão de obra barata nos países em desenvolvimento

> *Seu trabalho é glorioso e merece o respeito de toda a sociedade.*
>
> WEN JIABAO, primeiro-ministro chinês, junho de 2010

> *Morrer é a única maneira de atestar que já vivemos. Talvez para os funcionários da Foxconn e para funcionários como nós – que somos chamados de* nongmingong, *trabalhadores rurais migrantes, na China – a utilidade da morte seja apenas atestar que estávamos sempre vivos em tudo, e que, enquanto vivemos, tínhamos apenas desespero.*
>
> Blog de um trabalhador chinês, depois do décimo segundo suicídio por salto na Foxconn

O capitalismo nacional foi construído sobre a migração das zonas rurais para as cidades, conduzida pelo êxodo da zona rural inglesa para os moinhos e fábricas, mas repetida em todo o mundo em formas levemente diferentes. Nas economias industrializadas atuais, os governos têm facilitado a transição estabelecendo zonas de processamento de exportação em que os regulamentos trabalhistas são brandos, a negociação sindical é restrita, os contratos temporários são a norma e os subsídios são dirigidos para as empresas. Essa história é bem conhecida. O que pouco se compreende é a forma como a maior migração da história está sendo organizada para acelerar e reestruturar o capitalismo global.

O capitalismo global tem sido construído a partir do trabalho migrante, inicialmente no que costumava ser chamado de NICs (*newly industrialising countries*, ou países recém-industrializados). Recordo-me de muitas visitas feitas na década de 1980 às zonas de processamento de exportação da Malásia para fábricas dirigidas por alguns dos grandes nomes do capital global, tais como Motorola, Honda e Hewlett Packard. Ali não havia um proletariado em formação, mas uma precária força de trabalho temporária. Milhares de jovens mulheres das *kampongs* (aldeias) foram alojadas em albergues miseráveis, e esperava-se que cumprissem jornadas de trabalho semanais extremamente longas e que fossem embora depois de muitos anos, quando sua saúde e suas capacidades tivessem se deteriorado. Muitas saíram de lá com baixa visão e problemas crônicos de coluna. O capitalismo global foi construído sobre suas costas.

Esse sistema ainda funciona no último grupo das economias de mercado emergentes, tais como Bangladesh, Camboja e Tailândia. O sistema também abarca migrantes internacionais. Assim, na Tailândia, em 2010, havia três milhões de migrantes, a maioria em situação irregular, muitos deles de Mianmar (Burma). Depois de surgirem tensões, o governo lançou um regime de registro, ordenando que os migrantes solicitassem aos seus países de origem passaportes especiais, de modo que pudessem trabalhar legalmente e, em princípio, ter acesso aos benefícios e serviços do Estado. Os migrantes provenientes de Mianmar não queriam voltar para lá, temendo não serem capazes de sair de novo. Então, a maioria dos que se registraram era de Laos e do Camboja. Não se registrar dentro do prazo significava prisão e deportação. Na prática, isso não foi sistemático, uma vez que as empresas tailandesas dependiam do trabalho migrante para empregos de baixa remuneração e não queriam que milhões deles fossem expulsos. Porém, de acordo com a Human Rights Watch (2010), mesmo os migrantes legais sofriam terríveis abusos, ficavam à mercê dos empregadores, não tinham permissão para se reunir ou se filiar a sindicatos, não podiam viajar livremente, muitas vezes seus salários não eram pagos, eram sujeitos à demissão sumária e maltratados por funcionários que, supostamente, os protegiam.

Essas são as realidades do mercado de trabalho nas economias de mercado emergentes. Embora as companhias e as agências internacionais pudessem tomar mais providências para corrigi-las, elas continuarão. No entanto, mais relevante para a compreensão da formação do precariado global são os desenvolvimentos na economia chinesa, que está se tornando, rapidamente, a maior do mundo.

O Estado chinês tem formado uma força de trabalho de "habitantes" diferente de qualquer outra jamais criada. O país tem uma população ativa de 977 milhões de pessoas, que atingirá 993 milhões em 2015. Cerca de 200 milhões são migrantes rurais atraídos para as novas oficinas industriais, onde os contratantes chineses e estrangeiros atuam como intermediários de reconhecidas corporações multinacionais de todo o mundo. Esses migrantes são o motor do precariado global, tornam-se "habitantes" em seu próprio país. Pelo fato de serem incapazes de obter a permissão de residência *hukou*, são forçados a viver e a trabalhar precariamente e não têm os direitos dos nativos urbanos. O governo está cavalgando um tigre. Por duas décadas, ele moldou essa força de trabalho flexível de jovens migrantes subsidiados por suas famílias rurais, tratando-os como descartáveis e esperando que voltem furtivamente para casa depois que seus anos mais produtivos tiverem passado. Houve paralelos históricos, mas eles são modestos se comparados à vastidão do que tem sido feito na China.

Depois do choque de 2008, que atingiu as exportações chinesas, 25 milhões de migrantes foram cortados, embora eles não aparecessem nas estatísticas de desemprego porque, sendo "ilegais" em seu próprio país, não tinham acesso aos benefícios de desemprego. Muitos voltaram para suas aldeias, outros sofreram cortes nos salários e perderam os benefícios da fábrica. A indignação cresceu; milhares de protestos e greves locais — mais de 120 mil em um ano — foram ocultados do conhecimento público; o estresse se aprofundou.

À medida que a economia se recuperou, o Estado tentou diminuir um pouco a pressão. Aguentou firme enquanto algumas greves públicas ocorreram em fábricas de propriedade estrangeira, uma mudança de postura interpretada por muitos analistas estrangeiros como um ponto de virada, o que pode ser uma ilusão. As áreas rurais ainda contêm 40% da força de trabalho da China – 400 milhões de pessoas definham em péssimas condições, muitas à espera de serem arrastadas para o precariado. Mesmo se não houvesse um rápido aumento da produtividade nessas oficinas industriais, o que é bastante improvável, haverá lá um suprimento de mão de obra durante muitos anos. No momento em que o excedente encolher e os salários subirem na China e em outras economias emergentes da Ásia, os efeitos descendentes sobre os salários e as condições de trabalho nas atuais sociedades terciárias ricas, principalmente na Europa e na América do Norte, terão sido concluídos.

Alguns analistas acreditam que o que podemos chamar de "fase do precariado" do desenvolvimento chinês está chegando ao fim porque o número de trabalhadores jovens, o principal grupo de "habitantes" temporários, está diminuindo. Colocando tais afirmações em perspectiva, ainda haverá mais de 200 milhões de chineses com idade de 15 a 29 anos em 2020, e cinco em cada seis trabalhadores rurais com idade inferior a 40 anos ainda dizem que estariam dispostos a migrar para aqueles empregos temporários.

As condições do trabalho migrante na China não são acidentais. As marcas registradas internacionais adotaram práticas de aquisição antiéticas, resultando em condições abaixo do padrão em suas cadeias de fornecimento. A Walmart, maior varejista do mundo, adquire anualmente 30 bilhões de dólares em bens baratos a partir dessas cadeias de fornecimento, o que ajudou os americanos a viverem além de seus recursos. Outras empresas foram capazes de inundar o mercado mundial com seus *gadgets* enganosamente baratos. Os contratantes locais têm usado métodos ilegais abusivos para aumentar a eficiência de curto prazo, gerando queixas e resistência quanto ao local de trabalho. Os funcionários chineses locais, em conluio com a gestão empresarial, têm negligenciado sistematicamente os direitos dos trabalhadores, resultando em miséria e desigualdades mais profundas.

Apesar das crescentes tensões, o sistema de registro *hukou* tem sido mantido. Milhões de residentes urbanos continuam como "habitantes", sem direito à educação, serviço de saúde, habitação e benefícios estatais. Embora os primeiros nove anos de ensino devessem ser gratuitos para todos, os migrantes são forçados a enviar seus filhos para escolas particulares ou mandá-los para casa. Como os pagamentos anuais da escola podem equivaler a várias semanas de salário, milhões de filhos de migrantes ficam na zona rural, raramente vendo seus pais.

A reforma das regras do *hukou* acontece lentamente. Em 2009, a cidade de Xangai declarou que, doravante, sete anos de trabalho na cidade dariam o direito de um *hukou a* alguém, desde que a pessoa tivesse pagado as contribuições fiscais e previdenciárias. No entanto, a maioria dos migrantes que não têm um *hukou* tem contratos inadequados e não pagam impostos ou contribuem para fundos de previdência. Esperava-se que apenas 3 mil dos milhões de migrantes de Xangai se qualificassem para um *hukou* sob a nova regra.

Por enquanto, os migrantes mantêm uma ligação com a zona rural porque ela fornece certa segurança, incluindo direitos a um pedaço de terra e de cultivar um pequeno campo. É por isso que milhões se agrupam fora das cidades por volta do Ano Novo Chinês, retornando às suas aldeias para ficar com os parentes, para renovar os vínculos e cuidar da terra. A tensão de ser um trabalhador flutuante foi resumida por uma pesquisa realizada pela Universidade Renmin, em 2009, que mostrou que um terço dos jovens migrantes aspirava construir uma casa na sua aldeia em vez de comprá-la na cidade. Apenas 7% se identificavam como pessoas da cidade.

O status de "habitante" dos migrantes é fortalecido pelo fato de não poderem vender suas terras ou casas. Sua âncora rural os impede de adquirir raízes em áreas urbanas e evita que a produtividade e os rendimentos rurais aumentem por meio da consolidação de terra. As áreas rurais fornecem um subsídio para o trabalho industrial, permitindo que sejam mantidos os salários em dinheiro abaixo do nível de subsistência, barateiam ainda mais para os consumidores do mundo todo aquelas mercadorias extravagantes. A reforma tem sido considerada, mas o Partido Comunista teme suas consequências. Afinal, quando a crise global golpeou o país, o sistema rural agiu como uma válvula de segurança, com milhões de pessoas voltando para o campo.

O precariado chinês é, sem dúvida, o maior grupo desse tipo do mundo. As antigas gerações de cientistas sociais o chamariam de semiproletário. Mas não há nenhuma razão para pensar que eles estão se tornando proletários. Primeiro, os empregos estáveis teriam de surgir e permanecer. Isso é improvável e certamente não acontecerá antes que as tensões sociais piorem ainda mais.

Agora mesmo, enquanto as autoridades estão organizando a migração em massa, a força de trabalho flutuante tem representado uma ameaça para os habitantes locais, criando tensões étnicas. Um exemplo foi o transporte por quase 5 mil quilômetros, organizado pelo governo, de muçulmanos uigures de língua turca para trabalharem para a fábrica de brinquedos Xuri, em Guangdong. Os uigures, alojados perto da maioria han, recebiam muito menos do que os hans que eles substituíram. Em junho de 2009, em motins provocados pelo suposto estupro de uma mulher local, uma multidão han matou dois uigures. Quando a notícia foi retransmitida à província noroeste de Xinjiang, lar dos uigures, irromperam protestos de rua em Urumqi, sua capital, resultando em muitas mortes.

O incidente da fábrica de brinquedos foi uma faísca. Durante anos, o governo deslocou pessoas de áreas de baixa renda para as prósperas províncias orientais impulsionadas pelo crescimento nas exportações. Mais de 200 mil pessoas de Xinjiang se mudaram em apenas um ano, assinando contratos de um a três anos antes de viajarem para viver nos dormitórios úmidos e apertados da fábrica. Elas estavam participando de um processo extraordinariamente rápido. Os parques industriais brotavam quase da noite para o dia. Aquela fábrica de brinquedos havia sido um pomar apenas três anos antes. Os imigrantes eram uma comunidade temporária. Simbolicamente, situada na base de um poste de eletricidade fora do portão da fábrica, havia uma tela de TV gigante, patrocinada pela Pepsi, onde centenas se reuniam todas as noites para assistir aos filmes de *kung fu* depois dos turnos.

Apaziguar uma força de trabalho itinerante é bastante difícil. E, pela extensão do movimento, era inevitável que as tensões aumentassem. Como um trabalhador han disse a um jornalista: "Quanto mais eles chegavam, mais as relações pioravam". Nesses distúrbios, os uigures afirmavam que sua taxa de mortalidade foi subestimada e que a polícia não os protegia. Seja qual for a verdade, a violência era um resultado quase inevitável da migração em massa de trabalhadores temporários através de culturas desconhecidas.

A migração interna na China é o maior processo migratório que o mundo já conheceu. Ela faz parte do desenvolvimento do sistema de mercado de trabalho global. Esses migrantes estão alterando o modo de organização e compensação do trabalho em todas as partes do mundo.

Os regimes emergentes de exportação de mão de obra

Uma antiga característica da globalização é que umas poucas economias de mercado emergentes, especialmente no Oriente Médio, se tornaram ímãs para a migração de outras partes do mundo. Em 2010, 90% da força de trabalho dos Emirados Árabes Unidos era estrangeira; no Qatar e no Kuwait, mais de 80%; e na Arábia Saudita, 50%. Em uma época de retração econômica, as autoridades instruíram as empresas a demitir primeiro os estrangeiros. No Bahrain, onde os estrangeiros retêm 80% dos empregos do setor privado, o governo cobra 200 dinares bareinitas (530 dólares) por um visto de trabalho e 10 dinares por mês para cada estrangeiro empregado. Desde 2009, permitiu que os estrangeiros largassem seu empregador-patrocinador, dando-lhes quatro semanas para encontrar um novo emprego antes de deixar Bahrain.

Essa forma da migração se espalhou, de modo que grupos dos países mais pobres podem ser encontrados trabalhando em desconforto e opressão em países localizados mais acima no espectro de renda. No processo, milhões de migrantes trabalhando em qualquer coisa, desde babás e lavadores de louça até encanadores e estivadores, estão enviando mais dinheiro para os países de baixa renda do que é enviado via ajuda oficial. O Banco Mundial estima que, em 2008, os trabalhadores estrangeiros enviaram 328 bilhões de dólares de países mais ricos para países mais pobres, três vezes mais do que todos os países da OCDE enviaram como ajuda. A Índia, sozinha, recebeu 52 bilhões de dólares de sua diáspora.

No entanto, um novo fenômeno está surgindo na forma de transferência em massa organizada de trabalhadores da China, Índia e outras economias de mercado asiáticas. Historicamente, esse tipo de prática era semelhante a um gotejamento, com governos e empresas enviando umas poucas pessoas para trabalhar no exterior por um curto período de tempo. No início da era da globalização, foi realizada muita exportação organizada de empregadas domésticas filipinas e trabalhadores similares, que geralmente tinham laços pessoais para garantir seu retorno. Hoje, nove milhões de filipinos trabalham no exterior, cerca de um décimo da população filipina; suas remessas constituem 10% do produto nacional bruto (PIB) do país. Outros países ficaram atentos.

Liderados pela China, os governos e suas principais empresas estão organizando a exportação sistemática de trabalhadores temporários às centenas de milhares. Esse "regime de exportação de mão de obra" está ajudando a transformar o mercado de trabalho global. Ele é feito pela Índia de diferentes maneiras. O resultado é que exércitos de trabalhadores estão sendo mobilizados e movimentados em todo o mundo.

A China se aproveitou de sua combinação de grandes corporações estatais com acesso ao capital financeiro e de uma enorme oferta de trabalhadores resignados a trabalhar por uma ninharia. A China está operando na África uma variante do Plano Marshall, adotado pelos Estados Unidos para ajudar a Europa Ocidental a se recuperar da devastação da Segunda Guerra Mundial. Pequim oferece empréstimos de baixo custo para os governos africanos construírem a infraestrutura necessária para as fábricas chinesas. Em seguida, importam trabalhadores chineses para fazer a maior parte do trabalho.

A China também tem conseguido contratos em outros lugares, utilizando seus próprios trabalhadores para fazer os trabalhos de construção, edificando usinas de energia, fábricas, ferrovias, estradas, linhas de metrô, centros de convenções e estádios. Até o final de 2008, segundo o Ministério do Comércio da China, 740 mil chineses foram empregados oficialmente no exterior, em países tão diversos como Angola, Indonésia, Irã e Uzbequistão. O número está crescendo. De acordo com Diao Chunhe, diretor da China International Contractors' Association, os gerentes de projetos chineses relatam que preferem os trabalhadores chineses porque eles são mais fáceis de gerenciar. Talvez assustar seja uma palavra melhor do que gerenciar.

Os corretores de trabalho chineses também estão prosperando. Após um acordo de 2007 entre os governos chinês e japonês, um grande número de jovens trabalhadores chineses foi induzido a pagar aos corretores grandes taxas e, uma vez transportados para o Japão, são obrigados a garantir pagamentos adicionais quando começarem a receber seus salários. Atraídos pela promessa de "aprender" habilidades em um regime aprovado por seu governo, os migrantes afiançados estão trabalhando em verdadeira escravidão no processamento de alimentos, na construção e nas firmas manufatureiras de vestuário e elétricas nas quais eles estão concentrados (TABUCHI, 2010). São forçados a trabalhar durante longas horas semanais por um salário abaixo do mínimo num país onde a sua presença é ressentida e onde não podem esperar nenhum apoio institucional diante de um desrespeito à legislação.

Muitos são isolados, acabando em regiões distantes, vivendo em dormitórios da companhia, proibidos de se afastarem demais de seus locais de trabalho, incapazes de falar japonês. A armadilha do trabalho forçado significa que eles temem ser enviados de volta antes de ganharem o suficiente para pagar as dívidas com os corretores, o que equivale a mais de um ano de salário. A menos que eles possam pagar, correm o risco de perder sua única posse, sua casa na China, muitas vezes apresentada como garantia quando morderam a isca. Embora alguns possam adquirir habilidades, a maioria está no precariado global, uma fonte de trabalho inseguro, que funciona como alavanca para padrões mais baixos.

O Japão não é um caso isolado. De todos os lugares, devido ao seu status de modelo para os social-democratas, a Suécia viu-se como o centro de atenção da crítica em meados de 2010, quando foi revelado que milhares de migrantes chineses, vietnamitas e bengalês haviam sido levados para lá, muitos com vistos de turista, para trabalhar nas florestas do norte do país, colhendo amoras brancas silvestres, mirtilos e amoras alpinas para o uso em cosméticos, xaropes medicinais e suplementos nutricionais. Os salários e as condições de trabalho para os colhedores são notoriamente ruins, e as firmas estavam usando contratantes para trazer asiáticos *en masse*. Verificou-se que eles estavam sendo amontoados em habitações precárias sem saneamento básico, sem agasalhos ou cobertores para enfrentar as noites geladas. Quando chegou ao ponto de alguns migrantes nem ao menos terem sido pagos, eles começaram a prender os chefes a fim de chamar atenção para a sua situação.

O Conselho de Migração Sueco reconheceu que havia emitido autorizações de trabalho para 4 mil asiáticos, mas afirmou que não podia acompanhar os abusos porque não tinha autoridade para isso. O Sindicato Municipal dos Trabalhadores, *Kommunal*, ganhou o direito de organizar os catadores, mas admitiu que não poderia chegar a um acordo com as empresas porque as agências de recrutamento estavam localizadas na Ásia. O governo assumiu uma posição semelhante (SALTMARSH, 2010). Um porta-voz do Ministério da Migração afirmou: "É difícil para o governo agir sobre contratos assinados no exterior". Ou será que eram apenas suecos de classe média querendo suas frutas silvestres?

Esses são conflitos em um quadro mais amplo. O regime de exportação de trabalho podia ser um prenúncio do sistema global de trabalho que estava por vir. Ele está levando a protestos e violência contra os trabalhadores chineses e a esforços de países como o Vietnã e a Índia para reformar as leis trabalhistas a fim de restringir o número daqueles trabalhadores. É difícil negar que os chineses estão tomando os empregos dos habitantes locais, não indo embora após o período contratual e isolando-se em enclaves similares às comunidades militares dos Estados Unidos em todo o mundo.

Embora o Vietnã proíba a importação de trabalhadores sem qualificações e exija que os contratantes estrangeiros contratem vietnamitas para os projetos de trabalhos civis, 35 mil trabalhadores chineses estão no país. Muitos estão enclausurados em dormitórios lúgubres nos locais onde as empresas chinesas ganharam contratos do governo (WONG, 2009), ignorando os regulamentos mediante o pagamento de subornos. Há povoações inteiras ocupadas por migrantes chineses. Em um local de construções no porto de Haiphong, brotou uma Chinatown, com complexos de dormitórios, restaurantes, salões de massagem e assim por diante. Um gerente de instalações resumiu: "Eu fui trazido para cá e estou cumprindo o meu dever patriótico". Os trabalhadores chineses são segregados por grupos profissionais, como soldadores, eletricistas e operadores de guindaste. Um poema na porta de um dos dormitórios diz: "Somos seres que flutuam ao redor do mundo. Encontramos uns aos outros, mas nunca chegamos realmente a conhecer uns aos outros". Dificilmente imaginaríamos uma mensagem mais comovente por parte do precariado global.

A raiva eclodiu em 2009, quando o governo vietnamita deu um contrato para a China Aluminium Corp explorar bauxita usando trabalhadores chineses. O general Vo Nguyen Giap, ícone da Guerra do Vietnã, com 98 anos de idade, enviou três cartas públicas aos líderes de partidos em protesto ao aumento da presença chinesa. Em resposta à agitação, o governo deteve os dissidentes, fechou os blogs que faziam críticas e ordenou aos jornais que parassem de comentar o uso da mão de obra chinesa. Também enrijeceu a emissão de vistos e as requisições de autorização de trabalho e, em um gesto populista, deportou 182 trabalhadores chineses de uma fábrica de cimento. Sua atitude, no entanto, não podia ser tão exaltada, pois ele também está construindo um regime de exportação de trabalho. Contando com 86 milhões de pessoas, o seu potencial para isso é grande. Meio milhão de vietnamitas já está trabalhando no exterior em catorze países, de acordo com a Confederação Geral do Trabalho vietnamita.

Quando Laos venceu sua candidatura para sediar os Jogos do Sudeste Asiático, a China se ofereceu para construir uma "piscina" fora da capital Vientiane, em troca de um contrato de arrendamento por 50 anos de 1.600 hectares de terra privilegiada, onde a Suzhou Industrial Park Overseas Investment Company da China desejava construir fábricas. Os protestos eclodiram quando se soube que a empresa estava levando 3 mil trabalhadores chineses para fazer o trabalho de construção. O tamanho do terreno arrendado foi, posteriormente, reduzido para 200 hectares. Mas a grana já tinha sido injetada.

Há um elemento mais sinistro nesse regime de exportação de trabalho. A China possui a maior população carcerária do mundo, estimada em cerca de 1,6 milhões em 2009. O governo permite que as firmas usem prisioneiros como trabalhadores em projetos de infraestrutura na África e na Ásia, como é exemplificado pelo uso de milhares de condenados no Sri Lanka (CHELLANEY, 2010). A China tem se estabelecido como a principal construtora de barragens do mundo, e sua especial força de trabalho precária tem sido parte desse empenho. Os presos são libertados em condicional para esses projetos e usados como trabalhadores de curto prazo, sem qualquer perspectiva de "carreira". Embora reduzam as chances de empregos que chegam aos moradores locais, eles sem dúvida são "mais fáceis de gerenciar".

A China está mudando seu regime de exportação de trabalho para a Europa. Na sequência da crise financeira, tirou vantagem de suas reservas cambiais para comprar ativos desvalorizados na periferia da Europa, concentrando-se em portos da Grécia, Itália e de outros países, e oferecendo bilhões de dólares para financiar infraestruturas públicas usando firmas e trabalhadores chineses. Em 2009, a China cobriu um lance das firmas europeias para construir uma rodovia na Polônia usando trabalhadores chineses e subsídios europeus.

A Índia também está se mudando para o grupo. Mais de cinco milhões de indianos estão trabalhando no exterior, 90% deles no Golfo Pérsico. Em 2010, o governo indiano anunciou planos para um "fundo de retorno e reassentamento" baseado em contribuições para os trabalhadores estrangeiros que forneceria benefícios na sua volta. Também foi estabelecido um Fundo da Comunidade Indiana para fornecer auxílio de emergência aos trabalhadores necessitados em dezessete países. Trata-se de um sistema de proteção social paralelo, um precedente perigoso. O fundo apoia medidas de bem-estar, incluindo alimento, abrigo, assistência de repatriação e socorro. Esses trabalhadores não estão entre os indianos mais pobres, mesmo que sejam explorados e oprimidos. O esquema é um subsídio para os trabalhadores de risco e para os países que os empregam. Ele reduz a pressão sobre os governos para fornecer proteção social aos migrantes, enquanto torna mais barato para as empresas usarem a mão de obra indiana. Quais seriam as consequências se muitos países seguissem o exemplo indiano?

A Índia negociou acordos de seguro social com a Suíça, Luxemburgo e os Países Baixos, e está em negociação com outras nações com uma grande força de trabalho imigrante indiana. Acordos cobrindo práticas de recrutamento, termos de emprego e bem-estar têm sido conseguidos com a Malásia, Bahrain e Qatar. Isso faz parte do processo de trabalho global. Parece repleto de perigos morais e imorais.

Os milhões de migrantes atraídos para os regimes de exportação de trabalho fazem parte da política externa e comercial. Eles reduzem os custos de produção e facilitam o fluxo de capital para seus países de origem, na forma de remessas. São uma fonte de mão de obra extremamente barata, que opera como um precariado colossal e conduz os mercados de trabalho do país anfitrião em direções semelhantes. Se isso é encontrado no Vietnã, Uganda, Laos, Suécia e outros países, devemos reconhecer que estamos vendo um fenômeno global que, de fato, está crescendo muito rapidamente. Os regimes de exportação de mão de obra estão aproveitando as condições de trabalho nos países receptores. Os migrantes estão sendo usados para acentuar o crescimento do precariado global.

Reflexões concludentes

Os migrantes são a infantaria ligeira do capitalismo global. Um vasto número deles compete entre si por empregos. A maioria tem de se acomodar em contratos de curto prazo, com baixos salários e poucos benefícios. O processo é sistêmico, não acidental. O mundo está ficando cheio de "habitantes".

A propagação do estado-nação fez com que "pertencer à comunidade em que se nasce não seja mais uma questão de trajetória e não pertencer não seja mais uma questão de escolha" (ARENDT, [1951] 1986, p. 286). Os migrantes de hoje raramente são apátridas num sentido *de jure*; não são expulsos da humanidade. Mas falta-lhes segurança e oportunidade para a filiação aos países para onde se mudam. Muitos não têm cidadania, são "habitantes" *de facto*, mesmo em seu próprio país, como na China.

Muitos migrantes são "convidados mal tolerados" (GIBNEY, 2009, p. 3). Alguns analistas (como SOYSAL, 1994) acreditam que as diferenças nos direitos dos cidadãos e não cidadãos têm diminuído, devido a normas de direitos humanos pós-nacionais. Porém, outros veem um fosso crescente entre os direitos legais formais e as práticas sociais (por exemplo, ZOLBERG,

1995). O que podemos dizer é que, em um sistema flexível aberto, são necessárias duas metas de seguridade para a realização dos direitos – a segurança de renda básica e segurança de expressão. Os "habitantes" não têm voz. Exceto quando estão desesperados, eles mantêm a cabeça baixa, na esperança de não serem notados enquanto cuidam da sua ocupação de sobrevivência diária. Os cidadãos têm a segurança inestimável de não estarem sujeitos à deportação ou ao exílio, embora mesmo assim tenha havido alguns deslizes preocupantes. Eles podem entrar e sair de seu país; os "habitantes" nunca têm certeza disso.

A combinação de um precariado formado por migrantes, um sistema de assistência social baseado em imposto e um sistema de tributação que coloca mais ênfase no imposto de renda incidente principalmente sobre as pessoas situadas em torno da renda média acentua a hostilidade contra os migrantes e os "estrangeiros". A estrutura que deixa os contribuintes com a sensação de que estão pagando as contas para os migrantes pobres significa que as tensões não podem ser descartadas como preconceito racial. Elas refletem o abandono do universalismo e da solidariedade social.

As tensões estão aumentando. De acordo com uma pesquisa de opinião pública feita em seis países europeus e nos Estados Unidos, em 2009, o Reino Unido era o mais hostil aos migrantes, pois cerca de 60% das pessoas acreditavam que eles tomavam os empregos dos nativos. Isso é comparado a 42% dos norte-americanos, 38% dos espanhóis, 23% dos italianos e 18% dos franceses. Nos Países Baixos, uma maioria acreditava que os migrantes aumentam a criminalidade. O Reino Unido teve o maior número de pessoas (44%) dizendo que os imigrantes *legais* não deviam ter direito igual aos benefícios, sendo seguido pela Alemanha, os Estados Unidos, o Canadá, os Países Baixos e a França. As pesquisas de 2010 mostraram um conjunto de atitudes ainda pior em todos os lugares.

Em países ricos da OCDE, a migração envolve uma armadilha de precariedade especial. Os salários reais e os empregos com potencial de carreira estão declinando, criando um efeito de frustração de status. Os que se tornam desempregados enfrentam a perspectiva de empregos que oferecem salários mais baixos e menos conteúdo profissional. É injusto criticá-los por se sentirem indignados ou se tornarem relutantes para desistir de habilidades e expectativas adquiridas há muito tempo. Entretanto, os migrantes vêm de lugares onde tinham renda e expectativas mais baixas, o que os torna mais preparados para aceitar empregos de tempo parcial, de curto prazo e profissionalmente restritivos. Os políticos fazem o jogo populista, colocando a culpa do resultado na preguiça dos moradores locais, justificando, assim, tanto controles mais rígidos sobre a migração quanto maiores cortes de benefícios para os desempregados. Isso demoniza dois grupos que agradarão a classe média, expondo os utilitaristas em sua forma mais oportunista. Não é a "preguiça" ou a migração que é culpada; é a natureza do mercado de trabalho flexível.

Mas, pelo contrário, no discurso público, os migrantes são cada vez mais apresentados como "sujos, perigosos e malditos". Eles "trazem" doenças e hábitos estranhos, são uma ameaça para os "nossos empregos e modo de vida", são "vítimas arruinadas" traficadas, prostitutas, ou tristes espetáculos da humanidade. O resultado dessas atitudes grosseiras é o estabelecimento de um maior número de guardas de fronteira e de condições mais duras para a entrada dos migrantes. Vemos esse endurecimento nos sistemas de pontos e nos frívolos testes de cidadania que estão sendo adotados em alguns países. Os traços de caráter duvidoso de uns poucos indivíduos são apresentados como tendências normais contra as quais o Estado deve tomar as precauções máximas. Cada vez mais, os migrantes são culpados até que possam provar a inocência.

No fundo, o que vem acontecendo é um aprofundamento da hostilidade atiçada por políticos populistas e dos temores de que a Grande Recessão esteja se transformando em declínio a longo prazo. Voltaremos a isso após considerarmos outro aspecto do precariado, a sua perda de controle do tempo.

Capítulo 5

Tarefa, trabalho e o arrocho do tempo

Não podemos compreender a crise da Transformação Global e a pressão que se desenvolve sobre o precariado sem entender o que a sociedade de mercado global está fazendo com a nossa percepção de tempo.

Historicamente, cada sistema de produção tinha como estrutura norteadora um conceito específico de tempo. Na sociedade agrária, a tarefa e o trabalho eram adaptados ao ritmo das estações e das condições climáticas. Qualquer ideia de um dia de trabalho normal de 10 ou 8 horas teria sido absurda. Não havia sentido em tentar arar a terra ou fazer a colheita sob uma chuva torrencial. O tempo podia não esperar pelo homem, mas o homem respeitava seus ritmos e variações espasmódicas. Isso ainda é o que acontece em grande parte do mundo.

No entanto, com a industrialização veio a regulamentação do tempo. O proletariado nascente foi disciplinado pelo relógio, como o historiador E. P. Thompson (1967) registrou de maneira tão elegante. Surgiu uma sociedade de mercado industrial nacional baseada na imposição do respeito ao tempo, ao calendário e ao relógio. Na literatura, essa maravilha foi capturada por Júlio Verne em *A volta ao mundo em oitenta dias*. A temporização presente nesse livro e a emoção que ele despertou entre os vitorianos nos anos 1870 não foram uma coincidência. Cinquenta anos antes, ele teria parecido um absurdo; cinquenta anos depois, não teria estimulado a imaginação por ser insuficientemente extravagante.

Com a transição das sociedades rurais para os mercados nacionais de base industrial, e desta para o sistema de mercado global voltado para os serviços, ocorreram duas mudanças no tempo. A primeira foi o crescente desrespeito pelo relógio biológico de 24 horas. No século

XIV, por exemplo, diferentes partes da Inglaterra funcionavam com variantes locais de tempo, adaptadas às ideias tradicionais da agricultura local. Passaram-se várias gerações antes que o Estado pudesse impor um padrão nacional. A falta de padronização ainda existe entre nós, visto que temos uma sociedade e uma economia globais, mas múltiplos fusos horários. Mao forçou toda a China a adotar o fuso de Pequim, como uma forma de construir o Estado. Outros países estão caminhando na mesma direção em nome da eficiência dos negócios. Na Rússia, o governo está planejando reduzir o número de fusos horários de onze para cinco.

Os fusos horários funcionam porque estamos naturalmente habituados à luz do dia e socialmente habituados ao conceito de dia de trabalho. O ritmo biológico está em harmonia com a luz do dia e a escuridão, quando o ser humano dorme e relaxa, recuperando-se das atividades do dia. Porém, a economia global não tem nenhum respeito pela psicologia humana. O mercado global é uma máquina que funciona no esquema 24/7; nunca dorme ou relaxa; não tem nenhum respeito pela luz do dia ou escuridão, pela noite e pelo dia. Horários predeterminados são um estorvo, um rigor desnecessário, uma barreira ao comércio e ao totem da época – a competitividade – e são contrárias ao ditame da flexibilidade. Se um país, empresa ou indivíduo não se adapta à cultura do tempo 24/7, haverá um preço a pagar. Não se trata mais de um caso de "Deus ajuda quem cedo madruga"; o ajudado, nesse caso, é o insone.

A segunda mudança diz respeito à forma como tratamos o tempo em si. A sociedade industrial deu início a um período único na história da humanidade, que não durou mais de uma centena de anos, de vida ordenada em blocos de tempo. As normas foram aceitas como legítimas pela maioria dos que viviam nas sociedades em industrialização e foram exportadas para todo o mundo. Elas eram uma marca da civilização.

O funcionamento da sociedade e da produção era baseado em blocos de tempo, junto com ideias de locais de trabalho e de moradia fixos. Durante a vida, as pessoas frequentavam a escola por um curto período, depois passavam a maior parte da vida trabalhando e depois, se tivessem sorte, tinham um curto perído de aposentadoria. Durante seus "anos de trabalho", acordavam de manhã, trabalhavam por 10 ou 12 horas, ou pelo tempo que estivesse estabelecido em seus contratos vagamente definidos, e depois iam para "casa". Havia "feriados", mas eles encolheram durante a industrialização e foram substituídos gradualmente por curtos blocos de férias. Embora os padrões variassem por classe e gênero, o importante é que o tempo era dividido em blocos. Para a maioria das pessoas, fazia sentido pensar que elas estariam em casa durante, digamos, 10 horas por dia, "no trabalho" por outras 10 horas, e o restante do tempo seria para a socialização. A separação de "local de trabalho" e "local de moradia" fazia sentido.

Tarefa, trabalho e diversão eram atividades distintas, levando-se em conta o momento em que eram desenvolvidas e onde as fronteiras de cada uma delas começavam e terminavam. Quando um homem – e era tipicamente um homem – saía de seu local de trabalho, onde normalmente era sujeito ao controle direto, sentia-se como se fosse seu próprio chefe, mesmo se estivesse exausto demais para tirar vantagem disso, salvo quando obrigado a suportar as exigências arbitrárias da família.

A economia, as estatísticas e a política social se configuraram como pano de fundo da sociedade industrial e da maneira de pensar induzida por ela. Percorremos um longo caminho a partir dela, mas ainda temos de ajustar as políticas e as instituições. Na era da globalização, surgiu um conjunto de normas informais que estão em conflito com as normas industriais relativas ao tempo, as quais ainda permeiam a análise social, a legislação e a elaboração de políticas. Por exemplo, as estatísticas gerais sobre trabalho produzem números harmoniosamente impressionantes que indicam que o adulto médio "trabalha 8,2 horas por dia" (ou qualquer que seja o número) durante cinco dias por semana, ou que a taxa de participação da força de trabalho é de 75%, dando a entender que três quartos da população adulta estão trabalhando oito horas por dia, em média.

Ao considerar como o precariado – e outros – aloca o tempo, tais números são inúteis e enganosos. Subjacente ao que vem a seguir está um apelo: precisamos desenvolver um conceito de "tempo terciário", uma maneira de olhar para a forma como alocamos o tempo que seja adequada para uma sociedade terciária, não para uma sociedade industrial ou agrária.

O que é trabalho?

Toda época tem suas peculiaridades sobre o que é e o que não é trabalho. O século XX foi tão tolo como qualquer outro antes dele. Para os antigos gregos, a tarefa era feita pelos escravos e pelos *banausoi*, os estrangeiros, não pelos cidadãos. Quem realizava tarefas tinha "garantia de vínculo", mas, no entender de Hannah Arendt (1958), isso era deplorável na visão grega, uma vez que apenas o homem inseguro era livre, um sentimento que o precariado moderno compreende.

Para recordar pontos levantados no capítulo 1, na Grécia antiga, o trabalho, como *praxis*, era realizado pelo seu valor de uso, com parentes e amigos ao redor da casa, cuidando dos outros – reproduzindo-os como capazes de serem eles próprios cidadãos. O trabalho consistia na construção de amizade cívica (*philia*). A diversão era necessária para o relaxamento, mas distintamente dela, os gregos tinham um conceito de *schole*, que tem um duplo sentido – isto é, ócio e aprendizagem – construído em torno da participação na vida da cidade (*polis*). O conhecimento vinha da deliberação, da quietude, bem como do envolvimento. Aristóteles acreditava que certa indolência (*aergia*) era necessária para o ócio adequado.

A cidadania era negada aos "habitantes", aos *banausoi* e aos *metecos*, porque se acreditava que eles não tinham tempo para participar na vida da *polis*. Não pretendemos defender um modelo social equivocado – considerando-se o tratamento dado pelos gregos aos escravos e às mulheres e sua distinção de tipos de trabalho adequados para os cidadãos –, mas a sua divisão do tempo em tarefa, trabalho, diversão e ócio é útil.

Depois dos gregos, os mercantilistas e os economistas políticos clássicos, como Adam Smith, fizeram uma confusão para decidir o que era tarefa produtiva, conforme discutido em outro livro (STANDING, 2009). Mas a tolice de decidir o que era trabalho e o que não era veio à tona no início do século XX, quando o trabalho de assitência foi relegado à irrelevância econômica. Arthur Pigou, o economista de Cambridge ([1952] 2002, p. 33), admitiu o absurdo quando brincou: "Assim, se um homem se casa com sua empregada ou cozinheira, o dividendo nacional é diminuído". Em outras palavras, o que era tarefa não dependia *do que* era feito, mas *para quem* era feito. Para a sociedade de mercado isso foi um triunfo sobre o senso comum.

Durante todo o século XX, a tarefa – trabalho com valor de troca – foi colocada num pedestal, enquanto todo trabalho que não era tarefa foi negligenciado. Desse modo, o trabalho realizado por sua utilidade intrínseca não aparecia nas estatísticas de emprego ou na retórica política. Para além do seu sexismo, trata-se de algo indefensável também por outras razões. Isso degrada e desvaloriza algumas das mais valiosas e necessárias atividades – a reprodução de nossas próprias capacidades, bem como das capacidades das gerações futuras e as atividades que preservam nossa existência social. Precisamos escapar da armadilha trabalhista. Nenhum grupo precisa que isso aconteça mais do que o precariado.

O local de trabalho terciário

Antes de continuar tratando do trabalho, precisamos destacar uma mudança histórica relacionada ao assunto. A clássica distinção entre casa e local de trabalho foi forjada na era industrial. Na sociedade industrial, quando os atuais regulamentos do mercado de trabalho, as leis trabalhistas e o sistema de seguridade social foram construídos, o local de trabalho fixo era a norma. Era para onde ia o proletariado no início da manhã ou em turnos – fábricas, minas, fazendas e estaleiros – e para onde ia a massa assalariada, um pouco mais tarde, no correr do dia. Esse modelo se desintegrou.

Como foi mencionado no capítulo 2, alguns analistas se referiram ao sistema produtivo atual como uma "fábrica social", para indicar que a tarefa é feita em todo lugar e que a disciplina ou controle sobre a tarefa são exercidos em qualquer lugar. Mas as políticas ainda são baseadas numa presunção de que faz sentido esboçar nítidas distinções entre casa e local de trabalho, e entre local de trabalho e espaços públicos. Em uma sociedade de mercado terciário, isso não faz sentido.

As discussões sobre o "equilíbrio entre vida e trabalho" também são artificiais. O lar já deixou de ser o lugar onde mora o coração, uma vez que uma quantidade cada vez maior de pessoas, principalmente do precariado, vive sozinha, com os pais ou com uma série de colegas ou parceiros de curto prazo. Uma parcela cada vez maior da população mundial considera seu lar como parte de seu local de trabalho. Apesar de ser menos notada, o que antes era a preservação da casa, hoje é feita nos locais de trabalho ou em volta deles.

Em muitos escritórios modernos, os funcionários aparecem no início da manhã usando roupas casuais ou esportivas, tomam banho e se arrumam durante a primeira hora "de trabalho". É o privilégio secreto dos assalariados. Eles mantêm roupas no escritório, têm lembranças da vida doméstica espalhadas ao seu redor e, em alguns casos, permitem que as crianças pequenas brinquem ali, "desde que não perturbem o papai ou a mamãe", o que, é claro, elas fazem. Na parte da tarde, depois do almoço, o assalariado pode tirar uma "soneca", considerada por muito tempo uma atividade doméstica. Ouvir música no iPod não é incomum para se distrair nas horas de trabalho.

Enquanto isso, mais trabalho ou tarefa são feitos fora do local de trabalho conceitual, em cafeterias, em carros e em casa. As técnicas de gestão evoluíram em paralelo, diminuindo a esfera da privacidade, alterando os sistemas de remuneração e assim por diante. O antigo modelo de saúde ocupacional e de normas de segurança se situa estranhamente nesse turvo cenário de trabalho terciário. Os assalariados privilegiados e os *proficians*, com seus equipamentos eletrônicos e conhecimentos especializados com os quais podem disfarçar o quanto de "trabalho" eles fazem, conseguem tirar proveito dessa situação confusa.

As pessoas mais próximas do precariado são induzidas a intensificar o seu esforço e as horas que passam no emprego, por medo de ficarem aquém das expectativas. Com efeito, o local de trabalho terciário intensifica uma forma de desigualdade, resultando em mais exploração do precariado e num abrandamento suave dos horários dos privilegiados, uma vez que eles aproveitam seus longos intervalos para almoço ou café, ou interagem em encontros informais realizados em hotéis construídos para essa finalidade. Os locais de trabalho e os locais de diversão se embaraçam numa névoa de álcool e café requentado.

Tempo terciário

Numa sociedade terciária aberta, o modelo industrial de tempo, juntamente com a administração do tempo burocrático em grandes fábricas e prédios de escritórios, fracassou. Não deveríamos lamentar seu desaparecimento, mas sim entender que o fracasso nos deixou sem uma estrutura de tempo estável. Com os serviços pessoais sendo mercadorizados, incluindo a maioria das formas de cuidado, estamos perdendo um senso de distinção entre as várias atividades realizadas pela maioria das pessoas.

Nisso, o precariado corre o risco de estar numa rotação permanente, forçado a fazer malabarismos de demandas em tempo limitado. Ele não está sozinho. Mas sua dificuldade é particularmente estressante, e pode ser resumida como uma perda de *controle* sobre o conhecimento, a ética e o tempo.

Até agora, não conseguimos cristalizar uma ideia de "tempo terciário". Mas ela está chegando. Um de seus aspectos é a indivisibilidade dos usos do tempo. A ideia de fazer certa atividade em certo espaço de tempo delimitável é cada vez menos aplicável. Isso se combina com a erosão do local fixo de trabalho e a divisão de atividades com base no lugar onde elas são feitas. Grande parte do que é considerado atividade doméstica é feita por algumas pessoas nos escritórios e vice-versa.

Consideremos o tempo a partir das demandas colocadas sobre ele. Sua apresentação padrão em compêndios de economia, relatórios governamentais, meios de comunicação de massa e legislação é dualista, dividindo o tempo entre "trabalho" e "ócio". Quando se referem ao trabalho, querem dizer emprego, aquela parte do trabalho que é contratada ou diretamente remunerada. Mas é um equívoco usar isso como meio de medir o tempo dedicado ao trabalho, mesmo o trabalho necessário para se ganhar dinheiro, sem falar nas formas que não têm ligação direta com a emprego. O outro lado do dualismo, o ócio, é igualmente equivocado. Nossos ancestrais gregos teriam feito um escárnio disso.

Intensificação da tarefa

Uma característica da sociedade terciária e da existência precariada é a pressão para estar atarefado o tempo inteiro. O precariado pode assumir vários empregos ao mesmo tempo, em parte porque os salários estão caindo, em parte por manutenção de seguro ou prevenção de riscos.

As mulheres, defrontadas com um fardo triplo, estão sendo atraídas para um quádruplo, o de ter que cuidar dos filhos, cuidar de parentes idosos e trabalhar talvez não em um, mas em dois empregos. Basta recordar que mais mulheres nos Estados Unidos estão trabalhando em mais de um emprego de tempo parcial. No Japão também, tanto mulheres como homens estão cada vez mais imersos em múltiplos empregos, combinando o que parece ser empregos de tempo integral com empregos informais colaterais que podem ser frequentados fora do horário do escritório ou em casa. Estes podem chegar a oito ou dez horas diárias somadas a uma jornada regular de oito horas diárias. Uma mulher nessa posição disse ao *New York Times* que se tratava de uma apólice de seguro como qualquer outra coisa (REIDY, 2010): "Não é que eu odeie o meu emprego principal. Mas eu quero ter uma renda estável sem ser totalmente dependente da companhia".

Uma pesquisa japonesa realizada em 2010 descobriu que 17% dos homens e mulheres empregados com idade entre 20 e 50 anos tinham alguma forma de emprego paralelo, e outra pesquisa revelou que quase metade dos empregados se disse interessada em ter um emprego paralelo. As principais razões apresentadas eram o desejo de ajustar a renda e moderar os riscos – isto é, manutenção de empregos com o intuito de gerenciar o risco em vez de construir carreira, na ausência de benefícios do Estado. As pessoas estão trabalhando mais porque as compensações de qualquer emprego são baixas e arriscadas.

A tarefa excessiva faz mal à saúde. Um estudo de longa duração realizado com 10 mil funcionários públicos do Reino Unido estimou que quem trabalha três ou mais horas extras por dia tinha 60% mais chance de desenvolver problemas cardíacos do que quem trabalhava uma carga diária de sete horas (VIRTANEN *et al.*, 2010). As longas horas trabalhadas também aumentam os riscos de estresse, depressão e diabetes; o estresse leva ao isolamento social, a problemas matrimoniais e sexuais e a um ciclo de desespero.

Outro estudo se referiu ao fato de algumas pessoas se "empanturrarem de trabalho" (WORKING FAMILIES, 2005). A Diretiva Europeia de Tempo de Trabalho especifica um máximo de trabalho semanal de 48 horas. Mas no Reino Unido, além daqueles que fazem isso ocasionalmente, mais de um milhão de pessoas frequentemente trabalham em seus empregos por mais de 48 horas semanais, e 600 mil trabalham por mais de 60 horas semanais, de acordo com o Departamento de Estatística Nacional. Outros 15% trabalham em horas consideradas "antissociais".

A intensificação da tarefa através da insegurança pode não ser exigida pelos empregadores, mas meramente encorajada por eles. O mais provável é que essa intensificação se deva às inseguranças e pressões inerentes a uma sociedade terciária flexível. Os estrategistas políticos deveriam se perguntar se essa intensificação da tarefa é socialmente saudável, necessária ou inevitável. Isso não é um apelo por regulamentações; é uma convocação para avaliar incentivos que levem à conquista de maior controle do tempo.

Trabalho por tarefa

Não é como se toda tarefa que as pessoas fazem signifique trabalho. Para que o tempo funcione bem numa sociedade terciária de emprego flexível, ele precisa ser mais usado no "trabalho por tarefa", isto é, trabalho que não tem valor de troca, mas que é necessário ou aconselhável.

Uma das formas de trabalho por tarefa realizado pelo precariado em grande medida está no mercado de trabalho. Alguém que subsiste por meio de empregos temporários precisa passar muito tempo procurando empregos e lidando com a burocracia estatal ou, cada vez mais, com seus substitutos comerciais privados. Como os sistemas de benefícios sociais são reestruturados de forma a forçar os reclamantes a passarem por procedimentos cada vez mais complexos para ganhar e manter o direito a benefícios modestos, as exigências sobre o tempo do precariado são grandes e repletas de tensão. Entrar em fila, trocar de fila, preencher formulários, responder a perguntas, responder a mais perguntas, obter certificados para provar uma coisa ou outra, tudo isso é tempo dolorosamente consumido, ainda que geralmente ignorado. Um mercado de trabalho flexível que torna a mobilidade do trabalho a principal característica do modo de vida, e que cria uma teia de perigos morais e imorais no turbilhão de regras para determinar o direito ao benefício, obriga o precariado a usar o tempo de maneiras que estão fadadas a enfraquecer as pessoas e a torná-las menos capazes de realizar outras atividades.

Outros tipos de trabalho por tarefa são complementares à tarefa que uma pessoa faz em um emprego, tais como estabelecer redes de contatos fora do horário de expediente, as viagens a trabalho ou a leitura de relatórios empresariais ou organizacionais "em casa", "à noite" ou no "fim de semana". Tudo isso é muito familiar; ainda que não tenhamos ideia de sua extensão por meio de estatísticas nacionais ou indicadores de "trabalho" ou "tarefa" repetidos na mídia. Porém, há muito mais fatores conectados à tentativa de funcionar em uma sociedade de mercado. Por exemplo, certos trabalhos por tarefa são "trabalho por seguro", que aumentarão com a disseminação da insegurança social, econômica e profissional. Algumas são justificadas pela ideia de "manter opções em aberto". Outras são estratégicas, cultivando a boa vontade e tentando se antecipar à má vontade.

Alguns são o que pode ser chamado de "treinamento por tarefa". Um consultor de gestão disse ao *Financial Times* (RIGBY, 2010) que, como as habilidades têm uma expectativa de vida cada vez mais curta, as pessoas deveriam dedicar 15% do seu tempo a cada ano para o treinamento. Presumivelmente, a quantidade de tempo vai depender da idade da pessoa, da experiência e da sua posição no mercado de trabalho. Uma pessoa que faça parte do precariado, principalmente se for jovem, seria aconselhada a passar mais tempo em tal treinamento, mesmo que fosse apenas para ampliar ou manter opções.

Habilidade terciária

Em sociedades em que a maioria das atividades econômicas consiste na manipulação de ideias, símbolos e serviços feitos para as pessoas, as tarefas e os processos mecânicos têm sua importância diminuída. Isso coloca as noções técnicas de "habilidade" em desordem. Numa sociedade terciária, a habilidade consiste mais em "linguagem corporal" e "trabalho emocional", bem como em habilidades formais aprendidas através de anos de estudo ou programas formais de qualificações ou de aprendizagem de um ofício.

O precariado normalmente tem um retorno esperado menor do que o investimento em qualquer esfera específica de treinamento, enquanto que o custo para adquiri-lo consumiu uma parcela maior da renda real ou potencial ou das economias. Um assalariado ou *profic900* terá uma trajetória mais clara de uma carreira – e, portanto, pode esperar um retorno econômico para esse treinamento – e um maior entendimento das coisas com que não precisa se preocupar. O fato de o trabalho ser mais flexível e inseguro tem como resultado perverso a diminuição do retorno *médio* do treinamento que a pessoa determinou para si.

Uma forma crescente de treinamento por tarefa é o treinamento ético. Médicos, arquitetos, contadores e algumas outras profissões têm de dedicar tempo para aprender o que é considerado um comportamento ético correto em seus círculos profissionais. Esse tipo de treinamento se ampliará para outras profissões e pode até mesmo se tornar obrigatório, ou parte de um sistema de credenciamento global, o que seria um avanço desejável.

Mais relevante para o precariado é a crescente necessidade de formas de treinamento *por* tarefa (em vez de treinamento *em* tarefa), tais como desenvolvimento da personalidade, empregabilidade, redes de contatos e a habilidade de juntar informações para manter a familiaridade com o pensamento atual sobre uma série de assuntos. Aquele consultor de gerenciamento que recomendou "Passe mais de 15% do seu tempo aprendendo sobre campos adjacentes aos seus" também acrescentou "Reescreva seu currículo todos os anos". Trabalhar nesses currículos fabricados, no esforço desanimador de impressionar, para vender a sua imagem e para cobrir o máximo de bases possíveis, toma uma grande quantidade de tempo. É desumanizador tentar demonstrar individualidade enquanto é preciso agir de acordo com uma rotina padronizada e uma forma de comportamento. Quando o precariado vai protestar?

O desgaste do local de trabalho da era industrial como lugar da "relação de trabalho padrão" revela questões sensíveis de disciplina, controle, privacidade, garantia de saúde e segurança, e a conveniência das instituições de negociação. Porém, um ponto fundamental sobre a dissolução do modelo industrial é a crescente imprecisão da ideia de "habilidade". Diversos analistas usam o termo com despreocupação, muitas vezes para dizer que há uma "falta de competências". Em uma sociedade terciária, tais declarações são inúteis. Há sempre uma escassez de habilidades, na medida em que não se pode ver um limite para as potenciais competências humanas. No entanto, nenhum país do mundo tem uma medida do estoque das competências de sua população, e os indicadores gerais, como anos de escolaridade, deveriam ser considerados como calamitosamente inadequados. Será que um jardineiro ou encanador não é qualificado porque não tem o ensino secundário ou superior? As habilidades necessárias para sobreviver em um mundo precariado não são apreendidas durante anos de escolaridade formal.

De certa forma, pode-se afirmar o contrário – que a sociedade de mercado moderna tem um "excesso de competências", no sentido de que milhões de pessoas têm um conjunto de habilidades que elas não têm oportunidade de exercer ou refinar. Uma pesquisa britânica descobriu que quase dois milhões de trabalhadores eram "incompatíveis", ou seja, tinham habilidades que não correspondiam aos seus postos de trabalho. Mas isso é apenas uma pequena parte do problema; um vasto número de pessoas tem qualificações e diplomas que não usam e que enferrujam em seus armários mentais.

Durante anos houve um debate em publicações de economia e de desenvolvimento sobre o "desemprego voluntário". Grande parte do desemprego foi considerada voluntária porque muitos dos desempregados tinham mais escolaridade do que quem estava empregado. Acreditava-se que a escolaridade produz capital humano, o que supostamente tornaria as pessoas mais empregáveis. Se os detentores de capital humano estavam desempregados, só podia ser porque escolheram ser preguiçosos, esperando por um emprego de alto nível. Embora uns poucos tenham correspondido a esse estereótipo, a simplificação era um equívoco. Na verdade, a escolaridade pode bloquear o desenvolvimento de habilidades necessárias para sobreviver em um sistema econômico precário. Ser "vivido" é uma habilidade, assim como o é a capacidade de estabelecer uma rede de contatos, a habilidade de ganhar confiança e de desenvolver favores, e assim por diante. Trata-se de habilidades do precariado.

As habilidades exigidas numa sociedade terciária também incluem a habilidade de limitar a autoexploração a um nível ótimo e sustentável. Por exemplo, a reunião e a análise de informações on-line (para qualquer fim), que envolve pesquisa, download de arquivos, comparação e envio de e-mails, pode ser infinitamente demorada. O processo é viciante, mas induz ao desgaste e à exaustão. A habilidade surge na autodisciplina, na capacidade de limitar a atividade para o envolvimento sustentável. Concentrar-se na tela durante horas a fio é uma receita para o déficit de atenção – a incapacidade de se concentrar e lidar com tarefas e problemas complexos.

Outro leque de habilidades numa sociedade terciária é composto pelas habilidades de conduta pessoal, protegidas pelo que alguns sociólogos chamam de "trabalho emocional". A habilidade de ter boa aparência, de produzir um sorriso vencedor, um gracejo oportuno, uma saudação alegre de "bom dia", todas essas coisas se tornam habilidades em um sistema de serviços pessoais. Pode haver uma correlação entre elas, a escolaridade e a renda, na medida em que as pessoas oriundas de famílias ricas tendem a desenvolver habilidades atraentes mais refinadas e também a obter maior escolaridade. Mas não é a escolaridade que fornece as habilidades. Em muitos países, os ganhos relativos das mulheres têm aumentado, o que é geralmente atribuído a sua maior escolaridade, a medidas antidiscriminação e a mudanças no tipo de trabalho que elas fazem. Mas o sexismo reverso, certamente, tem desempenhado um papel. Os clientes gostam de rostos bonitos; os patrões os adoram. Podemos lamentar esse fato, mas negá-lo é difícil. Além disso, os jovens de boa aparência terão uma vantagem sobre as pessoas de meia idade menos atraentes.

Não surpreende que o tratamento de "embelezamento" esteja crescendo. As pessoas que vivem no precariado, ou com medo de estarem nele, sabem que uma "empinadinha no nariz", o aumento dos seios, o botox ou a lipoaspiração são, potencialmente, um investimento de geração de renda, bem como de melhoria do estilo de vida. A fronteira entre o "consumo" pessoal e o "investimento" é indistinta. Juventude e beleza são, até certo ponto, adquiridas ou readquiridas. Não se deve descartar isso como puro narcisismo ou vaidade. Se os lucros mercadorizados favorecem um clima de "competição", a adaptação comportamental e estética é racional. No entanto, tal "habilidade" é insegura. A boa aparência desaparece e é mais difícil de recriar. Os maneirismos atraentes podem se tornar cansativos e sem graça.

Se um jovem aprendesse uma profissão na era industrial, ele poderia ter a razoável confiança de que as habilidades lhe dariam um retorno ao longo de décadas, talvez para toda uma vida de geração de renda. Na ausência de tal estabilidade, tomar decisões sobre o uso do tempo fora de um emprego envolve um conjunto muito mais arriscado de decisões. Para o precariado, isso é mais parecido com uma loteria que produz tanto perdedores quanto uns poucos vencedores. Quem faz um curso de treinamento ou um curso universitário não sabe se terá algum retorno, ao contrário de alguém que já está no meio assalariado e que faz um curso como parte de uma carreira bem mapeada. O problema é agravado pelo provável aumento no efeito de frustração de status, devido à falta de oportunidade para usarmos as habilidades que possuímos.

Será que devo passar um tempo aprendendo isso? Será útil? Como gastei muito tempo e dinheiro fazendo isso no ano passado e não deu em nada, será que devo me preocupar de novo? Como aquilo que aprendi no ano passado está obsoleto agora, vale a pena repetir o mesmo custo e experiência estressante de fazer outro curso? Perguntas desse tipo fazem parte da sociedade terciária caracterizada pela manutenção do emprego.

A insegurança é maior com certas habilidades profissionais. Podem-se passar anos adquirindo qualificações e, em seguida, descobrir que elas se tornaram obsoletas ou insuficientes. Uma aceleração da obsolescência profissional afeta muitos que estão no precariado. Há um paradoxo: quanto mais qualificado o trabalho, maior a probabilidade de haver aperfeiçoamentos que exigem "reciclagem". Em outras palavras: quanto mais treinado você for, maior a probabilidade de que você se torne inábil na sua esfera de competência. Talvez o termo "desqualificado" fosse uma maneira de descrever o que acontece. Isso dá uma estranha dimensão de tempo à ideia de habilidade. Não é apenas um caso de você ser tão bom hoje quanto era ontem, mas de você ser tão bom agora quanto deve ser amanhã. A reação comportamental à insegurança de habilidade pode ser um frenesi de investimento no uso do tempo para o aperfeiçoamento ou pode ser uma paralisia da vontade, uma inatividade decorrente de uma crença de que qualquer curso teria um retorno bastante incerto. Os analistas que exigem sem parar mais treinamento e lamentam a falta de habilidades contribuem apenas para uma crise existencial. Isso não é um clima social favorável ao desenvolvimento de capacidades; é um clima de constante insatisfação e estresse.

Trabalho para reprodução

Há muitas outras formas de trabalho por tarefa, algumas complementares à tarefa contratada, algumas obrigatórias como parte da relação de emprego. Também há um crescimento do "trabalho para reprodução". A ideia tem uma dupla conotação. A principal delas é uma série vagamente definida de atividades que as pessoas devem realizar, ou sentir que deveriam realizar, a fim de manter suas capacidades de funcionar e de viver da melhor forma possível, dadas as circunstâncias. Essas atividades deveriam ser separadas do "trabalho por tarefa". Entre as mais desafiadoras está o trabalho de gestão financeira. Os assalariados e os *proficians* podem pagar contadores e contar com serviços bancários de aconselhamento e assistência. Se há um custo, ele será modesto em relação aos seus rendimentos e aos benefícios obtidos com ajuda profissional.

Os rendimentos flutuantes do précariado podem criar dificuldades mais sérias, já que a disponibilidade de aconselhamento financeiro é mais limitada e custa mais do que os rendimentos. Muitos seguirão por conta própria, incapazes ou relutantes em comprar os serviços de que precisam. Alguns serão obrigados a passar mais tempo se preocupando com isso e lidando com a administração de sua renda e de assuntos financeiros. Outros responderão evitando completamente o trabalho. Uma pesquisa do Reino Unido sugeriu que nove milhões de adultos eram "financeirofóbicos", assustados com a aparente complexidade de tomar decisões racionais sobre a gestão do dinheiro. Em uma sociedade terciária, a fobia financeira pode fazer a diferença entre o conforto modesto e a miséria, particularmente em momentos de estresse financeiro. O custo não é suportado aleatoriamente por todos os segmentos da população. É uma forma oculta de desigualdade sentida pelo precariado de maneira adversa.

O precariado também está em desvantagem na esfera do conhecimento legal que se torna cada vez mais significativo. Uma sociedade de estranhos se baseia em contratos; há regulamentos obrigatórios infiltrados em todas as fissuras da vida. Para desempenhar a função de cidadão numa sociedade regida por leis e regulamentos complexos, precisamos conhecer as leis e ser capazes de acessar fontes confiáveis de conhecimento e de aconselhamento. Por mais que pouquíssimas pessoas hoje em dia conheçam todos os aspectos da lei que pode lhes ser aplicada, o precariado é especialmente desfavorecido nesse respeito. Os assalariados e os *proficians* têm vantagens de posicionamento que se traduzem em vantagens econômicas. O precariado é susceptível a ser mais ignorante, mas também é provável que seja mais limitado pela ignorância, por exemplo, na criação de um pequeno negócio.

Outra forma de trabalho para reprodução está ligada ao consumo. O autosserviço cresce rapidamente. Os empregos estão sendo terceirizados para os clientes, e as pessoas são instadas a usar sites na internet em vez de canais diretos de comunicação, e terminais de pagamento automático em vez de caixas registradoras operadas por seres humanos. O varejo, os serviços de hotelaria, turismo e restaurantes e as firmas de assistência médica têm gasto bilhões de dólares em tecnologia de autosserviço e o investimento está crescendo 15% ao ano. A justificativa das empresas é o "prazer da autonomia dos clientes"; na realidade, trata-se de uma transformação da tarefa em trabalho. Pigou teria visto a ironia: a renda nacional e os empregos caem, o trabalho sobe!

O tempo dedicado ao trabalho para reprodução, ou ao cuidado, é difícil de ser medido porque abarca inúmeras atividades e tende a se expandir para preencher o tempo disponível. É uma esfera de utilização do tempo sujeita a pressões conflitantes. Em muitas sociedades, cuidar das crianças passou a exigir mais tempo e se tornou uma atividade mais comercializada através de cuidados pagos. De acordo com uma pesquisa de 2009 feita pelo National Children's Bureau do Reino Unido, mais de metade de todos os pais achava o ritmo de vida muito agitado para dedicar tempo suficiente para brincar com os filhos (ASTHANA; SLATER, 2010). Longas horas de trabalho, percursos prolongados e "compromissos inevitáveis", além do excesso de tarefas caseiras, deixaram milhões de pessoas frustradas. Uma pesquisa nos Estados Unidos revelou que três quartos dos pais americanos sentiam que não tinham tempo suficiente para passar com seus filhos. Talvez isso reflita a pressão social sobre as pessoas para que sempre sintam que devem fazer *mais*. Porém, se os filhos são privados de cuidados devido às exigências de tarefas ou outros trabalhos, dentro de pouco tempo os custos podem incluir filhos crescendo sem os valores de socialização que decorrem da transferência intergeracional do conhecimento, da experiência e da simples intimidade.

No outro extremo do espectro da idade, com mais pessoas vivendo nos seus 70, 80 e 90 anos, o cuidado com os idosos passou a ocupar maior parte do tempo. Até certo ponto ele está sendo mercadorizado através de serviços comercializados, casas de saúde e assim por diante, juntamente com um enfraquecimento das reciprocidades e responsabilidades entre gerações. No entanto, muitas pessoas têm de dedicar um tempo considerável aos cuidados de outras pessoas em suas vidas. Muitas pessoas gostariam de fazer mais do que podem, mas são impossibilitadas por outras coisas que exigem tempo.

Enquanto as mulheres continuam a suportar a maior parte do peso, muitas vezes sendo pressionadas para estarem disponíveis em cima da hora, os homens também estão sendo atraídos para fazer mais trabalhos de assistência. Ainda que alguns analistas neguem esse tipo de trabalho, para a maioria das pessoas ele é uma obrigação com valor econômico em termos de custo de oportunidade, em termos de reprodução das capacidades do receptor e em termos de redução do custo para a economia que surgiria se a responsabilidade caísse inteiramente sobre o Estado ou se a negligência levasse a custos com assistência médica a longo prazo.

Os membros do precariado podem ser pressionados para realizar mais trabalhos de assistência do que gostariam, por causa de uma ideia de que eles têm mais "tempo disponível" e porque podem precisar manter a benevolência daqueles que estão ao seu redor caso precisem de auxílio financeiro ou de outro tipo de assistência. Mais uma vez, eles não têm controle do próprio tempo. Devem se adaptar a uma atmosfera de insegurança personalizada.

Há outra esfera do trabalho para reprodução que se expandiu no final do século XIX em uma época de crise transformativa e, novamente, na era da globalização. As pessoas estão sendo incentivadas a procurar aconselhamento para combater suas ansiedades e indisposições, e a recorrer à terapia, particularmente à terapia cognitivo-comportamental, para lidar com o estresse e as tensões de suas vidas inseguras.

Os membros do precariado enfrentam um dilema. Se estão incertos sobre o que deveriam fazer, logo serão pressionados para receber aconselhamento, inclusive "treinamento de empregabilidade". Essas pessoas podem ser descritas como anormais por não saber o que fazer ou não serem capazes de se "estabelecer" em um emprego estável, ou podem ser rotuladas como "praticamente inempregáveis". Os epítetos são por demais familiares, reproduzidos em abundância pela mídia, por novelas na televisão e pelos políticos. Eles são consistentes com um modelo em que a ênfase é colocada na mudança de personalidade e do comportamento das pessoas, e não na facilitação da diversidade de estilo de vida.

Todas essas coisas que demandam tempo – tarefa, trabalho por tarefa, trabalho para reprodução – são estressantes em si mesmas. Elas exigem diligência e esforço sem um fim específico em vista. Grande parte dessas tarefas e trabalho é feita em circunstâncias inseguras, com um retorno econômico incerto e um alto custo de oportunidade, simplesmente porque a necessidade de dinheiro é grande.

Entre as reações, pode haver um frenesi de atividades que ocupam todas as horas disponíveis quase todos os dias, podendo levar ao esgotamento e à ansiedade, bem como à superficialidade. As incertezas também podem se provar esmagadoras, induzindo paralisia mental e torpor autodestrutivo. Provavelmente, a consequência mais comum é a sensação de estar sob pressão e de dedicar mais tempo do que seria desejável ao trabalho, nas suas várias formas.

Um dos resultados seria a eliminação de atividades que têm valor social ou pessoal, tal como o tempo passado com a família. Não há nada de novo nesse múltiplo uso do tempo. O que é novo é que ele se tornou a regra. É um reflexo dos desenvolvimentos tecnológicos, da abundância, da comercialização da vida e da desintegração de uma existência em espaços fixados para funções específicas.

Há muita conversa sobre a "multitarefa", a capacidade de fazer várias atividades no mesmo período. De acordo com a sabedoria popular, as mulheres são melhores em multitarefas do que os homens, embora isso seja dito mais por ironia, posto que as mulheres são obrigadas a realizar várias atividades de emprego e trabalho ao mesmo tempo e, por isso, podem ter aprendido melhor a como "se virar" ou tomar decisões "satisfatórias" (boas o suficiente) com mais facilidade. O neologismo mais recente é a "multimultitarefa". A expressão que está por traz disso é a seguinte: Como fazer mais com menos! A pesquisa mostra que as pessoas que realizam multitarefas em excesso têm mais dificuldade para se concentrar e afastar as informações perturbadoras. Além do mais, quando as pessoas são forçadas a pensar seriamente acerca de alguma coisa, lembram-se melhor dela. Mas com a multitarefa é impossível pensar muito sobre qualquer coisa. Os membros do precariado têm um problema adicional: eles não controlam o próprio tempo e sabem disso.

Juventude e "conectividade"

Para alguns ativistas, a "conectividade" da internet e da mídia social é uma característica definidora do precariado. A juventude de hoje é conectada de maneiras que as gerações anteriores jamais imaginariam, e tem um estilo de vida correspondente. Os jovens em particular estão conectados o tempo inteiro, sempre ligados, mas todos nós também estamos, e usamos cada vez mais tempo para fazer e manter uma quantidade cada vez maior de conexões. A quietude e o silêncio estão em perigo. A conectividade preenche cada espaço no tempo.

Em 2010 já havia mais de meio bilhão de usuários do Facebook. Mais da metade acessava a página todos os dias; 700 bilhões de minutos por mês estavam sendo gastos, globalmente, no Facebook. O Twitter tinha 175 milhões de usuários registrados, com 95 milhões de tweets por dia. Havia mais de cinco bilhões de assinaturas de telefonia móvel no mundo, e em alguns países essas assinaturas excediam 100% da população. Nos Estados Unidos, cerca de um terço dos adolescentes envia mais de 100 mensagens de texto por dia.

O debate sobre o equilíbrio das boas e más consequências vai se alastrar por anos, provavelmente sem conclusão. No entanto, é importante destacar várias preocupações. A mais discutida é uma "síndrome de déficit de atenção coletiva". A conectividade constante fortalece os laços fracos e enfraquece os laços fortes. O sinal de uma chamada ou de uma mensagem interrompe conversas pessoais ou outras atividades. Verificar e responder e-mails interrompe períodos de concentração. O Facebook e outras mídias sociais que ligam as pessoas a "amigos" que nunca conheceram são uma incursão na vida real. A inquietação é promovida enquanto traços de paciência e determinação são corroídos.

Passar uma grande quantidade de tempo on-line se tornou parte da existência do precariado. E a pesquisa mostra que isso pode ter um efeito depressivo, já que a rede social está substituindo a real interação com as pessoas. No Reino Unido, o número de pessoas viciadas em internet é o dobro do número de pessoas viciadas em formas convencionais de jogo. A juventude é mais vulnerável, a idade média de vício é de 21 anos, de acordo com uma pesquisa feita por Catriona Morrison (2010). Como concluiu a autora, "a internet é como uma droga para algumas pessoas: ela as conforta, as mantém calmas. As pessoas viciadas podem ter sua capacidade de desempenho no trabalho prejudicada, ou elas podem estar deixando de cumprir tarefas para poderem permanecer conectadas".

A conectividade constante pode produzir uma mente precarizada; além disso, como o precariado não tem controle do próprio tempo ou um cronograma regular, a mente das pessoas é mais vulnerável às distrações e vícios do mundo conectado. Não há nada de errado com a conectividade; é o contexto que importa.

O arrocho do ócio

O crescimento da tarefa, do trabalho por tarefa e do trabalho para reprodução também consome o ócio. A falta de respeito pelo ócio e pela "indolência" reprodutiva e produtiva é um dos piores resultados da sociedade de mercado mercadorizada. Quem experimenta tarefa e trabalho intensos descobre que mente e corpo estão "exaustos" e têm pouca energia ou inclinação para fazer qualquer coisa que não seja entregar-se à "diversão" passiva. As pessoas que estão exaustas querem relaxar na "diversão", muitas vezes assistindo a uma tela ou conduzindo um diálogo com uma série de telas. É claro que todos nós precisamos nos "divertir" de alguma maneira. Mas se a tarefa e o trabalho são tão intensos, pode ser que não tenhamos nenhuma energia ou disposição para participar em atividades de ócio mais ativas.

Mark Aguiar e Erik Hurst (2009) avaliaram que, apesar do aumento do envolvimento feminino na força de trabalho, as norte-americanas têm quatro horas a mais de ócio por semana do que tinham em 1965; os homens têm seis horas a mais. Mas o ócio não é a mesma coisa que o tempo em que não se participa do trabalho remunerado. Apesar de outros grupos sociais enfrentarem pressões, o precariado precisa realizar uma grande quantidade de trabalho por tarefa e outros trabalhos para sobreviver ou atuar nos degraus mais baixos do mercado.

O verdadeiro ócio enfrenta um arrocho triplo. Uma das formas de ócio é a participação na atividade artística e cultural, uma atividade que exige tempo. Para apreciar a boa música, o teatro, a arte e a grande literatura, e para aprender sobre a nossa história e a da comunidade em que vivemos, precisamos do que na linguagem popular é chamado de "tempo de qualidade", ou seja, o tempo em que não estamos distraídos, nervosos pela insegurança ou cansados das tarefas e do trabalho, ou pela falta de sono induzida por eles. Um resultado disso é um déficit de ócio. O tempo é percebido como indisponível. Os membros do precariado se sentem culpados por dedicarem tempo a tais atividades, pensando que deveriam estar usando seu tempo na rede de contatos ou para atualizar constantemente seu "capital humano", como todos os analistas estão estimulando.

Onde estão os incentivos para se dedicar tempo ao ócio? A mensagem tem uma importância ainda mais profunda nas universidades. Quando os governos tornam as universidades e faculdades mais "comerciais" e as obrigam a gerar lucros, eles normalmente olham para as zonas culturais onde não há nenhuma perspectiva de lucro. Em 2010, a University of Middlesex, no Reino Unido, anunciou que fecharia seu departamento de filosofia. Uma universidade sem um departamento de filosofia atingiria todos os grandes educadores como um contrassenso.

Ainda mais desanimadora é a exclusão do que os antigos gregos consideravam como o verdadeiro ócio, a *schole*, a participação na vida pública, a esfera do cidadão. Os membros do precariado – e eles não estão sozinhos – são isolados da vida política. Eles podem se revelar de vez em quando para participar de um espetáculo ou votar em um candidato carismático, mas isso é diferente de participar de uma maneira uniforme. Essa forma vital de ócio é restrita pela colonização do tempo em relação à tarefa, ao trabalho e à diversão. Muitas pessoas sentem que não têm tempo suficiente de qualidade para enfrentar o que lhes foi dito serem assuntos complexos, "melhor se deixados para os especialistas". Isso é facilmente convertido em uma racionalização para o desapego e pode levar da educação à dependência em emoções e preconceitos. Seja como for, o precariado é induzido a dedicar menos tempo para a mais humana das atividades, o ócio político. Onde estão os incentivos para fazer diferente?

Outro aspecto do arrocho do tempo é uma profunda desigualdade no controle sobre ele. Isso faz parte da total desigualdade em uma sociedade de mercado terciária, de certa forma porque o tempo é um recurso produtivo. O precariado deve estar à disposição dos potenciais usuários de seu trabalho. Quem circula pelos cibercafés ou perambula perto de casa, nos bares ou nas esquinas, pode parecer ter "tempo disponível". No entanto, essas pessoas muitas vezes são incapazes de desenvolver ou sustentar uma estratégia sobre como alocar o tempo de forma diferente. Elas não têm uma história clara para contar e, como resultado, seu tempo é dissipado quando não estão no emprego. O uso do tempo em aparente ociosidade é um reflexo do mercado de empregos flexível. Ele quer que o precariado esteja de prontidão. A estruturação do tempo é tirada deles.

A desvalorização do ócio, especialmente do ócio da classe trabalhadora, está entre os piores legados do trabalhismo. O desgaste da educação reprodutora de valores resulta no divórcio entre o jovem e sua cultura e numa perda da memória social de suas comunidades. A noção de "sociedade de esquina" se tornou uma das grandes imagens urbanas. "Matar o tempo" se tornou uma forma dominante de usar o tempo;

preencher o tempo passou a ser um desafio. Alguns chamam isso de "pobreza do ócio". A pobreza material limita a vida de ócio do jovem precariado por ele não ter nem o dinheiro, nem a comunidade profissional, nem o sentimento de estabilidade para gerar o controle sobre o tempo que é necessário. Isso alimenta uma atitude anômica para com todas as atividades, incluindo o trabalho e a tarefa. É uma armadilha da precariedade. Simplesmente sobreviver requer um conjunto adequado de espaços públicos, e mesmo estes estão sendo reduzidos por medidas de austeridade. Afinal, a mentalidade neoliberal os vê como um "luxo", na medida em que não contribuem diretamente para a produção ou o crescimento econômico. Essa aritmética só será reavaliada se o precariado se tornar uma ameaça à estabilidade.

Como os espaços públicos de qualidade diminuem para o precariado, o comportamento agressivo será fomentado. A globalização e a tecnologia eletrônica podem deslocar a identidade das formas que são puramente locais (FORREST; KEARNS, 2001). Mas isso não pode substituir a necessidade de espaço físico no qual possamos nos movimentar e interagir. O senso de territorialidade é uma característica humana que faz parte de nossos genes. Limite-o e o esvazie do sentido de desenvolvimento, e o resultado será perigoso.

As "carreiras de ócio" da classe trabalhadora foram perdidas (MACDONALD; SHILDRICK, 2007) não só por causa da simples falta de dinheiro, mas por causa de um desgaste das instituições sociais. No Reino Unido, essas carreiras incluíam clubes de trabalhadores e espaços públicos que se tornaram vítimas do radicalismo neoliberal do Thatcherismo. Na França, os bistrôs, que Honoré de Balzac descreveu como "o parlamento do povo", estão desaparecendo.

O empobrecimento das carreiras de educação e de ócio da classe trabalhadora criou um ambiente de criminalidade e uso de drogas, para preencher o tempo e ganhar status de alguma forma. O crime trivial pode gerar uma emoção muito melhor do que a emoção gerada quando se anda por aí. O mantra neoliberal de que o sucesso é medido pelo consumo conduz a furtos e roubos, um pequeno surto de êxito pessoal em um longo período de privação e de fracasso. Isso faz parte da armadilha da precariedade, que é maior para os homens jovens. Confrontados com as inseguranças de serem do sexo masculino, eles podem ganhar, dessa maneira, um "respeito" momentâneo de baixo nível (COLLISON, 1996). Mas, é claro, há consequências de prazo longuíssimo.

Faz parte da classe o "habitus" do indivíduo, a zona e o modo de vida que definem "coisas para fazer ou não fazer" (BOURDIEU, 1990, p. 53), o que se aspira fazer e o que não se faz. O estilo de vida do precariado corresponde ao seu estilo de trabalho por ser fugaz e flexível, oportunista e não progressivamente construído. As pessoas podem se retrair em um espaço que lhes seja mais próximo por medo e ansiedade criados pela insegurança, mas será um retraimento anômico e ameaçador. Em uma sociedade baseada na flexibilidade e na insegurança, as pessoas dissipam mais tempo do que usam para construir um modelo de desenvolvimento de comportamento.

Isso nos leva de volta à desintegração do conceito de local de trabalho, que perturba as chances de vida do precariado. A norma para o precariado envolve um ambiente de trabalho em qualquer lugar, a qualquer momento, quase todo o tempo. Trabalhar e executar tarefas fora de um local de trabalho não são indicativos de *autonomia* ou de estar no controle de si mesmo. E as estatísticas mentem. "Horas no trabalho" não são a mesma coisa que "horas de trabalho". É enganoso pensar que, por causa da imprecisão de tempo e lugar, há tarefa livre. Da mesma forma que os empregadores podem induzir os trabalhadores a realizar trabalho por tarefa não remunerado, eles podem induzir mais pessoas a realizar tarefa e trabalho fora do local de trabalho formal.

A relação de poder existe. A tarefa é livre na medida em que não é remunerada; e não é livre na medida em que não é feita de maneira autônoma. Uma influente análise feita por Hardt e Negri (2000) afirmou que a prestação de serviços é livre, "imaterial" e "imensurável". No entanto, a quantidade de tarefas pode ser medida, e os limites das tarefas mensuráveis podem ser afetados pelas capacidades de barganha dos envolvidos na negociação das relações trabalhistas. Atualmente, o precariado está fraco, devido à sua insegurança e à cultura do emprego flexível. A maioria dos benefícios do trabalho por tarefa vai para aqueles que contratam a mão de obra. Estamos em território inexplorado. Mas há uma diferença entre dizer que a prestação de serviços é "imensurável" e dizer que o trabalho por tarefa é difícil de medir.

Pontos concludentes

O precariado está sob o estresse do tempo. Deve dedicar uma quantidade cada vez maior de tempo para o trabalho por tarefa, sem que este ofereça um caminho confiável para a segurança econômica ou uma carreira profissional digna desse nome. A intensificação da tarefa e o crescimento das demandas dentro do prazo colocam o precariado em constante risco de ser exaurido ou, como disse uma mulher, em um estado mental nebuloso e confuso.

O estilo de vida terciário envolve a multitarefa, sem controle sobre uma narrativa do uso do tempo, de ver o futuro e construir com base no passado. Fazer parte do precariado é estar ligado a estilos de vida de realização de trabalho sem um senso de desenvolvimento profissional. Nós respondemos a sinais, que redirecionam a atenção para um lado ou para outro. A multitarefa diminui a produtividade em toda e qualquer atividade. O pensamento fraturado torna-se habitual. Isso dificulta ainda mais a realização de um trabalho criativo ou a entrega ao ócio que exija concentração, reflexão e esforço uniforme. Isso desencoraja o ócio, deixando as pessoas liberadas apenas para se divertir, de forma passiva, no sentido mental. A interatividade ininterrupta é o ópio do precariado, assim como o foi beber cerveja e gin para a primeira geração do proletariado industrial.

O local de trabalho está em todo lugar, difuso, desconhecido, uma zona de insegurança. E se o precariado de fato tem competências profissionais, esses locais podem desaparecer ou deixar de ser um ingresso confiável para uma identidade segura ou uma vida de dignidade sustentável a longo prazo. Trata-se de uma combinação nociva que propicia o oportunismo e o cinismo. Ela cria uma sociedade que está sempre contando com a sorte, com riscos de perda com os quais o precariado arca de forma desproporcional.

Enquanto isso, a restrição do tempo transforma o ócio numa parte comprometida da vida e leva à "democracia frágil", em que as pessoas estão desligadas da atividade política, exceto quando motivadas por um curto tempo, extasiadas com uma nova face carismática ou energizadas por um acontecimento chocante. É sobre isso que falaremos agora.

Capítulo 6

Uma política de inferno

O estado neoliberal é neodarwinista, no sentido de que reverencia a competitividade e celebra a responsabilidade individual irrestrita, com uma antipatia a qualquer coisa coletiva que possa impedir as forças de mercado. O papel do Estado é visto principalmente como o estabelecimento e fortalecimento do Estado de direito. Mas o Estado de direito nunca foi minimalista, como alguns neoliberais o descrevem. Ele é intrusivo e tem a intenção de refrear o inconformismo e a ação coletiva. Isso se amplia para o que Wacquant (2008, p. 14) chamou de "anatematização pública de categorias desviantes", com destaque para os "bandidos de rua", os "desempregados", os "parasitas", os fracassados, os perdedores com falhas de caráter e deficiências de comportamento.

O mercado é a personificação da metáfora darwinista: "a sobrevivência do mais forte". Mas ele tem uma alarmante tendência de transformar lutadores em desajustados e vilões, penalizando-os, prendendo-os ou bloqueando-os. As políticas e instituições são construídas para tratar a todos como potenciais desajustados e vilões. Por exemplo, para ter direito aos benefícios estatais, os "pobres" têm de provar que não são "preguiçosos" ou que estão enviando seus filhos para a escola regularmente.

O precariado paira sobre a fronteira, exposto a circunstâncias que poderiam transformar seus membros de lutadores em desviantes e pessoas fora de controle propensas a ouvir políticos populistas e demagogos. Essa é a principal questão subjacente a este capítulo.

A sociedade panóptica

Embora a "fábrica social" não esteja correta enquanto imagem de como a vida para o precariado está sendo construída, uma imagem melhor é a da "sociedade panóptica", em que todas as esferas sociais estão tomando a forma imaginada por Jeremy Bentham em seus trabalhos panópticos de 1787 (BENTHAM [1787], 1995). Não se trata apenas do que é *feito* pelos governos, mas o que é *permitido* pelo Estado numa sociedade que, ostensivamente, é de "livre mercado".

Vamos relembrar a visão de Bentham. Ele é conhecido como pai do utilitarismo, a visão de que o governo deveria promover "a maior felicidade para o maior número de pessoas". Convencionalmente, isso permite que a transformação da minoria em uma minoria miserável seja justificada em benefício da preservação da felicidade da maioria. Bentham levou essa ideia numa direção assustadora, em um projeto para uma prisão ideal. Um guarda que tudo vê estaria em uma torre central, com vista para os prisioneiros em suas celas em um prédio circular. O guarda podia vê-los, mas eles não podiam vê-lo. O poder do guarda reside no fato de que os prisioneiros não podiam saber se ele estava ou não os observando, e assim agiam como se estivessem sendo sempre observados, por causa do medo. Bentham usou o termo "arquitetura da escolha" para indicar que as autoridades poderiam induzir os prisioneiros a se comportar de maneiras desejadas.

Para Bentham, o fato de ao prisioneiro ter sido dada uma aparente escolha era fundamental. Mas se ele não fizesse a escolha *certa*, que era trabalhar com afinco, "definharia comendo pão duro e bebendo água, sem uma alma com quem falar". E os prisioneiros deviam ser isolados, para impedi-los de formar um "concerto de mentes". Ele percebeu, assim como os neoliberais perceberiam, que a ação coletiva colocaria em risco o projeto panóptico.

Essa foi uma ideia que Michel Foucault assumiu nos anos 1970 como metáfora para a produção de "corpos dóceis". Bentham acreditava que seu projeto panóptico poderia ser usado para hospitais, manicômios, escolas, fábricas, asilos e todas as instituições sociais. Em todo o mundo, seu projeto tem sido adotado e tem sido estendido, inadvertidamente, pelas cidades-empresa do século XXI. O pior caso conhecido até agora é o de Shenzhen, onde seis milhões de trabalhadores são vigiados por câmeras de circuito fechado de televisão (CFTV) onde quer que estejam, e onde um banco de dados abrangente monitora seu comportamento e seu caráter, inspirado na tecnologia desenvolvida pelos militares dos Estados Unidos. Poderíamos falar de um "shenzenismo" da maneira como os cientistas sociais falam de "fordismo" e "toyotismo" como sistemas de produção e controle de emprego. O "shenzenismo" combina o monitoramento visual com a "vigilância de dados das atividades da pessoa" e os incentivos comportamentais e penalidades para peneirar os trabalhadores indesejáveis, identificar os trabalhadores adequadamente conformistas e induzir os trabalhadores a pensar e se comportar da maneira que as autoridades desejam.

A invasão da privacidade

As técnicas panópticas estão sendo usadas. Vamos começar com um aspecto vital da existência, a privacidade ou o espaço para intimidade, onde vivemos com nossos segredos e emoções e espaços mais preciosos – um aspecto praticamente extinto.

O que é legitimado como privacidade está sujeito à interpretação legal, e as regras legais tendem a reduzi-la. Mas a tendência panóptica não sente remorsos. O CFTV é onipresente, usado não apenas pela polícia, mas também por companhias de segurança privadas, empresas e indivíduos. As gravações também não são feitas apenas para uso privado. Considere um pequeno exemplo. Um residente em um bairro violento de San Francisco, preocupado com a segurança da rua, criou um website chamado Adam's Block, de acesso livre, que transmitia um sinal de vídeo ao vivo de um cruzamento de ruas. Esse site foi obrigado a sair do ar após ameaças e reclamações feitas ao proprietário da webcam de que a privacidade estava sendo invadida. Mas outras pessoas, secretamente, instalaram câmeras na mesma área, transmitindo ao vivo sob um novo nome, alegando "capacitar os cidadãos para combater o crime e salvar vidas". Acredita-se que existem muitas webcams em bairros similares nos Estados Unidos.

O Google Street View, lançado em 2007, já atraiu a atenção das agências reguladoras de proteção de dados na América do Norte e na Europa por obter de maneira ilegal (aparentemente sem querer) informações pessoais de redes sem fio desprotegidas ao longo das rotas percorridas por câmeras do Google. O Street View coloca as casas das pessoas, os carros e as atividades à mostra para todo mundo ver, e não há maneira de se opor a isso além de pedir, educadamente, que as imagens fiquem embaçadas. Pouquíssimas pessoas saberão desse modo de proceder, partindo do pressuposto de que terão de checar primeiro o que foi capturado pelo Street View.

As mídias sociais, como o Facebook, também estão restringindo a zona de privacidade, na medida em que os usuários, predominantemente jovens, revelam, consciente ou inconscientemente, os detalhes mais íntimos aos "amigos" e a muitos outros além destes. Os serviços baseados em localização levam isso um passo adiante, deixando que os usuários alertem aos "amigos" sobre o local onde estão (e permitindo que as empresas, a polícia, os criminosos e outros também saibam disso). Mark Zuckerberg, fundador e diretor executivo do Facebook, disse aos empresários do Vale do Silício: "As pessoas têm se sentido realmente confortáveis não somente em partilhar mais informações – e de diferentes tipos –, mas por fazerem isso abertamente e com mais pessoas... Essa norma social é apenas algo que evoluiu".

A vigilância incita imagens de um "estado policial", e com certeza esse estado começa com a polícia, fortalecendo uma divisão entre ela e os observados. A vigilância também induz à *sousveillance* (contravigilância), o ato de observar os observadores. Durante as manifestações contra a reunião do G20 em Londres, em 2009, um vídeo amador gravado num telefone celular mostrou um policial batendo num homem que andava inocentemente pela rua; o homem morreu. O fato foi um lembrete de que os guardas não são necessariamente protetores. E à medida que a *sousveillance* cresce, a vigilância policial vai se tornando mais preventiva. Os que vigiam a polícia serão transformados em categorias que devem ser enfrentadas – afinal, eles são uma ameaça para a polícia.

A invasão da privacidade e a capacidade tecnológica para perscrutar fundo na nossa vida são uma base para estender o panóptico e seus objetivos em cada um de seus aspectos. Há até mesmo o monitoramento a partir do interior do corpo. Novos comprimidos produzidos por empresas farmacêuticas dos Estados Unidos vão oferecer aos médicos dados do interior do corpo. Talvez isso seja considerado benéfico para algumas pessoas, bem como uma questão de livre escolha. Mas o problema surgiria quando não concordássemos com o monitoramento interno e, por conta disso, o prêmio de seguro-saúde (ou outros) poderia ser aumentado ou a cobertura poderia nos ser negada. Essa tecnologia poderia se tornar obrigatória ou ser imposta por empresas de seguros.

Na internet, a vigilância é um negócio. As informações sobre as pesquisas que as pessoas fazem na web, as redes sociais que visitam e outras atividades são constantemente repassadas para sociedades comerciais. As redes sociais podem ter começado como uma proposta de "encontros amigáveis supostamente voyeurísticos". Mas estão se tornando "cúmplices de vigilância", cooptadas por motivos comerciais ou outros ainda mais sinistros. Uma sociedade vigiada pela rede está sendo construída.

Como aponta o *National Broadband Plan* (FEDERAL COMMUNICATIONS COMMISSION, 2010) norte-americano, agora uma simples firma já consegue construir perfis individuais de "identidade digital", "incluindo pesquisas na web, sites visitados, fluxo de cliques, contatos e conteúdo de e-mail, pesquisas de mapas, movimentos e localização geográfica, compromissos da agenda, lista telefônica do celular, registros de saúde, registros educacionais, uso de energia, fotos e vídeos, redes sociais, locais visitados, alimentação, leitura, preferências de entretenimento e histórico de aquisições". A maioria das pessoas não sabe quais informações estão sendo coletadas sobre elas, nem quem tem acesso a esses dados.

Quando o Facebook lançou o Facebook Beacon em 2007, enviando automaticamente aos "amigos" detalhes de compras on-line dos seus membros, uma campanha de contravigilância da MoveOn.org obrigou-o a mudar o aplicativo para um programa *opt-in*.[19] Em 2009 o Beacon foi fechado depois de uma ação judicial popular em prol da privacidade. Mas o Facebook ainda está coletando informações sobre seus membros a partir de outras fontes, tais como jornais, serviços de mensagens e blogs, "para lhes fornecer informações mais úteis e uma experiência mais personalizada". A maioria dos usuários, por inércia ou ignorância, aceita as configurações de privacidade padrão do Facebook, que compartilham amplamente as informações. De acordo com uma pesquisa nos Estados Unidos, 45% dos empregadores verificavam os perfis de rede social dos candidatos antes de contratá-los. Os usuários de fora dos Estados Unidos também consentem, sem perceber, em ter dados pessoais transferidos e processados nos Estados Unidos. Os usuários não são notificados de quando ou como seus dados são usados.

Os controles de privacidade dos websites não têm funcionado bem. Os sistemas eletrônicos corroeram a privacidade e deram ao Estado ferramentas extremamente poderosas com as quais se pode construir um sistema panóptico. Os membros do precariado são mais vulneráveis porque se envolvem em atividades abertas ao monitoramento e a juízos de valor, e também porque são mais expostos às consequências.

---

[19] *Opt-in* é um conjunto de regras que determina que as mensagens comerciais só podem ser enviadas para aqueles que expressam seu consentimento. (N.T.)

As escutas telefônicas ilegais também estão se espalhando, monitorando a todos nós. A "guerra ao terror" trouxe a sociedade panóptica para mais perto. A Agência de Segurança Nacional dos Estados Unidos tem avançado na identificação digital e nas técnicas de monitoramento como um sistema global (BAMFORD, 2009). Agora, essas técnicas podem favorecer o acesso não legalizado a tudo o que fazemos eletronicamente ou através de linhas telefônicas. O complexo de vigilância industrial é global. Os chineses estão se alinhando com os Estados Unidos. Quando o Congresso Nacional do Povo foi realizado em Pequim em 2010, 700 mil agentes de segurança foram nomeados em toda a cidade. Dentro do Grande Salão do Povo, as propostas supostamente apresentadas pelos delegados incluíam pedidos para que todos os cibercafés fossem dominados pelo governo e para que todos os celulares fossem equipados com câmeras de vigilância. A curto prazo será impossível saber.

Educação panópitca

Ela começa cedo. As escolas e universidades estão usando métodos eletrônicos para o ensino, o monitoramento, a disciplina e a avaliação. Um empresário sueco criou um modelo amplamente automático de educação, usado para milhares de alunos de escolas suecas, que está sendo exportado com sucesso comercial. As crianças são monitoradas de perto, porém veem seus professores durante apenas 15 minutos por semana. O antigo primeiro-ministro do Reino Unido, Tony Blair, se interessou por esse sistema e quis usá-lo em algumas escolas de Londres.

Algumas escolas nos Estados Unidos forneceram laptops aos estudantes, equipados com software de segurança que possibilita a ativação remota da webcam do computador – assim alunos podem ser vistos a qualquer hora, sem saberem que estão sendo vistos. Em fevereiro de 2010 os alunos abriram uma ação judicial coletiva contra um distrito escolar em um subúrbio da Filadélfia, após uma escola acusar um aluno de apresentar um "comportamento inadequado em casa". Certamente, isso foi uma violação dos seus direitos civis. E além de abrir a possibilidades de chantagem, tal tecnologia também possibilita a capacidade panóptica de criar mentes e corpos submissos. Uma escola de ensino fundamental em South Bronx, Nova York, instalou um software em laptops para que os funcionários pudessem ver tudo o que era exibido na tela dos usuários. Todos os dias, o assistente do diretor da escola passava algumas horas verificando o que os alunos estavam fazendo, muitas vezes observando-os usarem o Photo Booth, um programa que usa a webcam para transformar a tela em um espelho virtual. "Eu gosto muito de mexer com eles e tirar retratos", disse ele em um programa de documentário.

A maioria de nós não sabe se estamos sujeitos a tais práticas. Aquelas crianças da Filadélfia certamente não sabiam. O fato é que as técnicas existem para monitorar o comportamento, e os dados podem ser acessados e usados na medida em que as pessoas caminham para a idade adulta. Isso é o que está acontecendo.

Contratação, demissão e disciplina no local de trabalho

A invasão de aparelhos panópticos nas estratégias de contratação, disciplina, promoção e demissão em empresas e organizações já está amplamente fora de controle. Essa invasão põe em risco, particularmente, as perspectivas de vida do precariado, de maneiras sutis e diversificadas.

O Estado neoliberal afirma favorecer práticas de trabalho não discriminatórias, proclamando oportunidades iguais como a essência da "meritocracia". Mas, em grande parte, fez vistas grossas às técnicas e práticas discriminatórias baseadas na vigilância eletrônica, nos mercados de seguros e na pesquisa subsidiada em psicologia comportamental. A discriminação resultante é mais refinada, mas funciona da mesma maneira que as formas brutas baseadas no gênero, raça, idade ou escolaridade. A última distorção é a caracterização genética. É conveniente que a autoritária Cingapura esteja realizando pesquisas cruciais. Ali, um estudo mostrou como as pessoas com uma variante específica de um gene (chamado HTR2A) são menos mal-humoradas e mais propensas a se transformarem em trabalhadores obedientes. Qual é a mensagem desse estudo pioneiro? Dar aos trabalhadores temporários alguma variante do gene HTR2A ou eliminar aqueles que não o têm?

Os hormônios também desempenham seu papel. Pesquisas no Japão sugerem que as pessoas com baixos níveis de cortisol, o hormônio do estresse, são menos preparadas do que aquelas com altos níveis do mesmo hormônio para aceitar uma renda atual baixa na esperança de receber mais depois. Se você está contratando alguém para um emprego temporário, que pessoa você recrutaria se conhecesse seus níveis hormonais? Depois há a testosterona. Altos níveis de testosterona levam a um desejo de dominar e correr riscos. Para a maioria dos empregos, especialmente os empregos precários, os empregadores não querem trabalhadores frustrados pelo baixo status e alto controle. A pesquisa de Singapura indicou que um alto nível de testosterona diminui a capacidade de uma pessoa para se adequar a uma equipe de trabalho. Não é difícil identificar o nível de testosterona de alguém – basta testar a saliva. Ou as firmas podem planejar testes de aptidão que os candidatos devem realizar.

O precariado precisa ser cuidadoso, uma vez que o modo como as pessoas vivem afeta o nível de testosterona. Se você tem uma vida cheia de emoções, o nível sobe; se você tem uma vida calma, ele desce. O acesso ao emprego poderia depender da manutenção de um nível baixo! Algumas pessoas rejeitarão esses cenários como alarmistas. Mas qual é o objetivo dessa pesquisa genética? A menos que haja controles relativos à sua utilização, a filtragem comportamental só vai se fortalecer. O *The Economist* (2010c) entusiasmou-se pelo fato de que o uso dessas pesquisas transformaria a "ciência da administração em uma ciência real". Pelo contrário, é mais provável que leve à engenharia social.

Além desses desenvolvimentos, um crescente número de empresas norte-americanas elimina candidatos a emprego com histórico de crédito ruim, acreditando que eles se transformariam em funcionários de risco. Assim, seu comportamento precedente fora do trabalho é usado contra você. As empresas estão fazendo isso de forma sistemática, aproveitando-se também das redes sociais para avaliar traços de caráter, assim como delitos precedentes, relacionamentos e assim por diante. Mas isso é discriminação injusta. Há muitas razões para um período de "crédito ruim" na vida de um indivíduo, incluindo uma doença ou uma tragédia familiar. É injusta a triagem secreta feita por procuradores ignorantes para determinar comportamentos possíveis.

Mencionamos anteriormente como as empresas estão exigindo que os candidatos a empregos produzam currículos que consomem muito tempo para serem elaborados e que, a certa altura, sofrerão resistência. Será isso um protesto anômico, por meio de sombrias recusas em obedecer? Ou seria a ação "rebelde e primitiva", tal como saturar as agências com candidaturas falsas? Ou quem sabe um protesto político, através da resistência organizada, realizado por uma campanha para limitar as fronteiras da inspeção da personalidade, em conformidade com a definição de códigos para o que as empresas devem e não devem fazer? Esta última poderia se tornar uma questão de honra, respeitada por quem tem empatia pela condição do precariado como a afirmação de um direito de privacidade, uma rejeição da intrusão.

Para além do recrutamento, o panóptico também se encaixa perfeitamente nos locais de trabalho terciários. O capitalismo industrial nacional gerou cidades empresariais. Havia mais de 2.500 nos Estados Unidos (GREEN, 2010). Esse conceito paternalista tem persistido em formas modificadas, algumas delas evoluindo em vastas criações corporativas. Assim, a IBM e a PepsiCo têm terrenos do tamanho de cidades, no meio do nada. Os chineses têm ido mais longe com a Shenzhen; a Foxconn é a líder global. Mas todos eles são exemplos de uma sociedade de mercado panóptica.

No começo de 2010, foi revelado que as empresas de Wall Street estavam contratando agentes ativos da Agência Central de Inteligência (CIA) para fazerem "bicos" a fim de formar gestores em técnicas de "avaliação do comportamento tático". Essas são formas de verificação da honestidade de um empregado pela leitura de pistas verbais e comportamentais, tais como inquietação ou uso de declarações restritivas semelhantes a "honestamente" e "francamente".

A privacidade nos empregos está evaporando. A maioria das empresas norte-americanas agora exige que os recrutados assinem documentos relativos a políticas de comunicação eletrônica afirmando que eles não têm nenhum direito à privacidade ou à propriedade sobre qualquer conteúdo nos computadores da companhia. O que quer que seja colocado em um computador pertence à companhia. Todas as notas, fotografias e rascunhos são alienados. Além disso, as empresas agora preferem dispensar um empregado imediatamente em vez de deixá-lo cumprir um período de aviso prévio, durante o qual ele poderia baixar informação, listas de contatos e assim por diante.

Dois terços dos empregadores norte-americanos monitoram eletronicamente o uso da internet pelos empregados, de acordo com uma pesquisa de 2010 feita pela American Management Association e o ePolicy Institute. Trata-se de um controle à distância, uma vez que os empregados não sabem que estão sendo observados. Eles são monitorados por assédio sexual, depreciação dos chefes, divulgação de segredos comerciais, etc.

Os administradores agora podem ver a tela do computador dos funcionários, capturar o toque das teclas, identificar websites frequentados e rastrear o paradeiro dos trabalhadores através de telefones celulares com GPS, webcams e câmeras de vídeo minúsculas. Lewis Maltby (2009), autor de *Can they do that?*, atribuiu o crescimento do monitoramento à pressão financeira, que fez as empresas quererem aumentar o controle e reduzir os custos, e ao aumento da facilidade para fazê-lo. As empresas podem comprar software de monitoramento de computadores e câmeras de rastreamento de funcionários em uma loja local ou através de varejistas na internet. Simples assim.

A Smarsh, uma das muitas empresas que fornecem sistemas de monitoramento, atende mais de 10 mil companhias norte-americanas. Seu diretor executivo alardeou que "os empregados deveriam assumir que serão observados". Uma pesquisa nacional descobriu que um em cada dois empregados sabia de alguém que foi demitido por mau uso do e-mail ou da internet; muitos também disseram que conheciam alguém que foi demitido por uso inapropriado do telefone celular, por fazer mau uso do envio e recebimento de mensagens instantâneas ou por mensagens de texto impróprias. O monitoramento visando a demissão tem crescido tanto quanto o monitoramento para a contratação e disciplina comum. A vigilância é direta, pessoal e intrusiva – e essas características vão se tornando cada vez mais fortes.

Uma forma de monitoramento do empregado possibilitada pelo governo trabalhista do Reino Unido foi a classificação on-line de prestadores de serviços por "clientes". Isso é como nomear e envergonhar, uma maneira prosaica de tentar controlar pela estigmatização. O ministro da Saúde introduziu um sistema pelo qual os pacientes poderiam avaliar os médicos. Uma sociedade que exige uma realimentação constante não confia que seus profissionais sejam profissionais. O site de avaliações dos médicos seguiu o monitoramento similar de professores. Será que eles deveriam ser perseguidos por crianças que sentem um prazer inflexível em denegri-los, sem qualquer senso de responsabilidade? É arriscado desacreditar os profissionais e derrubá-los em direção ao precariado. Por que correr o risco de ser humilhado on-line pelo fato de ser rigoroso? Dê-lhes o que eles querem! Isso é uma ilusão de poder que degrada a responsabilidade e o profissionalismo. Em breve, todos estarão classificando todo mundo.

O Estado como paternalista libertário

Uma nova prática na política social e econômica é a economia comportamental, que produziu o paternalismo libertário. *Nudge*, um influente livro de Cass Sunstein e Richard Thaler (2008), dois conselheiros e amigos de Barack Obama sediados em Chicago, baseou-se na ideia de que as pessoas têm informação demais e assim fazem escolhas irracionais. As pessoas devem ser dirigidas, ou empurradas, para tomarem as decisões que correspondem ao seu melhor interesse. Os autores não atribuem a ideia a Bentham, mas afirmam que o Estado deveria criar uma "arquitetura da escolha".

Ao se tornar presidente dos Estados Unidos, Obama nomeou Sunstein para dirigir o Office of Information and Regulatory Affairs, sediado na Casa Branca. Enquanto isso, no Reino Unido, o líder do Partido Conservador, David Cameron, disse aos membros do Parlamento para lerem o livro de Sunstein e Thaler; ao se tornar primeiro-ministro em 2010, ele montou a Behavioral Insight Team, rapidamente apelidada de "the Nudge Unit", em Downing Street, aconselhado por Thaler. A instrução era induzir as pessoas a tomar "melhores" decisões, no interesse da "sociedade".

Dirigir as pessoas é sempre questionável. Como sabemos que esses incentivadores sabem o que é melhor para as pessoas? O senso comum de hoje mais tarde será visto como erro. Repetidas vezes, as políticas ou práticas que parecem imprudentes acabam se tornando normas e vice-versa. Quem é responsável se a decisão guiada se mostrar errada ou levar a algum contratempo?

Para exemplificar como esses incentivos estão ocorrendo, em 2010 o Serviço Nacional de Saúde do Reino Unido enviou uma carta oferecendo às pessoas um "resumo de registro de assistência", contendo seu histórico médico, que seria disponibilizado para qualquer profissional da área de saúde. As pessoas que receberam a carta se defrontaram com um "ambiente de escolha" intencional, que exigia a decisão de ser excluído do programa ou participar dele automaticamente. Mas não havia um formulário para as pessoas que optassem por não participar – quem quisesse ficar de fora precisava entrar num website, baixar um formulário, imprimi-lo, assiná-lo, enviá-lo como carta ao clínico geral e esperar que fosse dado seguimento ao processo. Os obstáculos burocráticos foram criados de propósito, aumentando o custo pela opção de não participação, criando um viés de "consentimento presumido".

Os menos propensos a optar por sair são os ignorantes, os pobres e os "digitalmente excluídos", na sua maioria idosos, sem acesso aos serviços on-line. A partir de 2010, 63% de todas as pessoas com mais de 65 anos no Reino Unido viviam em casas sem acesso à internet. Há pressão do governo, liderada por seu "defensor de inclusão digital", para que mais pessoas tenham acesso. E o custo de não tê-lo está aumentando. Com efeito, as pessoas estão sendo penalizadas por não terem acesso à internet.

O antigo Estado paternalista é popular entre os governos. Pode infantilizar os cidadãos e demonizar partes do precariado. Em 2009, o Department of Business, Innovation and Skills do Reino Unido lançou um guia chamado *Parent Motivators* dirigido aos pais de graduados dependentes que estavam desempregados. O guia era condescendente, e presumia claramente que os graduados não podiam trabalhar por serem desprovidos de decisões básicas para si mesmos. Um analista concluiu que era a primeira vez que adultos instruídos na faixa dos 20 anos de idade eram "oficialmente infantilizados, uma ação que provavelmente não dissiparia a suspeita crescente sobre o valor de muitos diplomas modernos" (BENNETT, 2010). Entre outros guias do mesmo gênero, temos o *Preparing for Emergencies*, o *Break Out* (sobre como evitar pedófilos), o *Heat Wave*, o *Dad Card* (sobre como ser um bom pai) e o conjunto de ferramentas *Breakfast4Life*.

O *Parent Motivators*, escrito por psicólogos consultores e financiado pelo dinheiro público, sugeria que os pais eram parcialmente culpados pelo desemprego de sua prole e pedia-lhes para ser mais rígidos. Um dos autores disse: "Se você está tornando a vida muito confortável em casa, por que eles iriam procurar um emprego?". Pelo menos há o reconhecimento de que os empregos não eram atraentes por si só. Mas aqui estava o Estado cedendo à direção paternalista, contribuindo, simultaneamente, para a demonização de parte do precariado. Eles não podem chegar a um acordo sobre como se comportar!

Muitos exemplos poderiam ser dados sobre o uso da economia comportamental e do paternalismo libertário ligados à vida do precariado, especialmente por meio do uso engenhoso das regras da "opção por não participar", tornando difícil escolher não fazer algo e quase obrigatório "optar por fazer". A nova palavra da moda é "condicionalidade". Tem havido um crescimento notável de programas de transferência condicional de renda ou TCRs. Os exemplos principais estão na América Latina, liderados pelo programa *Progresa* (agora *Oportunidades*), no México, e pelo *Bolsa Família*, do Brasil, que em 2010 atingiu mais de 50 milhões de pessoas. Dezessete países latino-americanos têm TCRs. A essência desses programas é que são dados às pessoas pequenos benefícios estatais, na forma de dinheiro, somente se eles se comportarem de maneiras pré-determinadas.

A condicionalidade tem sido importada para os países ricos, inclusive os Estados Unidos, e as TCRs estão sendo amplamente usadas na Europa Central e Oriental. Um dos planos mais detalhados foi o *Opportunity New York – Family Rewards*, um programa experimental com incentivos fiscais incrivelmente intrincados e penalidades por fazer ou não fazer certas coisas. A premissa de todas as TCRs é que as pessoas precisam ser persuadidas a se comportar de maneiras que são melhores para elas e para a "sociedade". Dessa forma, o Banco Mundial (Fiszbein; Schady, 2009) acredita que pode superar o "descaminho persistente"; ele atribui a pobreza a uma reprodução intergeracional de privação, de tal forma que TCRs vão quebrar o ciclo persuadindo as pessoas a se comportarem de forma responsável.

A moralidade dessa abordagem é dúbia. Ela sintetiza o projeto de Bentham de criar uma "arquitetura da escolha", desgastando não só a liberdade, mas também a responsabilidade pessoal. A relevância para o precariado é que há conversações sobre as "TCRs de segunda geração" cujos alvos serão os jovens adultos. Já existem condicionalidades em muitos programas de benefícios e elas estão se tornando mais rígidas. Assim, no Reino Unido, os médicos agora são obrigados a informar sobre o grau de empregabilidade de seus pacientes se eles estiverem recebendo benefícios por incapacidade, transformando uma relação confidencial médico-paciente em policiamento social.

Aonde essas tendências podem levar? As pessoas devem se preocupar com essa questão. Na Índia, seguindo os paternalistas libertários, um programa de transferência de renda destinado a mulheres economicamente inseguras promete-lhes dinheiro quando seu primeiro filho atingir a idade adulta, com a condição de que elas sejam esterilizadas após o nascimento do segundo filho. Isso também cria uma "arquitetura da escolha".

Tornando o precariado "feliz"

Nesse meio tempo, os paternalistas que dominaram a política social desde os anos 1990 têm aperfeiçoado uma mentalidade utilitária construída em torno do desejo de tornar as pessoas felizes, na medida em que aquela provisão de felicidade se tornou quase religiosa e dignificada por ser chamada de "a ciência da felicidade". Alguns países, inclusive a França e o Reino Unido, estão reunindo estatísticas oficiais para medir a felicidade das pessoas.

Vamos supor que temos uma sociedade na qual os políticos e seus conselheiros querem tornar as pessoas "felizes". A racionalização utilitária para induzir ao trabalho cresceu em sofisticação. Calvino santificou o capitalismo ao dizer que a salvação viria para aqueles que realizassem bons trabalhos. Mas a nossa sociedade é a primeira em que os estrategistas políticos e analistas pretendem acreditar que os empregos nos deixam felizes.

Ao dizer que o emprego deveria nos deixar felizes e que ele nos define e nos dá satisfação, estamos estabelecendo uma fonte de tensão porque os empregos que a maioria de nós tem de desempenhar ficarão aquém dessas expectativas. O precariado vai sofrer de estresse. Deveríamos estar felizes; por que não estamos felizes? A resposta sensata deveria ser que os empregos não existem para nos fazer felizes, e então deveríamos tratá-los como meramente instrumentais, para obter uma renda. Nossa felicidade vem principalmente do trabalho, do ócio e da diversão que experimentamos fora das tarefas, e da segurança de renda que obtemos com o emprego, não do emprego em si.

Se isso fosse aceito como premissa para a política social, poderíamos buscar um equilíbrio entre as formas como usamos o nosso tempo. Muitos membros do precariado podem entender isso intuitivamente. Eles não podem passar para um modo de vida estável e satisfatório porque as políticas sociais e econômicas não fornecem a segurança básica e o senso de estar no controle do tempo — duas coisas que são indispensáveis.

A felicidade hedonista baseada no emprego e na diversão é perigosa. A diversão interminável seria um tédio. O prazer é transitório e impõe limites. Nós paramos quando pensamos que já obtivemos o suficiente. Como o prazer da diversão é efêmero, as pessoas que dependem dele estão fadadas ao fracasso. O hedonismo é autodestrutivo — a rotina hedonista. Os hedonistas temem o tédio. O grande filósofo Bertrand Russell compreendeu a necessidade do tédio, mais bem expressa em seu maravilhoso ensaio *Elogio ao ócio*. A felicidade hedonista por meio da diversão e do "prazer" acaba induzindo à dependência e à intolerância a qualquer coisa que não seja o prazer, uma questão levantada pelo biólogo comportamental Paul Martin em seu livro *Sexo, drogas e chocolate: a ciência do prazer* (2009).

A satisfação é o contentamento do indivíduo com a vida em geral e com suas relações. No entanto, criar um fetiche de felicidade não é uma receita para a sociedade civilizada. O precariado deve tomar cuidado com o equivalente moderno de uma existência de pão-e-circo que está sendo oferecida pelo Estado por meio da pseudociência e do impulso.

O Estado terapêutico

Enquanto se propunha a fazer as pessoas felizes, o paternalismo libertário e o utilitarismo que lhe é subjacente desencadearam um culto da terapia, espelhando o que aconteceu no período de insegurança em massa do final do século XIX (STANDING, 2009, p. 235-238). O instrumento hegemônico equivalente heje em dia é a terapia cognitivo-comportamental (TCC), que se originou nos Estados Unidos, mas que está se globalizando com velocidade comercial indecorosa.

No Reino Unido, depois do choque de 2008, o governo, em vez de lidar com as causas estruturais do estresse e da depressão, mobilizou a TCC para tratar as consequências. Afirmava que milhões de pessoas estavam sofrendo de ansiedade ou depressão, como se fossem a mesma coisa. Esperava-se que os terapeutas cognitivo-comportamentais ensinassem as pessoas como viver, como reagir e como mudar seu comportamento. O governo lançou o programa Improving Access to Psychological Therapies, pelo qual qualquer pessoa poderia ser encaminhada por seu médico para o Serviço Nacional de Saúde a fim de fazer TCC. Esta foi sustentada por um programa de "tratamento de conversa", em que os coordenadores de saúde mental ocupavam postos em Centros de Emprego. A alegação era de que a TCC aumentaria o emprego, em decorrência de os Centros de Emprego enviarem desempregados para os centros de terapia em todo o país. A necessidade de encaminhamento por um médico foi dispensada. Por que se preocupar com o diagnóstico quando a cura tinha sido identificada?

O governo destinou fundos para pagar por oito sessões de tratamentos iniciais, projetando que, num período de cinco anos qualquer um podia se "autoencaminhar" para o tratamento. Não estava claro como as oito sessões de TCC "manteriam os britânicos trabalhando", conforme foi afirmado. Em vez de reconhecer as causas das dificuldades, a intenção era tratar as vítimas da má administração econômica e encorajá-las a pensar que precisavam de terapia.

É normal ficar ansioso se você está vivendo uma existência precariada, entrando e saindo do desemprego, preocupado em ganhar dinheiro suficiente para comprar alimentos ou preocupado em saber onde você estará dormindo no próximo mês. Por que essa ansiedade normal deveria ser a razão para enviar alguém para um tratamento terapêutico caro? Ele pode transformar a ansiedade em depressão, uma doença muito pior. O teste perspicaz seria aplicar o princípio de escolha dos paternalistas libertários. Deixe que os desempregados escolham entre as oito sessões de TCC ou o dinheiro equivalente. Quem quer apostar em qual seria a escolha da maioria? O problema é que a "arquitetura da escolha" não foi concebida dessa maneira.

O governo trabalhista estava considerando se alguns pretendentes incapazes deveriam passar pela TCC antes de passarem para o "subsídio de apoio ao emprego", que um funcionário descreveu como "um período de oito semanas que impede que as pessoas entrem na incapacidade a longo prazo". Quem determinará quem "precisa" de TCC? Logo, os poderes dirão que, a menos que as pessoas passem por um processo de TCC, elas perderão o direito aos benefícios. E vão garantir um processo de TCC que seja tratado confidencialmente? Ou será que, como resultado de sua "fraqueza", o fato de as pessoas terem passado por tal processo será repassado para seus potenciais empregadores?

Não há nada errado com a terapia em si. O que é duvidoso é seu uso pelo Estado como parte integrante da política social. Ela faz parte de um Estado panóptico, usado para criar "mentes dóceis" e para deter pensamentos subversivos, como a ideia de que os empregos servis e precários de baixo status empurrados para as pessoas desempregadas *deveriam* ser rejeitados. Os criadores de trabalhos desse tipo só serão pressionados a melhorá-los, ou a prescindir deles por não serem dignos do esforço humano, se as pessoas tiverem a permissão de rejeitá-los.

Workfare e condicionalidade

Parte da agenda paternalista libertária é tornar a política social mais "condicional", fornecendo benefícios estatais desde que os receptores se comportem de maneiras estabelecidas pelo Estado, supostamente para o bem deles. Isso inclui programas que requerem que as pessoas aceitem empregos ou treinamento depois de um curto período de direito ao benefício ou percam os benefícios e se arrisquem a uma mancha permanente em seu registro, mantido em algum lugar num banco de dados on-line.

O precariado está recebendo várias ofertas de variantes de "labourfare", equivocadamente chamadas de *workfare* (para uma crítica profética, ver STANDING, 1990). Uma das formas é tornar os benefícios tão pouco atraentes que as pessoas não vão querer recebê-los e pegarão qualquer emprego em vez disso. Essa é a visão de Lawrence Mead, um libertário norte-americano convidado por Downing Street para aconselhar o governo britânico logo depois das eleições de 2010. Seu ponto de vista a respeito dos requerentes de benefícios é que "o governo deve persuadi-los a se *responsabilizarem*" (MEAD, 1986, p. 10, grifo no original). Em outra forma, a ideia é que será oferecido um emprego a quem fica desempregado, ou a quem está desempregado há alguns meses, o que essas pessoas terão de aceitar ou perderão seus benefícios. Essas ideias têm circulado há bastante tempo, remontando ao sistema de Speenhamland, às Poor Laws inglesas e às *workhouses*.

A linguagem é usada para modelar as percepções. O governo de coalizão do Reino Unido tem argumentado que seus planos de *workfare* são destinados a "superar o hábito do desemprego". Mas ninguém demonstra que o desempregado, ou outros necessitados, têm tal "hábito". Há considerável evidência de que as razões pelas quais muitas pessoas estão desempregadas ou às margens do mercado de trabalho não têm nada a ver com qualquer hábito. Muitas têm "trabalho" demais para fazer, mas que os trabalhistas não reconhecem como trabalho, tais como cuidar de parentes debilitados ou de crianças. E muitas têm incapacidades episódicas.

Para quebrar o suposto hábito, houve um anúncio de que as pessoas que procuram emprego teriam de aceitar empregos de 30 horas semanais durante quatro semanas, como atividade de trabalho obrigatória. Se eles se recusassem a assumir o emprego ou não preenchessem a colocação, os benefícios seriam suspensos por três meses. A intenção é transformar o desemprego num arranjo contratual – trabalhar por benefícios com um contrato com o Estado. O motivo subjacente foi exposto quando os empregos que os desempregados teriam de assumir foram revelados – limpar o lixo e remover grafites das paredes.

O *Welfare White Paper* de novembro de 2010 declarou que havia uma "crise nacional" de dependência de benefícios, supostamente revelada pelo fato de 4,5 milhões de pessoas estarem recebendo "benefícios de desempregado". Iain Duncan Smith, o ministro do Trabalho e da Previdência, afirmou que aproximadamente três milhões de empregos haviam sido ocupados por imigrantes na década passada, em parte porque muitos britânicos eram "viciados" em benefícios de seguro social. Isso condensava duas afirmações em uma dedução. Os migrantes poderiam ter assumido empregos porque tinham habilidades específicas, porque foram preparados para trabalhar por salários mais baixos ou porque, em um mercado de trabalho aberto flexível, estavam no lugar certo na hora certa. Alguns podem até ter conseguido empregos precisamente porque não eram cidadãos e poderiam ser demitidos ou ofendidos impunemente. Alguns poderiam aparecer com a experiência que os jovens trabalhadores britânicos não tinham tido a oportunidade de adquirir por serem jovens. Alguns poderiam ter deslocado trabalhadores mais velhos que, para os empregadores, supostamente seriam menos eficientes. Todas essas hipóteses são possíveis. Fazer uma ligação direta da existência de benefícios sociais com os migrantes "que tomam os empregos britânicos" é mero e simples preconceito.

A outra alegação, de que milhões de britânicos estão "viciados" em benefícios do Estado, foi mais uma declaração nociva. Milhões de pessoas estão recebendo benefícios devido à alta taxa de desemprego, aos baixos rendimentos para muitas pessoas que ocupam empregos temporários e de meio expediente – o precariado – ou à invalidez, doença, fragilidade e assim por diante. O governo deveria ter abordado as armadilhas da pobreza, do desemprego e da precariedade que muitas pessoas enfrentam, nenhuma das quais é culpa daqueles descritos como viciados em benefícios.

A bem conhecida "armadilha da pobreza" continuará existindo enquanto existirem as verificações de recursos, mesmo se a redução gradual da perda de benefício com o ganho de renda se tornar menos íngreme. A "armadilha do desemprego" também continuará existindo. Quanto mais os salários caírem na extremidade inferior do mercado de trabalho, maior será a taxa de substituição de rendimentos se os benefícios de desemprego tiverem de permanecer adequados para a sobrevivência. Enquanto isso, a "armadilha da precariedade" está piorando. Se os empregos são gerados em um lugar enquanto os desempregados vivem numa área destituída em outro lugar, e se esses empregos pagam pouco e são temporários ou de meio expediente, os beneficiários assumem um risco quando aceitam esses empregos. Eles têm de viajar, o que é caro; correm o risco de comprometer uma rede de familiares, amigos e lugares que dão sentido à vida e à sua identidade, além de terem de desistir dos benefícios que podem ter levado meses para serem obtidos, em primeiro lugar. E espera-se que façam tudo isso quando os empregos podem não durar mais do que algumas semanas.

Parte da armadilha do precariado é que os empregos que alguns podem ser forçados a assumir gerarão hostilidades em relação aos empregos em geral. É preconceito da classe média pensar que os empregos que os desempregados são levados a assumir conduzem a bons hábitos de trabalho e compromisso de trabalho.

O *workfare* no Reino Unido expandirá o precariado. Ele colocará centenas de milhares de pessoas em empregos temporários, deliberadamente tornados desinteressantes, para garantir que as pessoas não queiram permanecer neles. Se a colocação fosse para empregos reais, o fato de pagar uma ninharia também tornaria mais difícil, para outros que assumissem empregos semelhantes, negociar salários decentes. Mas, como aconte ce com todos os esquemas de *workfare*, não deveria haver presunção de que as colocações serão em "empregos reais". Também não está claro como um trabalho forçado de quatro semanas vai "quebrar" o hábito da falta de trabalho. Poderia fazer o inverso, tornando muitas pessoas mal-humoradas e indignadas. E fazer um trabalho imposto em tempo integral vai impedir as pessoas de procurarem um emprego de verdade.

Os programas de *workfare* também não cortam os gastos públicos. Eles são caros, envolvem altos custos administrativos e "empregos" de baixa produtividade. Sua principal intenção é, certamente, manipular o nível de desemprego para baixo, não pela criação de empregos, mas desencorajando os desempregados de reivindicarem benefícios. Pesquisas nos Estados Unidos descobriram que a queda no número de beneficiários após a introdução de esquemas similares na década de 1990 deveu-se principalmente ao fato de as pessoas se retirarem da força de trabalho, sem ter emprego. A política foi empobrecendo.

Os defensores do *workfare* ignoram a economia básica. Uma economia de mercado precisa de certo nível de desemprego, por razões de eficiência e anti-inflacionárias. Não são apenas os próprios desempregados que ajustam expectativas e aspirações enquanto buscam emprego, mas também outros que ajustam seu comportamento para a existência de pessoas desempregadas competindo ou levando em conta caminhos para melhorar suas vidas.

Enquanto os social-democratas e trabalhistas preparavam o terreno para o *workfare*, eles vieram com uma variável que, se tomada literalmente, seria catastrófica. Argumentam que deveria ser "garantido" um trabalho a todos os desempregados e que isso de uma só vez dará substância ao "direito ao trabalho". Na verdade, eles querem maximizar o trabalho e os empregos, que veem como algo que confere direitos e meios de alcançar a felicidade e a integração social. Essa interpretação contraria a evidência de que muitas pessoas obtêm pouco prazer de seus empregos. Elas são obrigadas a fazer tarefas repetitivas, fúteis, ou sujas e árduas, que realizam por uma razão: obter uma renda para sobreviver e ajudar seus dependentes a fazer o mesmo.

Respondendo às propostas de *workfare* do Reino Unido, Douglas Alexander, secretário do Trabalho e da Previdência do Partido Trabalhista, se manifestou a favor de testes mais rigorosos de benefício por incapacidade e do modelo dinamarquês de garantir empregos e obrigar as pessoas a assumi-los ou perder o benefício. "Essa é uma forma de benefício condicional", disse ele; "são garantias reais de trabalho, mas também há sanções reais se a oferta não for aceita". Alexander alegou que a diferença entre essa postura e a do governo era que o governo havia adotado o modelo norte-americano de corte de benefícios sem garantir que um emprego estivesse disponível. Ele estava respondendo a críticas de um ex-secretário-geral do Partido Trabalhista de que o partido parecia favorecer os "irresponsáveis pobres" em detrimento dos "trabalhadores da classe média oprimida". No entanto, pensar a política em termos do que ela significa para o precariado talvez seja uma política mais calcada em princípios.

Os defensores do *workfare* colocam a tarefa acima do trabalho. Empurrar todo mundo para empregos leva à armadilha soviética: com o passar do tempo, os desempregados são apelidados de parasitas enquanto os trabalhadores indignados diminuem o seu esforço, o que levou à piada irônica: "Eles fingem que nos pagam, nós fingimos que trabalhamos". Muito antes disso, Alexis de Tocqueville, em 1835, colocou a questão de forma sucinta ao dizer que garantir um emprego a todos conduziria ou ao governo assumir o comando de quase toda a economia ou à coerção. Ele não teria nenhuma dificuldade em ver qual caminho isso está tomando.

Demonizando o precariado

Desde que começou a Grande Recessão, os governos têm aperfeiçoado sua demonização das vítimas da economia de mercado global. Quatro grupos são alvos: os "migrantes", os "requerentes de benefícios sociais", os "criminosos" e os "incapacitados".

A tendência a demonizar os migrantes é global, como se eles fossem uma forma de espécie alienígena. O pior cenário seria um surto de deportações em massa, com os políticos populistas atiçando os temores do precariado doméstico. Espera-se que haja bom senso suficiente para evitar qualquer coisa parecida com isso. Felizmente, também há custos substanciais para protelar os fanáticos. Um estudo (HINOJOSA-OJEDA, 2010) estimou que a deportação em massa dos imigrantes "ilegais" nos Estados Unidos custaria mais do que as guerras do Iraque e do Afeganistão juntas. Mas o medo da deportação faz com que imigrantes não registrados aceitem salários mais baixos e condições de trabalho piores.

No Reino Unido, como em muitos países, os jornais nacionais têm atiçado sentimentos antimigrantes. Como eles são muito mais lidos do que os jornais locais, as pessoas leem sobre o problema dos migrantes, mesmo que em sua área não tenha nenhum. Enquanto somente 10% das pessoas no Reino Unido são migrantes, o britânico médio acredita que a quantidade seja de 27%. A mídia nacional identifica o excepcional. O mesmo é verdadeiro para os "parasitas de benefício". Um único caso é escolhido e o país inteiro lê sobre ele, imaginando que esse caso poderia acontecer logo ali virando a esquina. Se lêssemos apenas os jornais locais, a maioria das pessoas não ouviria falar sobre esse caso ou generalizaria a partir dele. A globalização e a mercadorização das comunicações dão poder para quem quer demonizar. Assim, um governo pode citar dois exemplos que sugerem que a maioria dos desempregados sofre de "um hábito de falta de trabalho", e os leitores podem ser levados a acreditar que esses dois casos representam milhões.

Outro grupo demonizado é o dos "criminosos". Vimos anteriormente como o Estado está criminalizando mais e mais pessoas. Muitas delas não passam de pessoas que não conseguem atuar muito bem numa sociedade de mercado. Outras são criminalizadas por acaso. Os serviços de emprego público têm se tornado agentes da conformidade e da disciplina social, e podem levar alguns desempregados a quebrar as regras. Os médicos estão sendo transformados em agentes disciplinares do trabalho, necessários para relatar se seus pacientes estão empregados ou são empregáveis. Isso pode levar a "condenações" por indolência ou fraude. O precariado é exposto ao desagradável trabalho assalariado inseguro, e seria compreensível querer fugir dele ou se rebelar contra ele. O sistema penal modera essa tendência e aumenta seus custos. Junte-se a isso o monitoramento sofisticado e mais pessoas poderão ser presas e marcadas socialmente.

Em alguns países, os presos são proibidos de votar nas eleições. O governo trabalhista do Reino Unido adiou repetidas vezes a revogação da proibição, violando a lei da União Europeia, e uma proposta de revogação apresentada pelo novo governo de coalizão foi fortemente derrotada numa votação parlamentar livre. Outros países também proíbem os prisioneiros de votar, e muitos Estados norte-americanos também proíbem ex-presos de votar, uma forma de pena de prisão perpétua que promove ativamente o desengajamento cívico.

Em geral, a demonização é mais fácil em sociedades caracterizadas pela ansiedade e pela insegurança econômica sistêmica. A insegurança faz com que seja mais fácil brincar com os medos, "desconhecidos que desconhecemos" e imagens criadas e manipuladas por artistas visuais e da linguagem contratados para fazer exatamente isso. Esse aspecto leva ao que deveria ser o maior medo de todos.

Desgaste da democracia e neofascismo

O que deveria preocupar a todos que acreditam nos valores democráticos e na liberdade é que, com a mercadorização das políticas, há um "desgaste" da democracia, com menos pessoas pertencendo à corrente predominante dos partidos políticos e poucos participantes na maioria das eleições. Esse desgaste está atingindo os partidos progressistas de modo particularmente severo.

No Reino Unido, uma auditoria de engajamento político mostrou que no início de 2010, apenas um em cada dez potenciais eleitores era "politicamente comprometido", enquanto um em cada dez era "alienado e hostil" (HANSARD SOCIETY, 2010). O maior grupo, um em quatro, consistia no "desmotivado, desconfiado". Somente 13% podiam citar o nome de seu representante no Parlamento. Os desmotivados eram principalmente os jovens (com menos de 35 anos) da classe trabalhadora – o precariado. O relatório disse que o grupo alienado/hostil era "extremamente difícil de ser conquistado e seria infundado esperar que eles possam ser convertidos em eleitores". Também seria difícil estimular o voto do grupo entediado/apático. Grande parte dos desengajados estava mais inclinada a votar no Partido Trabalhista do que no Conservador, mas foram desestimulados pelo que estava disponível.

A democracia frágil, o voto esporádico da juventude e a tendência para a direita andam juntos. Nas eleições de 2009 na União Europeia, a média de comparecimento às urnas foi de 43%, a menor desde 1979. Os partidos de centro-esquerda se deram mal em quase toda parte. O Partido Trabalhista levou 16% dos votos no Reino Unido. Os partidos de direita se saíram bem em todos os lugares. Os socialistas foram esmagados na Hungria, enquanto o Jobbik, de extrema-direita, ganhou quase o mesmo número de assentos. Na Polônia, a dominante Plataforma Cívica de centro-direita venceu. Na Itália, o centro-esquerda ganhou 26% dos votos, sete pontos percentuais a menos do que nas eleições gerais de 2008, antes da crise, contra 35% para o Partido do Povo da Liberdade, de Berlusconi. Nas eleições alemãs de 2009 houve uma baixa participação recorde de 71%; a direita se saiu bem. Em toda parte, os social-democratas estavam em retirada.

Um problema é que os políticos agora são vendidos como marcas, enquanto a política baseada em classe tem sido rebaixada, em parte porque o projeto social-democrata não poderia sobreviver à globalização. O resultado é uma política de discurso breve, baseada na imagem e na aceitação compartilhada do quadro econômico neoliberal. Com isso, o apoio à democracia social está fadado à erosão.

Parecia haver uma exceção: os Estados Unidos em 2008, quando Barack Obama conseguiu mobilizar os jovens norte-americanos que esperavam por uma agenda progressista. Infelizmente, ele foi empacotado e sobrevalorizado. Seu consultor de redes sociais veio do Facebook; outro consultor criou uma "marca Obama" por meio de ferramentas de marketing inteligentes, com um logotipo (nascer do sol sobre estrelas e listras), um excelente marketing viral (toques de celular do Obama), um *merchandising* de produtos (anúncios de Obama em videogames de esportes), uma propaganda de TV de 30 minutos de duração e uma escolha de alianças estratégicas de marca (Oprah para o alcance máximo, a família Kennedy para a seriedade, estrelas de hip-hop para a credibilidade nas ruas). Depois Obama recebeu o prêmio Marketer of the Year pela Association of National Advertisers. E anúncios de empresa o copiaram, como o "Choose Change", da Pepsi, o "Embrace Change", da IKEA, etc.

Isto é política mercadorizada, que compra e vende imagens e chavões efêmeros, preferindo símbolos à substância. Há uma profunda alienação no fato de relações públicas e publicidades caras venderem uma campanha transcendental que envolve um homem como marca, cercado por imagens de liberdade e de mudança sem substância.

Obama foi vitorioso contra a fraca oposição republicana, no meio de uma guerra desastrosa e de uma economia à beira do colapso. Ele poderia ter arriscado atacar o projeto neoliberal. Em vez disso, apoiou o Fundo Monetário Internacional, que, com sua arrogância, tinha sido um dos principais culpados, socorreu os bancos e nomeou Larry Summers como seu principal assessor econômico, o homem que inventou a política responsável pela crise do crédito imobiliário de alto risco [*sub-prime housing crisis*]. Obama nunca tentou se aproximar do precariado, embora muitos de seus membros tivessem a esperança de que ele o faria. A imaginação social-democrata não podia se identificar com dificuldades reais.

Nos Estados Unidos e em outros lugares, a raiva cresceu em relação a alguns dos aspectos corruptos da era da globalização. Lembre-se do uso sistêmico de subsídios. Naomi Klein, entre outros, tem chamado a era da globalização de "capitalismo de compadrio", que se revela não como um enorme "mercado livre", mas como um sistema em que os políticos liberam a riqueza pública para agentes privados em troca de apoio político. Ironicamente, os grupos de extrema direita se apossaram da reação anticorporativista. Se o Estado foi capturado pelo favoritismo, por que alguém deveria apoiar um "Estado forte"? Os social-democratas de estilo antigo são incapazes de responder com convicção, porque aceitaram a construção neoliberal e nada fizeram para apoiar o precariado, que cresceu à sua sombra. O fato é que os subsídios ao capital foram utilizados para fins políticos e econômicos. O raciocínio bruto era que, se um político ou um partido não dessem subsídios para os interesses dos poderosos, tais como os "barões da mídia", outros o fariam. Se os subsídios não fossem dados a investidores financeiros e aos "não domiciliados" (indivíduos ricos que alegam estar domiciliados em outro lugar para efeitos fiscais), outros países os afastariam para longe. Uma geração de social-democratas acompanhou o oportunismo incipiente, perdendo toda a credibilidade no processo.

Há tendências mais preocupantes do que um projeto social-democrático à beira da ruína. Pessoas inseguras produzem pessoas com raiva, e pessoas com raiva são voláteis, propensas a apoiar uma política de ódio e amargura. Na Europa, os partidos de centro-esquerda têm sido punidos pelo eleitorado por permitir que a desigualdade e a insegurança cresçam, enquanto seguem em direção a um Estado de *workfare*. Os partidos de extrema direita têm crescido, apelando abertamente para os temores daqueles que se tornaram mais inseguros.

A Itália mostrou o caminho. A aliança forjada por Berlusconi visava ao precariado – a parte italiana dele. O etos político merece ser chamado de "neofascismo". Subjacente a ele está uma aliança entre uma elite fora da corrente dominante da sociedade – simbolizada pelo próprio Berlusconi, o homem mais rico da Itália, que possui as principais emissoras comerciais de TV do país – e da classe média baixa e aqueles com medo de cair na precariado. No dia seguinte à sua reeleição em 2008, Berlusconi anunciou sua intenção de "derrotar o exército do mal", o que significava livrar o país dos "imigrantes ilegais". Jogando com o medo das pessoas em torno da lei e da ordem, instigou uma série de medidas autoritárias. Os acampamentos ciganos foram demolidos e suas impressões digitais foram tiradas; o Parlamento legalizou as patrulhas de vigilantes; o período durante o qual os que pediam asilo poderiam ser mantidos em "centros de identificação e expulsão" foi estendido para seis meses; uma política foi introduzida para enviar de volta migrantes que estavam no mar no Mediterrâneo antes que pudessem desembarcar, mandando-os para centros de internação de encarceramento na Líbia. Berlusconi e seus colegas chamavam o Judiciário de "um câncer" e demitiram o Parlamento como "uma entidade inútil". Não admira que a Itália seja chamada de pseudodemocracia.

Os ataques racistas em Roma se espalharam, legitimados pela reeleição como prefeito, em 2010, de Gianni Alemanno, um ex-ativista neofascista. Vários cientistas sociais observaram que os jovens bandidos que cometiam os ataques racistas eram menos ideológicos do que seus antecessores da década de 1930 e mais interessados na identidade pessoal, opondo-se a qualquer pessoa percebida como diferente. Outra mudança foi uma grande atração por bebidas alcóolicas, associada a uma mudança da fixação por uma *bella figura* para um peculiar orgulho em perder o controle. Claudio Cerasa, autor de *The Taking of Rome*, livro sobre a ascensão da direita política, descreveu Alemanno como um produto do neofascismo, não uma causa. Em 2007, um ano antes de ter sido eleito pela primeira vez, um quarto dos alunos das escolas de Roma votou em *Blocco Studentesco*, uma afiliada da *Casa Pound* de extrema-direita. Esse era o clima da época.

O que está acontecendo na Itália também está começando a acontecer em todos os lugares. Na França, o presidente Nicolas Sarkozy, da ala direita, que já tinha adotado uma linha dura sobre a imigração como ministro do Interior, especialmente após os motins de 2005 nos *banlieues* de Paris e em outras cidades francesas, não perdeu tempo em copiar Berlusconi. Em 2009, milhares de migrantes foram sumariamente deportados e, em 2010, um grande número de ciganos foi expulso para a Romênia e para a Bulgária. O presidente Sarkozy estava atuando para impressionar seus eleitores. Parte do precariado estava passando para a extrema-direita. A classe trabalhadora branca e os membros mais velhos do precariado votaram a favor da Frente Nacional nas eleições regionais de março 2010, com a Frente ganhando 17,5% em doze regiões onde havia tido candidatos no segundo turno. Depois de o partido UMP (*Union pour un Mouvement Populaire*) de Sarkozy ter sido fortemente derrotado por uma desorientada coalizão de centro-esquerda, o partido passou ainda mais para a direita. Em uma pesquisa de 2010, um terço dos eleitores do UMP disse que apoiaria pactos eleitorais conjuntos com a Frente Nacional.

A extrema direita tem feito incursões em muitos países europeus. O maior choque para a corrente política dominante foi a eleição sueca no final de 2010, quando os democratas suecos de extrema-direita obtiveram grandes vitórias, enquanto os icônicos social-democratas tiveram seu pior resultado em décadas. Ele simbolizava o fim do famoso "modelo sueco". Também em outros lugares, os grupos de extrema-direita com mensagens xenófobas estavam progredindo. O desprezível partido Jobbik, com seus uniformes pretos e botas de cano alto, fez investidas na Hungria. Na Holanda, o Partido da Liberdade avançou na eleição de junho de 2010, exigindo limites à imigração, uma redução da burocracia para as pequenas empresas, impostos mais baixos e cuidados para os mais idosos. Lá e na Dinamarca, onde o populista Partido do Povo Dinamarquês obteve um novo reforço da mais draconiana das leis de imigração na Europa, um governo liderado pelos liberais depende de partidos anti-imigração para sobreviver. Na Áustria, o Partido da Liberdade de extrema-direita levou mais de um quarto dos votos nas eleições provinciais em Viena em outubro de 2010, quase duplicando seu apoio a partir de 2005.

No Reino Unido, o Partido Nacional Britânico rapidamente provocou um susto, arrebatando vitórias nas eleições da União Europeia em 2009, apenas para implodir devido à grosseria de seu líder. Seria muito otimismo pensar que as propensões ocultas que levaram à sua onda de popularidade serão esquecidas. Outros grupos igualmente desagradáveis, como a English Defence League [Liga de Defesa Inglesa], perceberam o espaço, enquanto algumas figuras centristas não se opuseram a incitar os sentimentos anti-imigração.

As políticas buscadas pela maioria dos governos europeus criaram um ambiente propício ao populismo. O Reino Unido não é exceção. Ao favorecer mercados de trabalho flexíveis, permitiu que o precariado crescesse, sem responder às suas inseguranças e medos. Mudou, decisivamente, a proteção social para benefícios sujeitos à verificação de recursos, que dão prioridade aos mais necessitados enquanto empurram os "cidadãos" antigos, que podiam ser quase pobres, para o fim da fila de benefícios, incluindo o da habitação.

A baixa renda desfavoreceu as comunidades deterioradas pela reprodução do comportamento antissocial da desindustrialização; seus habitantes estão cercados pela miséria e sofrem de privação relativa. Como essas áreas atraem um número desproporcional de migrantes e minorias étnicas de baixa renda, os habitantes "brancos" ou "cidadãos" sentem vários medos, principalmente de perder o pouco que têm. Condená-los por suas reações e comportamentos, quando os mercados de trabalho flexíveis e os benefícios sujeitos à verificação criam essas condições, é um falso moralismo. A responsabilidade recai sobre os estrategistas políticos, cujas políticas têm fomentado as tensões e gerado o extremismo.

O governo trabalhista respondeu com medidas populistas, lançando projetos-piloto a fim de pagar aos migrantes desempregados para que fossem para casa com passagens de avião só de ida, usando uma empresa privada de combate aos crimes comerciais e anunciando um plano para ajudar "comunidades tradicionais", um eufemismo para auxiliar os bairros brancos de baixa renda. Em outros lugares, os governos também se voltaram para abordagens populistas.

Nos Estados Unidos, o movimento Tea Party começou em 2009, após o comentarista de TV Rick Santelli convocar o povo a manifestar sua revolta contra os planos financeiros do presidente Obama. As pessoas que se juntaram ao Tea Party eram contra o governo, exigindo impostos baixos e mercados livres. O alvo inicial eram os Democratas, mas os Republicanos considerados insuficientemente comprometidos com os cortes de impostos e o menor governo também foram ameaçados. O Comitê Nacional Republicano, em 2010, foi forçado a adotar uma regra instando os líderes do partido a apoiarem candidatos que pudessem provar suas credenciais de extrema-direita passando por um conjunto de dez critérios estabelecidos pelo Tea Party.

Os interesses da elite flertaram com o Tea Party. Ele tem atraído o apoio de grupos ligados a companhias de petróleo e a Wall Street

(Fifield, 2010). Componentes da elite estão se unindo com os componentes da minguante classe trabalhadora e do precariado, aqueles financiando e garantindo a cobertura da mídia, e estes fornecendo os soldados rasos e os eleitores. A menos que os partidos da corrente dominante ofereçam ao precariado uma agenda de segurança econômica e de mobilidade social, parte substancial do precariado continuará sendo levada ao limite do perigoso.

Na primeira convenção nacional do Tea Party houve muita conversa sobre a imigração ilegal e a oposição ao "culto do multiculturalismo" e à "islamização". As camisetas tinham slogans como "Vou manter minha liberdade, minhas armas e meu dinheiro". Os Birthers estavam lá, alegando que Obama era um impostor alienígena. Assim como o Partido Nacional Britânico, na Inglaterra, o Tea Party acusava os imigrantes de inundarem os Estados Unidos com valores judaico-cristãos. "Esse país é nosso", disse um delegado em meio a aplausos frenéticos, "Peguem-no de volta!" Não havia ninguém por perto para dizer que o país não havia sido tomado.

O Tea Party é neofascista – quer um pequeno Estado social e um governo autoritário. É constituído predominantemente por "homens e mulheres brancos irritados" afetados pela perda de empregos e diminuição do nível de vida. Dois terços dos postos de trabalho existentes durante os dois anos posteriores a 2008 eram empregos de "colarinho azul" ocupados por homens. Os brancos irritados são críticos quanto a "dar dinheiro" para as pessoas, e as pesquisas mostram que os brancos se tornaram mais conservadores. O apoio aos "direitos às armas" aumentou de 51% em 2008 para 64% em 2010.

Glen Beck, apresentador da Fox News aclamado pela direita americana, é um confesso ex-viciado em cocaína e álcool que chama a si mesmo de "esquizofrênico limítrofe". Ele investe naquelas pessoas com pouca instrução ou conhecimento político. No seu best-seller *Glen Beck's Common Sense*, ele se dirige ao leitor da seguinte forma:

> Acho que sei quem é você. Você é uma pessoa de "fortes crenças", com um "coração quente". Trabalha muito, não é descuidado com o dinheiro, está preocupado com o que a economia significa para a sua família. Não é sectário, mas parou de expressar suas opiniões sobre questões delicadas há muito tempo porque não quer ser chamado de racista ou de homofóbico e defender seus valores e princípios. Não compreende como o governo pode lhe pedir que se sacrifique apenas para que os banqueiros e os políticos possam colher os benefícios.

Querido leitor, Glen Beck pode ajudar você. Ele se levantará com você e dirá: "Não pise em mim".

Beck se tornou uma celebridade multimilionária. O que era marginal se tornou a corrente principal. A velha corrente política dominante não possuía uma narrativa alternativa para oferecer, além da esperança de crescimento econômico e de empregos. Não apresentou resposta para o aumento da insegurança e da desigualdade; indiferente, a parte progressista do precariado ficou longe das mesas de voto nas eleições parciais de 2010.

No Japão, o precariado também está dividido; um grande número de pessoas com raiva, a maioria homens jovens, está se juntando em grupos apelidados pela mídia de *Net Far Right* (Rede de Extrema-direita), porque os membros se organizam pela internet e se reúnem apenas para manifestações. A maioria recebe baixos salários e tem contratos de emprego de tempo parcial ou de curto prazo. De acordo com o professor de sociologia Kensuke Suzuki, "esses são os homens que se sentem marginalizados em sua própria sociedade. Eles estão procurando alguém para culpar, e os estrangeiros são o alvo mais óbvio" (FACKLER, 2010). O maior grupo, com mais de 9 mil membros em 2010, é chamado de *Zaitokukai*, abreviação de seu nome um tanto complicado – Cidadãos que não Perdoarão Privilégios Especiais para os Coreanos no Japão. Tais grupos têm intensificado as manifestações hostis contra os migrantes e dizem que seu modelo é inspirado no Tea Party dos Estados Unidos.

A menos que a mercadorização da política seja restringida, veremos mais um enfraquecimento do envolvimento democrático, especialmente da parte progressista do precariado. A política é agora dominada por profissionais do mercado. Um exemplo assustador foi a eleição presidencial de 2010 da Ucrânia, vencida por Victor Yanukovich, um homem ligado aos oligarcas do país e com condenações criminais por roubo e assalto. Os oligarcas levantaram recursos e contrataram uma empresa para vender sua imagem aos eleitores. Isso foi conduzido por um estrategista do Partido Republicano norte-americano, Paul Manafort, cuja empresa tinha sido contratada como consultora de vários presidentes dos Estados Unidos. Antes de começarem a trabalhar, Yanukovich estava caindo nas pesquisas, tendo sido rejeitado em 2004. A empresa contratada retratou sua imagem sob uma nova embalagem. Enquanto isso, a empresa de consultoria fundada por David Axelrod, conselheiro político de Obama, estava ajudando o outro candidato principal, como estava fazendo John Anzalone, que também trabalhou para a campanha de Obama.

Três coisas são dignas de nota sobre essa eleição bizarra em um país europeu de 50 milhões de habitantes. Ela exemplificou a mercadorização da política; foi uma mercadorização externa coerente com uma forma mutante da globalização; e envolveu uma elite criminosa, financiando seus interesses na forma de um candidato. Enquanto isso, um grande número de ucranianos anunciava seus votos para venda na internet. A empresa republicana norte-americana superou a empresa democrata norte-americana.

A mercadorização global da política deveria preocupar principalmente o precariado. Talvez o desenvolvimento mais regressivo nos Estados Unidos, e por consequência em outros lugares, dada a forma como seus regulamentos legais tornaram-se precedentes globais, foi a decisão de 2010 da Suprema Corte sobre a *Citizens United contra Federal Election Commission*. A Corte decidiu que qualquer corporação, sindicato ou associação comercial podia fazer contribuições ilimitadas para campanhas políticas, pelas razões peculiares de que tinham os mesmos direitos que os indivíduos de participar nas eleições. Não foi nenhuma surpresa que as eleições legislativas parciais subsequentes fossem dominadas por "anúncios de ataque" ferozes, financiados por organismos criados para esconder de onde veio o dinheiro. Os fundos para os candidatos de direita subiram seis vezes, a maioria indo para os candidatos que fizeram campanha em favor de cortes de impostos, mais subsídios para as corporações, enfraquecimento da proteção ambiental, reversão da reforma de saúde e uma posição mais rígida sobre a migração e os imigrantes.

De imediato, a decisão desgastou um princípio democrático de que cada cidadão tem igual direito de votar e igual peso no processo. O maior perdedor é o precariado. Considerando que as corporações vão colocar dinheiro em campanhas para a elite e para os assalariados, enquanto os sindicatos enfraquecidos vão apoiar os funcionários do seu núcleo, não há grande interesse em representar o precariado. Ainda não.

Em suma, o precariado deve estar preocupado com a onda de neofascismo e a pressão para um Estado social menor. No momento, ele não pode resistir. Algumas pessoas, cujas situações sociais e econômicas as colocam no precariado, foram politicamente infantilizadas: estão tão ansiosas e inseguras que são facilmente levadas a apoiar ações populistas e autoritárias voltadas para quem é retratado como ameaça. Muitos membros do precariado perderam (ou têm medo de perder) o pouco que tinham e estão partindo para o ataque porque não têm políticas de paraíso que os conduzam a melhores direções.

Conclusões

O precariado é descrito como um grupo de pessoas que necessita de acompanhamento, terapia e coerção para assumir empregos. Mas a solução paternalista libertária do *workfare* é um meio de interromper qualquer tentativa de construir carreiras profissionais, como o é a terapia quando usada como política social. O diagnóstico de incapacidade mental e o prognóstico da terapia combinam-se para acentuar os sentimentos de precariedade. Essas não são políticas para apelar para a inquietação e a revolta no precariado. É mais provável que aconteça o inverso.

A vigilância está permeando todas as instituições da sociedade. Em cada ponto ela vai gerar a *sousveillance* ou uma contracultura, e isso, por sua vez, terá um efeito de resposta que induz uma vigilância mais firme. A vigilância não descansa, uma vez que foi legitimada. Ela só pode ser interrompida pela resistência ativa, pela ação baseada em classe.

A vigilância promove a agressão e a suspeita de motivos. Se um homem é capturado em um circuito fechado de televisão acariciando o rosto de uma jovem garota, isso é um sinal de bondade ou de intenção sexual predatória? Se houver dúvida, a verificação será justificada como medida de precaução. Jamais podemos nos sentir totalmente seguros. Um protetor nunca está longe de ser um controlador. Uma das consequências será o retraimento de gestos normais de amizade. A mesma ambivalência e tendência de distanciamento são alimentadas dentro das empresas. A aplicação da pontualidade, assiduidade no trabalho e auditorias de eficiência são instrumentos para penalizar os não conformistas, que podem ser as mentes mais inovadoras e criativas. Afinal de contas, a vigilância corrói a confiança e a amizade entre as pessoas, tornando-as mais temerosas e mais ansiosas. O grupo com mais razão para sentir esse medo e ansiedade é o precariado.

O utilitarismo que sustenta o Estado neoliberal se reduz à crença de tornar a maioria feliz ao mesmo tempo em que torna a minoria obediente às normas da maioria, por meio de sanções, estímulos e vigilância. É a tirania da maioria levada a um novo nível de intensidade. Os utilitaristas poderiam sair impunes desde que estivessem lidando com uma pequena subclasse e desde que as rendas estivessem, na pior das hipóteses, estagnadas no extremo mais baixo da sociedade. Uma vez que o precariado cresceu e as rendas começaram a cair acentuadamente, a indignação para com a agenda utilitária e o acolhimento das desigualdades acabaram se tornando obrigatoriamente explosivos.

Capítulo 7

Uma política de paraíso

É hora de revisitar a grande trindade – liberdade, fraternidade e igualdade – no desenvolvimento de uma agenda progressista a partir da perspectiva do precariado. Um bom começo seria um renascimento da liberdade republicana, a capacidade de agir em conjunto. A liberdade é algo que está revelado na ação coletiva.

O precariado quer liberdade e segurança básica. Como o teólogo Kierkegaard colocou, a ansiedade faz parte da liberdade. Ela é o preço que pagamos pela liberdade e pode ser um sinal de que a temos. No entanto, a menos que a ansiedade seja moderada, ancorada em segurança, estabilidade e controle, corremos o risco de que ela se transforme em medos irracionais e nos torne incapazes de funcionar racionalmente ou de desenvolver uma trajetória coerente para viver e trabalhar. É nesse estado que o precariado se encontra hoje, desejando controle sobre a vida, um renascimento da solidariedade social e uma autonomia sustentável, enquanto rejeita velhas formas trabalhistas de segurança e de paternalismo estatal. Ele também quer ver o futuro assegurado de uma forma ecológica, com o ar limpo, a poluição em retrocesso e o reavivamento de espécies; o precariado tem mais a perder com a degradação ambiental. E ele está se movimentando no sentido de querer reviver a liberdade republicana, ao invés da liberdade individualista alienante da mercadorização.

Embora o precariado ainda não seja uma classe-para-si, ela é uma classe-em-construção, cada vez mais capaz de identificar o que deseja combater e o que quer construir. Ele precisa reviver um etos de solidariedade social e universalismo, valores rejeitados pelos utilitaristas. Sua presunção foi compreendida por um líder no influente *Financial Times* (2010b), que declarou sem rodeios: "A universalidade é um princípio perdulário". Pelo contrário, é mais importante do que nunca. É o único princípio que pode reverter as crescentes desigualdades e a insegurança econômica. É o único princípio que pode deter a propagação dos benefícios sujeitos a verificação de recursos, a condicionalidade e o estímulo paternalista. É o único princípio que pode ser usado para manter a estabilidade política na medida em que o mundo se ajusta à crise da globalização que está levando a maioria das pessoas no mundo industrializado a um declínio nos padrões de vida.

Para o precariado, o trabalhismo do século XX não é atraente. Por sua vez, o projeto social-democrata foi progressista, mas chegou a um beco sem saída com a austera Terceira Via. Os políticos social-democratas que temiam falar na desigualdade, quanto mais abordá-la, abraçaram o trabalho flexível inseguro e desistiram da liberdade, promovendo o Estado panóptico. Eles perderam credibilidade com o precariado quando se descreveram como "classe média" e tornaram a vida dos não conformistas mais difícil e mais insegura. É hora de seguir em frente.

Há uma necessidade de uma nova política de paraíso que seja leve e orgulhosamente utópica. O momento é adequado, já que uma nova visão progressista parece surgir nos primeiros anos de cada século. Havia os românticos radicais do início do século XIX exigindo novas liberdades, e houve uma corrida de pensamento progressista no início do século XX exigindo liberdade para o proletariado industrial. Já é tarde, mas o descrédito do trabalhismo junto com a falência moral do modelo neoliberal da globalização representa um momento de esperança para um igualitarismo emancipatório voltado para o precariado.

Ao se pensar que forma isso tomaria, é bom refletir que o que parece impossível hoje costuma tornar não apenas possível, mas eminentemente praticável. Em seu prefácio à edição de 1982 de *Capitalismo e liberdade*, escrito originalmente em 1962, quando o monetarismo e o neoliberalismo ainda estavam sendo ridicularizados, o astuto monetarista Milton Friedman comentou: "Nossa função básica é desenvolver alternativas às políticas existentes, para mantê-las vivas e disponíveis até que o politicamente impossível se torne politicamente inevitável" (FRIEDMAN, 1982, p. ix). É nisso que o pensamento progressista se apoia hoje.

Uma primeira tarefa é afirmar o que tem sido negado pelos trabalhistas e neoliberais. É preciso confiar que as pessoas pensarão e agirão para o próprio bem, bem como respeitarão os outros. Elas não devem ser tratadas como preguiçosas, criminosas em potencial, transgressoras da lei ou inerentemente egoístas. É preciso dizer aos incentivadores paternalistas libertários para não se meterem nos negócios e nas arquiteturas de escolha dos outros; é preciso eliminar o panóptico. A educação adequada e o "tempo de qualidade" são o caminho para ajudar as pessoas a tomarem suas próprias decisões. Ao contrário do que os paternalistas libertários dizem, a maioria das pessoas não toma decisões abaixo do ótimo porque elas são oprimidas pela informação, mas sim porque não têm tempo ou energia para filtrar as informações relevantes, não têm acesso a um possível aconselhamento especializado e não têm Voz para exercer suas escolhas.

O mesmo pode ser dito sobre os empregos. O fato de haver uma aversão aos empregos em oferta não significa que uma multidão de pessoas não queira trabalhar. Há evidências incontestáveis de que quase todas as pessoas querem trabalhar. Faz parte da condição humana. Mas não podemos concluir que todos deveriam ocupar empregos ou ser tratados como se sofressem de um "hábito de falta de trabalho" quando na verdade isso não acontece.

O precariado se defronta com a insegurança sistemática. É simplificar demais dividi-lo em um precariado "bom" e um "mau". No entanto, há uma parte dele que quer enfrentar as inseguranças com políticas e instituições para redistribuir segurança e oferecer oportunidades para que todos possam desenvolver seus talentos. Essa parte, praticamente toda jovem, não vê com bons olhos a garantia de vínculo empregatício trabalhista da era pré-globalização.

O precariado "mau", em contraste, é abastecido pela nostalgia por uma idade de ouro imaginada. É revoltado e amargo, vendo os governos salvarem bancos e banqueiros, dando subsídios para as elites favorecidas e os assalariados, permitindo que a desigualdade cresça à sua custa. É atraído para o neofascismo populista, atacando governos e demonizando aqueles que parecem favorecidos por eles. A menos que as aspirações do "bom" precariado sejam enfrentadas, mais pessoas vão ser arrastadas para os círculos do "mau" precariado. Se isso acontecer, a sociedade estará ameaçada. E isso está acontecendo.

A principal necessidade do precariado é a segurança econômica, para que seus membros tenham algum controle sobre suas perspectivas de vida e a sensação de que os choques e os riscos podem ser gerenciados. Isso só pode ser alcançado se a segurança de renda for garantida. No entanto, os grupos mais vulneráveis também precisam de "agência", a capacidade individual e coletiva para representar seus interesses. O precariado deve forjar uma estratégia que leve em conta esse duplo imperativo.

Tornar justa a *denizenship*[20]

O precariado é composto de muitos tipos de "habitantes", com diferentes pacotes de direitos, porém limitados. Ele lucraria se as disparidades fossem reduzidas e se os direitos fossem devidamente defendidos. Cada parte do precariado tem um interesse no reforço dos direitos dos outros "habitantes", mesmo que alguns grupos políticos tentem virar um grupo contra o outro. "Habitantes, uni-vos!" não seria um mau slogan. E é importante lembrar que não são apenas os migrantes que têm o status de "habitante". Cada vez mais, o Estado está convertendo mais cidadãos em "habitantes".

De maneira mais flagrante, ele está tirando os direitos do indivíduo "criminalizado". Esta é uma forma de dupla incriminação. A menos que um crime seja abertamente político, ou se um processo legal tiver determinado que uma pessoa não deveria ter o direito de votar, não há justificativa para se tirarem os direitos políticos e os direitos sociais. Dada a tendência do Estado de prender e criminalizar mais pessoas, essa questão merece maior discussão pública.

Os migrantes são os principais "habitantes". Há várias propostas para a criação de um processo pelo qual eles poderiam obter a cidadania com uma ampla gama de direitos, incluindo a "cidadanização", separando status e nacionalidade. Um conceito de *residenceship* integraria melhor os migrantes, uma vez que eles se tornariam automaticamente cidadãos após certo período, em vez de serem "naturalizados". Isso contrasta com a noção de "permissões permanentes"; embora protegesse contra a deportação arbitrária, meramente confirmaria esses "habitantes" como estrangeiros. A universalidade consiste em superar tais distinções em um mundo globalizado. Da forma como está, os governos têm aumentado as condições necessárias para desfrutar até mesmo do status de "habitante". Em países que adotaram os "testes de cidadania" para aqueles que desejam se estabelecer, o precariado deveria exigir que qualquer pessoa que pretenda exercer serviço político também devesse ser submetida a

---

[20] No conceito de cidadania cívica, *denizenship* corresponde ao status intermediário entre o habitante estrangeiro e o cidadão. (N.T.)

eles. Melhor ainda seria aboli-los como fraudulentos, já que seu principal objetivo é levantar barreiras à entrada.

Entre as reformas mais necessárias que afetam os "habitantes", estão aquelas relacionadas ao direito à prática, o direito de trabalhar na esfera de sua competência e "vocação". Milhões têm esse direito negado, através de licenciamento e outros meios. As profissões liberadas para a prática abririam essa possibilidade aos migrantes, que, de outro modo, seriam relegados ao precariado. A Alemanha, por acaso, pode assumir a liderança aqui. Em outubro de 2010, o ministro do Trabalho disse que, para atrair mais migrantes qualificados, a Alemanha introduziria uma lei reconhecendo qualificações estrangeiras. Essa é uma resposta *ad hoc* a um desafio global. O que é necessário é um sistema de credenciamento internacional, por meio do qual os governos e as corporações profissionais estabeleçam padrões de qualificação e reconhecimento mútuo, de modo que aquelas pessoas com habilidades qualificadas em um país possam praticá-las em outros países com mais facilidade. Na maioria das profissões, não há necessidade de licença. Um sistema de credenciamento poderia exigir que os profissionais mostrassem uma prova de qualificação por meio dos potenciais clientes de seus serviços, o que permitiria aplicar o princípio de *caveat emptor* (cuidado, comprador) de forma justa.

Os migrantes, sobretudo os que solicitam asilo, carecem de mecanismos para representar seus interesses. Uma estratégia igualitária exigiria que fossem dados espaços aos órgãos representativos em que eles atuassem e que fossem ajudados financeiramente. Em 2010, uma campanha britânica chamada *Strangers into Citizens* fez *lobby* a favor de uma "anistia adquirida" para os migrantes não registrados após cinco anos. Se dois anos após se registrarem eles estivessem em um emprego e falassem inglês, receberiam automaticamente a cidadania. Essa medida poderia ser criticada, mas as corporações legitimadas pelo Estado são necessárias para representar todos os grupos de "habitantes" que lutam para obter direitos *de jure* e *de facto*.

Muitos outros perdem os direitos econômicos e sociais em virtude de um comportamento passado ou de alguma ação que resulta num registro oculto que macula seu caráter, sem que eles saibam ou sem que possam refutá-lo. Tony Blair disse uma vez que quem não tivesse feito nada de errado deveria se preocupar com o avanço da vigilância. Essa é uma perspectiva ignóbil. Uma razão é que não sabemos o que está sendo coletado sobre qualquer um de nós ou se isso é correto ou incorreto.

O precariado é que tem mais necessidade de proteção e deve exigir que sua condição de "habitante" seja de fato revertida.

Recuperação de identidades

O precariado está no centro da confusão em torno do multiculturalismo e das identidades pessoais. Uma característica definidora de todos os "habitantes" é a ausência de direitos. A cidadania consiste no direito de termos uma identidade, na sensação de sabermos quem somos e com quem temos valores e aspirações comuns. O precariado não tem identidade segura. Mas, em um mundo globalizado, não podemos fugir do multiculturalismo e das múltiplas identidades.

Os Estados devem permitir múltiplas identidades; todo mundo é, de certo modo, um "habitante" que tem direitos dentro de algumas identidades autorreguladas e não em outras. Cada identidade carrega pacotes distintos de "direitos". Assim, se uma pessoa tem uma identidade como adepto de uma religião ou como ateu, isso lhe dá direitos que os outros não possuem dentro de uma comunidade (direitos de certos feriados, direito de rezar ou de não rezar, etc.). Os desafios cruciais surgem com os mecanismos de hierarquia, opressão e excomunhão, e com a garantia de que o exercício de qualquer direito comunitário não afeta os direitos de identidade dos outros.

Os direitos decorrentes do fato de se pertencer a uma identidade profissional específica são ainda mais cruciais para o precariado. Se o sujeito é encanador ou enfermeiro, ele deve ter os direitos concedidos a todos os membros de sua profissão, inclusive o direito de afirmar que é qualificado e aprovado por seus pares. No entanto, é uma questão diferente dizer que quem é aceito por seus pares não deve ter o direito de praticar – e é dessa maneira que muita gente está entrando no precariado. É por isso que a identidade profissional deve se basear num sistema de credenciamento, não no licenciamento voltado para a competitividade, e é por isso que ela deve se assentar em estruturas de governança democrática dentro de corporações profissionais das quais todos os interesses possam participar (sobre como isso acontece, ver STANDING, 2009). A democracia profissional é fundamental para a liberdade do século XXI.

Voltando para o lado político da identidade, o neofascismo moderno é veementemente contra a aceitação da identidade e da cultura dos outros. Os neoliberais também se opõem à ideia de identidade, alegando que os indivíduos em uma sociedade de mercado não têm nenhuma identidade comum. Eles presumem que existe uma personalidade comum, uma mistura de pessoas, como está implícito nas Constituições norte-americana e francesa. Ambas as posturas são inúteis, para dizer o mínimo. Seria melhor afirmar que podemos e de fato temos identidades múltiplas, e precisamos construir instituições e políticas para defendê-las e melhorá-las.

O precariado é mais exposto a uma crise de identidade. Ele não deve desistir do multiculturalismo ou da legitimação de múltiplas identidades. No entanto, deve fazer mais, visto que precisa ter seus interesses representados em todas as instituições e estruturas identitárias. Isso não é uma justificativa para uma nova forma de corporativismo. É um apelo para o precariado se tornar uma classe-para-si.

Resgate da educação

A mercadorização da educação deve ser combatida por aqueles que estão sendo manipulados para se juntar ao precariado. O espectro de universidades sem professores apoiadas por técnicas panópticas deve ser banido por uma regulação democrática e transparente, envolvendo as associações profissionais e as leis que especificam que o ensino superior, bem como de outros níveis, não deveria ser *sem professores*.

A determinação de conteúdo deve ser devolvida às mãos dos profissionais – professores e acadêmicos –, enquanto os "clientes", ou alunos, deveriam ter uma Voz na definição da estrutura e dos objetivos da educação. E o precariado deveria estar habilitado para conquistar uma educação libertadora em uma base contínua, e não apenas ser sujeito à preparação do capital humano. Isso não é ser idealista ou ingênuo. É claro que os alunos não sabem o que é melhor para eles. Nenhum de nós sabe. O que é necessário é haver um sistema de governo que equilibre as forças modeladoras do processo. Atualmente, os que promovem a mercadorização da educação estão no controle total. Isso é aterrador.

É preciso haver uma reversão do emburrecimento envolvido na educação do "capital humano". Nos Estados Unidos, os peritos se referem a uma perda da capacidade de ler e a uma síndrome de déficit de atenção "massificada". E não é assim só nos Estados Unidos. A educação libertadora deve recuperar a primazia por si só, e os que promovem a mercadorização devem ser combatidos. Nós não podemos removê-los completamente, mas é preciso alcançar institucionalmente um equilíbrio em favor da educação libertadora.

Aqueles que querem que as universidades sirvam ao empreendedorismo e aos negócios e promovam uma perspectiva de mercado deveriam prestar atenção aos grandes intelectuais do passado. Como disse Alfred North Whitehead, o filósofo: "A universidade é justificada pelo fato de preservar a conexão entre o conhecimento e o entusiasmo pela vida, unindo o jovem e o velho na consideração imaginativa da aprendizagem".

Anteriormente, John Stuart Mill, ao falar sobre sua instalação no cargo de Reitor da St Andrew University, em 1867, declarou: "As universidades não têm a intenção de ensinar o conhecimento necessário a fim de preparar homens para algum modo especial de conquistar o próprio sustento. Seu objetivo não é formar advogados hábeis, ou médicos ou engenheiros, mas seres humanos cultos e capazes". A rejeição comercial desse princípio é algo que o precariado deve evitar ao máximo. É preciso deter os filisteus.

Há outra questão mais pragmática. Uma resposta parcial à frustração de status oriunda dos jovens que são formalmente educados para os empregos disponíveis num nível acadêmico mais alto do que o necessário seria transformar os títulos acadêmicos em "bens de ócio" (em vez de bens de investimento). As pessoas poderiam ser encorajadas a obter seus diplomas em um prazo mais longo, facilitando-se licenças sabáticas para mais pessoas durante o curso de sua vida adulta e não colocando tanta ênfase na importância de ir direto da escola secundária para a universidade.

O precariado pode sonhar com uma espécie de "universitização" da vida, um mundo no qual aprenda de forma seletiva e ampla em todos os momentos. Para isso, ele deve ter um sentimento de maior controle sobre o tempo e o acesso a uma esfera pública que melhore a educação como processo deliberativo lento.

Trabalho, não só tarefa

> *Para a moral moderna, tornou-se artigo de fé*
> *que toda tarefa é boa em si mesma — uma crença*
> *conveniente para quem vive da tarefa dos outros.*
> WILLIAM MORRIS (1885), *Useful Work Versus Useless Toil*

O trabalho precisa ser resgatado dos empregos e da tarefa. Todas as formas de trabalho deveriam ser tratadas com igual respeito, e não podemos presumir que uma pessoa não esteja trabalhando por não ocupar um emprego, ou que quem não realiza trabalhos hoje seja um parasita ocioso. Não é a ociosidade que prejudica a sociedade. As pessoas realmente ociosas prejudicarão a si próprias se desperdiçarem a própria vida. Porém, a sociedade tem um custo muito maior para policiar e punir a pequena minoria do que ganharia forçando-a a aceitar um emprego de baixa produtividade. Além disso, um pouco de ócio não faz mal nenhum. Como sabemos que a aparente ociosidade de uma pessoa não é o seu momento de repouso ou contemplação? Por que sentimos a necessidade de presumir e condenar? Algumas das maiores mentes da história tiveram períodos de ociosidade, e qualquer pessoa que leu o ensaio de Bertrand Russell, *Elogio ao ócio*, deveria se envergonhar de exigir que os outros trabalhem freneticamente.

Não se deve perder o senso de proporção. O trabalho é necessário; os empregos são necessários. Acontece que eles não são a essência e a finalidade da vida. Outras formas de trabalho e de usos do tempo são igualmente importantes.

John Maynard Keynes, o maior economista do século XX, previu que, a essa altura, as pessoas nas sociedades ricas estariam cumprindo não mais do que 15 horas semanais nos seus empregos. Antes dele, Karl Marx predisse que, uma vez que o nível de produtividade permitisse à sociedade satisfazer suas necessidades materiais, nós gastaríamos o nosso tempo desenvolvendo nossas capacidades humanas. No final do século XIX, William Morris, em seu visionário *Notícias de lugar nenhum,* viu um futuro em que as pessoas não teriam estresse, trabalhariam com o que lhes interessasse e seriam inspiradas para reproduzir a natureza, prosperando junto com seus vizinhos. Nenhum deles previu o insaciável impulso de consumo e o crescimento interminável definido por um sistema de mercado mercadorizado.

Chegou a hora de dizer que forçar as pessoas a aceitar empregos é a resposta para a pergunta errada. Devemos encontrar maneiras de permitir que todos nós tenhamos mais tempo para o trabalho que não é tarefa e para o ócio que não é diversão. Se não insistirmos em um conceito mais rico de trabalho, continuaremos a ser levados pela insensatez de medir o valor de uma pessoa pelo emprego que ela tem e pela tolice de que a geração de empregos é a marca de uma economia bem sucedida.

O precariado tem mais a ganhar. Ele realiza uma quantidade desproporcional de trabalho que não é emprego e é forçado a realizar muito trabalho que não é produtivo, nem agradável. Que tenhamos melhores estatísticas que revelem a quantidade de trabalho realizado. Poderíamos então zombar de quem afirma ou conclui que as pessoas que não ocupam um "emprego" identificável são preguiçosas ou parasitas de benefícios sociais. Comecemos com as estatísticas sobre a quantidade de tempo que o precariado gasta para lidar com os burocratas estatais e com outros intermediários.

Mercadorização do trabalho pleno

Ao contrário da declaração trabalhista de que "Trabalho não é mercadoria", deveria haver a mercadorização do trabalho pleno. Em vez de empurrar as pessoas para os empregos, reduzindo seus salários e dos outros afetados pela pressão negativa que resulta dessa redução, as pessoas deveriam ser atraídas por incentivos apropriados. Se há empregos, como se diz, e se ninguém se apresenta para ocupá-los, então deixemos o preço subir até que a pessoa que oferece os empregos ache que eles não valem o preço (salário) que ela está disposta a pagar, ou até que as pessoas se sintam atraídas o bastante para ocupá-los. Vamos deixar que os governos apliquem no mercado de trabalho as mesmas regras que dizem aplicar em outros mercados. Para a adequada mercadorização, o preço deve ser transparente e totalmente monetizado. Isso significa eliminar aqueles benefícios empresariais extravagantes e convertê-los em benefícios que podem ser comprados por escolha de mercado. O respeito aos princípios da solidariedade social pode ser tratado separadamente. Os benefícios não monetários são uma importante fonte de desigualdade e são contrários aos mercados de trabalho eficientes. O precariado não tem perspectiva de obtê-los. Eles vão para os assalariados e para uma minoria privilegiada de trabalhadores essenciais – uma minoria que só diminui. Para incentivar a mercantilização, os benefícios devem ser tributados a uma taxa maior do que os ganhos monetários; no momento, eles costumam ser um meio de evasão fiscal. Além disso, os sistemas de pagamento deveriam ser transparentes, por serem associados à aplicação de habilidade, esforço e tempo. É relevante que a pesquisa mostre que os trabalhadores ficam mais satisfeitos se são pagos por hora, que é o método mais transparente de todos.

A mercadorização propriamente dita é um movimento *progressivo*. Considere a prática clássica da licença-maternidade, do ponto de vista da equidade social e da posição do precariado. Se a mulher é uma empregada assalariada, ela pode receber o pagamento e a licença do empregador, com a maior parte do salário paga pelo governo. No Reino Unido, as mulheres recebem salário maternidade estatutário por até 39 semanas, e licença de até um ano. Há também licença-paternidade de duas semanas, e um dos pais pode se afastar durante um tempo não remunerado até que a criança complete cinco anos de idade. Tendo em conta que os empregadores são compensados pelo governo para a maior parte do custo do pagamento da maternidade e da paternidade, trata-se de um benefício regressivo que favorece o assalariado em detrimento do precariado. Mesmo que seja atraente para os trabalhistas, quantos assalariados de baixa renda estão em posição para receber o benefício? Foi somente em 2009 que a Comissão de Igualdade e Direitos Humanos do Reino Unido *propôs* derrubar o período de qualificação de trabalho para a obtenção dos benefícios sociais. Mas muitas mulheres precariadas estarão fora de um emprego em algum momento durante a gravidez. Então, seria improvável que elas obtivessem um novo emprego e, portanto, não teriam acesso aos benefícios da licença-maternidade. O precariado deveria ter os mesmos direitos que todos os outros. A universalidade importa.

Isso leva à próxima demanda: os empregos deveriam ser tratados como *instrumentais*, uma transação comercial propriamente dita. Aqueles que alegam que os empregos são a principal fonte de felicidade e que relutam em aproveitar dos encantos dos empregos deveriam ser coagidos a tratar os empregos como instrumentais para sua própria felicidade, considerada em longo prazo; além disso, deveriam saber que seria melhor se cuidassem de suas próprias vidas. Para a maioria do precariado, os empregos não são o caminho para o nirvana. Dizer a eles que os empregos são a fonte da felicidade é transformá-los em algo que nunca pretenderam ser. Os empregos são criados porque alguém quer que algo seja feito. Ou pelo menos é para isso que eles deveriam ser criados. Que sejam devidamente mercadorizados. Se essa é a regra de uma economia de livre mercado, então que se aplique a todas as mercadorias.

Liberdade profissional

O precariado quer desenvolver um senso de profissão, combinando formas de trabalho e tarefa de maneira a facilitar o desenvolvimento e a satisfação pessoais. As demandas de tarefas e empregos estão se intensificando, e assim como muitas formas valiosas de trabalho estão sendo realizadas em circunstâncias estressantes abaixo do ótimo, do mesmo modo a diversão está ajudando a restringir o ócio. Um dos grandes patrimônios da sociedade terciária é o *tempo*.

Em vez de tratar empregos como instrumentais, somos instruídos a tratá-los como o aspecto mais importante da vida. Existem muitas formas de trabalho fora dos empregos que podem ser mais satisfatórias e socialmente valiosas. Se partimos do princípio de que ter um emprego é necessário e que isso define a nossa identidade, as pessoas que têm emprego fixo vão se sentir estressadas se temerem perder não apenas um emprego, mas o seu valor social, seu status e seu padrão de vida visíveis.

No final de 2009, o *Wall Street Journal* publicou um comentário de Alan Blinder, ex-vice-diretor do Federal Reserve dos Estados Unidos, dizendo que os norte-americanos tinham "somente três coisas em mente nesse momento: empregos, empregos e empregos". Não apresentou nenhuma evidência para apoiar essa observação. Porém, se uma maioria só consegue atingir algo que se aproxime da segurança mantendo empregos, então obviamente os empregos serão fundamentais e estressantes. Não é utópico afirmar que isso é insalubre e desnecessário. Precisamos parar de fazer dos empregos um fetiche.

Ainda não está claro que o crescimento econômico nos países ricos exige mais empregos, como foi mostrado pelas evidências de "aumento de desempregados" e até mesmo "aumento da perda de emprego". E tentar elevar o crescimento através da criação artificial de empregos pode ser ecologicamente destrutivo. Afinal, empregos e trabalho tendem a combinar com a utilização e a exaustão de recursos, enquanto outras formas de trabalho tendem a ser reprodutivas e preservar recursos.

Na mudança de empregos, o direito ao *trabalho* deve ser reforçado; para isso, é preciso facilitar a realização de trabalho que não é tarefa e igualar as oportunidades dessa realização. Embora a necessidade desse tipo de trabalho esteja crescendo, as pessoas em melhor posição para realizá-lo são abastadas, porque têm tempo ou podem comprá-lo. Essa é uma forma velada de desigualdade, porque os que detêm as vantagens estão em melhor posição para acumular vantagens adicionais.

Nos Estados Unidos, a pós-recessão de 2008 motivou um crescimento no trabalho que não é tarefa. A ironia passou despercebida. Por exemplo, milhares se conectaram ao Volunteernyc.org, um órgão centralizador de trabalho voluntário. Em parte, isso aconteceu em resposta ao apelo do presidente Obama por mais serviço público; reavivar o espírito de comunidade voltou a ser algo popular. Adoraríamos que isso fosse verdade. No entanto, nenhum partido político tem uma estratégia para oferecer incentivos ou oportunidades para esse tipo de trabalho. A pressa em oferecer estratégias atesta o desejo de realizar trabalhos em atividades socialmente válidas. Perder o emprego pode ser libertador. Nesse sentido, estar no precariado é uma experiência bilateral. Estar preso a um emprego é o inferno da sociedade do emprego fixo, como era temido por Hannah Arendt (1958). O pertencimento orgânico torna-se esclerosado, embrutecedor. Mas ser economicamente inseguro não é nada melhor, deixando o precariado incapaz de assumir o voluntariado ou outro tipo de trabalho social. Suas dívidas e precariedade o impedem.

A corrida para o voluntariado atesta o desejo de realizar atividades que consideraríamos trabalho se não tivéssemos passado por décadas de doutrinação sugerindo que trabalho e emprego são a mesma coisa. Tanto Polanyi ([1944] 2001) quanto Arendt entenderam isso, mas nenhum dos dois levou esse entendimento para a esfera política. Polanyi lamentava a mercadorização, Arendt lamentava o ato de manter empregos fixos, mas nenhum dos dois soube dizer como alcançar uma sociedade de trabalho e ócio. Na esteira da crise da globalização, há uma oportunidade para seguir em frente.

Alguns nomes de ONGs emergentes são encorajadores – New York Cares, "Big Brothers, Big Sisters", Taproot Foundation, etc. Os profissionais fora de empregos que usavam apenas um leque restrito de seus talentos e aspirações encontraram saídas para pôr em ação seus talentos e interesses latentes. Pense também na ONG que existe em Nova York chamada Financial Clinic, que providencia especialistas para aconselhar trabalhadores de baixos salários na gestão financeira. Esses são *proficians* que, de outra maneira, poderiam cair no precariado.

O governo tem feito sua parte. Entre o crescente número de organizações estavam a AmeriCorps, que recebe jovens voluntários por um ano, a Teach for America, que envia universitários formados para lecionar em escolas de áreas de baixa renda, e a Volunteernyc.org, site de serviço público de Nova York. Em meados de 2009, as organizações norte-americanas sem fins lucrativos tinham 9,4 milhões de empregados e 4,7 milhões de voluntários de tempo integral. E as empresas estavam concedendo aos empregados regulares um tempo de folga para ser dedicado aos serviços públicos. Isso pode pressagiar um novo padrão social, mas deve ter efeitos de deslocamento. Por exemplo, 10 mil advogados foram dispensados nos Estados Unidos durante o primeiro trimestre de 2009 e muitos foram induzidos a fazer trabalho *pro bono* para grupos de interesse público, a taxas nominais. Em março de 2009, o Congresso dos Estados Unidos aprovou a Lei Edward Kennedy Serve America, uma abrangente reforma do programa de serviço nacional lançado em 1993. Isso efetivamente triplicou o tamanho da AmeriCorps, que passou a ter sete milhões de pessoas como voluntários comunitários no ano seguinte. A lei visivelmente mobilizou os norte-americanos mais velhos por meio de "bolsas de repetição" [*encore fellowships*], dando-lhes uma "segunda ocupação" em educação, cuidados de saúde e gestão sem fins lucrativos. Uma pesquisa realizada em janeiro de 2009 pela AARP (American Association of Retired Persons), que representa norte-americanos com idade acima de 50 anos, descobriu que quase três quartos dos idosos queriam dedicar tempo ao trabalho social, em vez de dinheiro.

Além do voluntariado, há muitas outras iniciativas para trabalhos na região em que se mora ou de assistência. A maioria das pessoas na sociedade moderna sente que pode dedicar muito pouco tempo para o cuidado dos parentes, amigos e comunidade, e recebem muito pouco de outras pessoas quando precisam. Precisamos chamar essas atividades de "trabalho" e incorporá-la no senso de profissão.

Em suma, a liberdade profissional requer uma oportunidade igual para que o precariado e os outros realizem uma ampla variedade de trabalho e tarefa na construção de seu próprio senso de carreira profissional, sem que o Estado torne determinada forma de tarefa superior a outras em termos morais e econômicos.

Direitos relacionados ao trabalho

O precariado deve exigir que os instrumentos dos chamados "direitos empregatícios" [*labour rights*] sejam convertidos em meios de promover e defender os direitos relacionados ao trabalho [*work rights*] Cada vez mais, as pessoas que realizam trabalhos não são empregadas, e é artificial definir empregados de maneiras complexas apenas para permitir que eles tenham direitos baseados no emprego. Os direitos relacionados ao trabalho deveriam incluir regras sobre práticas aceitáveis *entre* trabalhadores e *dentro* das comunidades profissionais, bem como entre "emprego" e "capital". O precariado está em desvantagem nesses aspectos; um regime de "negociação colaborativa" que dê Voz ao precariado é necessário a fim de complementar os regimes de negociação coletiva entre representantes de empregadores e empregados, uma questão a que voltaremos mais tarde.

O precariado também deveria exigir a construção de um regime internacional de direitos relacionados ao trabalho, começando com uma revisão da Organização Internacional do Trabalho, um baluarte do trabalhismo. A forma como essa construção poderia ser realizada é tratada por mim em outro texto (STANDING, 2010). Sem um órgão global adequado, a Voz do precariado será silenciada ou ignorada.

Todo trabalho que não é emprego precisa fazer parte dos direitos relacionados ao trabalho. Por exemplo, se é esperado que as pessoas lidem com a gestão financeira e tomem decisões sobre como gastam seu dinheiro, em vez de estarem sujeitas ao empurrão paternalista do Estado, elas deveriam ter acesso à informação disponível e ao aconselhamento profissional, além de bastante tempo de qualidade para lidar com isso.

O trabalho referente ao cuidado ainda não está na esfera de direitos garantidos pela legislação e por instrumentos de proteção social. Isso é de vital importância para as mulheres no precariado, sobretudo porque a tripla jornada feminina aumenta. Mas também é importante para os homens, na medida em que mais homens percebem o potencial de se envolverem em cuidados e em outras formas de trabalho que não seja emprego. Aqui, a agenda de direitos relacionados ao trabalho envolveria refletir sobre o prestador de cuidados, o receptor de cuidados e os intermediários, todos os quais podem facilmente sofrer exploração, opressão e autoexploração.

O trabalho como atividade social também deveria se tornar uma zona de direitos. Vimos como o trabalho voluntário e comunitário tem se ampliado, especialmente a partir de 2008. O risco é que ele se torne uma atividade privilegiada para uma minoria e um instrumento de *workfare* para outros. Além disso, os aposentados e os subempregados são efetivamente subsidiados se entram num mercado para serviços que também são prestados por pessoas que dependem da renda por realizarem esse trabalho como tarefa. Nestas circunstâncias, a presença de voluntários reduz as oportunidades econômicas do precariado.

Por fim, os direitos relacionados ao trabalho abrangem os códigos de ética. Cada comunidade ocupacional deveria ter esses códigos, e a maioria gostaria de impô-los aos seus membros. Infelizmente, algumas profissões poderosas, como os contadores, carecem deles há muito tempo, o que permite que suas elites gananciosas obtenham rendas altas por deixarem de lado as considerações éticas e humilharem as classes mais baixas em suas comunidades de trabalho mais amplas. As profissões que não tinham uma tradição de ética coletiva, como os banqueiros, contribuíram visivelmente para a crise financeira. O precariado deve insistir que os códigos de ética se tornem parte de toda comunidade profissional e atividade econômica.

Combater o *workfare* e a condicionalidade

A menos que o precariado se torne um incômodo em si, suas preocupações serão ignoradas nas democracias utilitárias. Uma tirania da maioria pode acontecer simplesmente porque o precariado está desorganizado ou esquecido por causa de sua desarticulação e falta de Voz no processo político. Essa é a situação atual. Como resultado, o que prevalece são as políticas que agradam o eleitor mediano e as pessoas que financiam a política. Para combater isso, o precariado deve ser institucionalmente representado e exigir que as políticas atendam a princípios éticos. Atualmente existe um vazio institucional que algumas ONGs corajosas tentam preencher esporadicamente, na melhor das hipóteses.

Considere o *workfare*, como foi introduzido em países como Alemanha, Austrália, Estados Unidos, Reino Unido, Suécia, entre outros. Essencialmente, o desempregado deve aceitar empregos designados ou perder os benefícios, possivelmente sendo marcado pelo resto da vida como um "parasita" em algum sistema de vigilância de dados. As pessoas empregadas – uma maioria – podem achar o modelo justo, mas não o aceitariam caso fosse aplicado a elas próprias (ou a seus filhos). Infelizmente, numa situação utilitária, a iniquidade será ignorada ou descartada. Uma maioria será feliz.

O Estado está delegando as atividades de colocação de emprego para provedores comerciais, pagando-lhes pelo número de desempregados colocados em empregos ou pela redução medida do número de reclamantes. Essa comercialização do que era outrora um serviço público configura vários perigos morais. Ela se despersonaliza, a ponto de não se tornar nem um serviço, nem uma atividade pública, mas meramente uma transação mercadorizada. O intermediário é uma empresa e, numa economia de mercado, uma empresa existe com um mandato primordial: produzir lucros.

Imagine o cenário. Um agente quer que um homem seja rapidamente colocado num emprego para aumentar a renda do próprio agente. Há um emprego pagando salário mínimo no outro extremo da cidade; é desagradável, mas é um emprego. O homem diz que não pode aceitá-lo por causa da distância e de outros custos, porque as longas horas gastas tornariam difícil para ele passar um tempo com a família ou porque o emprego não está de acordo com as habilidades que ele passou a vida adulta desenvolvendo. Então o homem é registrado na mesma hora como tendo recusado o emprego. Sob as novas regras do Reino Unido que copiam os projetos norte-americanos, se ele recusar três empregos desse tipo, perderá o direito aos benefícios durante três anos. Essa perda não será baseada num processo adequado ou num julgamento justo, mas apenas na decisão do agente comercial, que é o acusador, o juiz e o júri. O Estado fica feliz porque as listas de benefícios diminuem de tamanho. O homem não tem direito nenhum de apelar contra a pena que lhe foi imposta, o que pode ameaçar a sua vida como um cidadão funcional e manchar seus registros, colocando-o numa armadilha de precariedade.

Ninguém que entenda dos princípios básicos da justiça aceitaria tal procedimento para si ou para seus familiares. Mas, visto que isso não é problema deles, ou contanto que essas regras não exijam a sua atenção de modo que os obrigue a pensar nesse tipo de injustiça, o movimento vai continuar.

De manheira semelhante, o governo do Reino Unido contratou uma empresa chamada Atos Origin para realizar os exames médicos para a concessão de benefícios por incapacidade; prontamente, a empresa declarou que três quartos dos requerentes eram aptos para o trabalho e que por isso teriam seus benefícios reduzidos em um terço. Embora a maioria dos requerentes provavelmente tenha sido intimidada demais a ponto de não poder contestar por conta própria, algumas áreas tinham grupos para representar os requerentes; dentro de alguns meses, havia numerosos apelos, 40% dos quais foram bem-sucedidos. Os médicos disseram à BBC (British Broadcasting Corporation) que foram pressionados a fazer consultas rápidas e baratas e a declarar os pacientes aptos ao trabalho.

Islington, um município londrino de baixa renda, tem uma organização voluntária, o Islington Law Centre, que registrou uma taxa de sucesso de 80% nas apelações (COHEN, 2010). Tais entidades deveriam fazer parte da política pública, inclusive sendo financiadas pelo governo. E os reclamantes deveriam ser representados dentro das agências, de modo que as chances de abuso dos vulneráveis fossem reduzidas. Afinal, apelar é arriscado, custoso e consome tempo. Nem todos os lugares são como Islington, com sua comunidade local de advogados e jornalistas ativistas.

O precariado deve exigir que princípios democráticos transparentes sejam aplicados a cada estágio de desenvolvimento e implementação de políticas. A condicionalidade e o policiamento social comercializado devem ser revertidos por serem alheios à liberdade, ao universalismo e ao respeito à não conformidade. Se os empregos são tão maravilhosos, as pessoas deveriam ser atraídas por eles, e não forçadas a assumi-los. E se os serviços são tão vitais, então que se deixe a educação e o acesso disponível serem o meio pelo qual todos possam obtê-los.

Liberdade associativa: a *agência* do precariado

Isso nos leva de volta à natureza da liberdade. Ela não é a capacidade de fazer o que queremos, mesmo partindo da ressalva de que não faremos mal aos outros. A liberdade surge do fato de pertencermos a uma comunidade na qual possamos perceber a liberdade no exercício dela mesma. Ela é *revelada* por meio de ações, não algo concedido das alturas ou adivinhado em tábulas de pedra. O precariado é livre no sentido neoliberal, livre para competir entre si, para consumir e trabalhar. Mas não é livre na medida em que não existe uma estrutura associativa em que os paternalistas possam ser rejeitados ou em que a iniciativa competitiva opressiva seja colocada em cheque.

O precariado precisa de Voz coletiva. O movimento do EuroMayDay é somente um precursor, ou seja, são atividades dos primeiros rebeldes que precederam o surgimento da ação coletiva. Agora é a hora de surgirem corporações que representem o precariado de maneira regular para negociar com os empregadores, com intermediários, tais como corretores, e acima de tudo com as agências governamentais.

Como uma primeira tarefa, é imperativo recuperar o controle sobre a privacidade. O precariado vive em espaços públicos, mas é vulnerável à vigilância e aos estímulos não democráticos. Deveria exigir regulamentos para dar aos indivíduos o direito de verem e corrigirem as informações que qualquer organização mantenha sobre eles, para exigir que as empresas informem os empregados, incluindo trabalhadores externos, se ocorrer qualquer quebra de segurança que os afete, para exigir que as organizações passem por auditorias anuais de segurança de informação feitas por uma terceira pessoa credenciada, para colocar datas de expiração sobre as informações e limitar o uso de dados que definem perfis com base em certa probabilidade de comportamento. A proteção de dados e as leis de liberdade de informação têm sido um passo na direção certa, mas não vão longe o suficiente. É preciso Voz ativa. O precariado deve se mobilizar em torno de uma agenda para recuperar e fortalecer a privacidade e o direito de corrigir informações incorretas.

O precariado vai se irritar ainda mais com a destruição ecológica que ocorre ao seu redor. As pessoas que negam as mudanças climáticas provocadas pelo homem têm mobilizado a extrema-direita e o populismo a fim de descrever os esforços do governo para limitar a poluição como um plano para estender o poder do Estado. O precariado deve ser sábio em relação a isso. Porém, está assustado pela perspectiva de menos empregos — que são apresentados como fonte de garantia de renda — e por um crescimento mais lento, descrito como algo que, de certo modo, afeta indiretamente os empregos. Nos países ricos, é dito ao precariado que o aumento dos custos de produção aceleraria a transferência de empregos para os países mais pobres. Nos países em desenvolvimento, é dito que as medidas para reduzir o uso de energia diminuiriam a geração de empregos. Em todos os lugares, é dito ao precariado que ele deve aceitar o *status quo*. Ele precisa perceber que o problema é a primazia dada aos empregos e não ao meio ambiente. Para reverter isso, precisamos depender menos da geração de empregos.

A Voz do precariado na esfera do trabalho e da tarefa é fraca. Em princípio, os sindicatos poderiam ser reformados para representar os interesses do precariado. Mas há várias razões para pensar que isso é improvável. Os sindicatos fazem *lobby* e lutam por mais empregos e uma maior distribuição da produção; eles querem que a torta da economia seja maior. Eles são, necessariamente, antagônicos e economísticos. Eles gesticulam para os desempregados, para quem realiza trabalhos de assistência e para as questões ecológicas. Porém, sempre que houver um conflito entre os interesses financeiros de seus membros e as questões sociais ou ecológicas, eles vão optar pelos primeiros. Os progressistas devem parar de esperar que os sindicatos se tornem algo que vá contra os seus propósitos.

Um novo tipo de corporação colegiada terá de assumir o desafio da "negociação colaborativa" (STANDING, 2009). Essas corporações terão de considerar toda a gama de atividades de trabalho e de tarefas que o precariado tem de empreender e suas aspirações sociais. Devem desenvolver uma capacidade de negociar com empregadores, corretores trabalhistas, agências de temporários e uma série de órgãos estatais, principalmente aqueles que lidam com os serviços sociais e as atividades de monitoramento. Também devem ser capazes de representar o precariado nas relações com outros grupos de trabalhadores, porque seus interesses não são os mesmos dos assalariados ou da parte mais importante dos funcionários, que podem ter sindicatos para falar por eles. E devem ser associações que facilitem a mobilidade social, proporcionando comunidades estruturadas em que a mobilidade pode ser mais ordenada e viável do que no presente.

Um problema é escapar da armadilha neoliberal, baseada na afirmação de que qualquer corporação coletiva de prestação de serviços corrompe o mercado e deveria ser bloqueada em razão do antitruste. Felizmente, há modelos promissores surgindo em vários países. Um deles são as cooperativas de trabalhadores, modernizadas para permitir um envolvimento mais flexível.

Uma mensagem de Polanyi é que as associações que surgem para ajudar a "reincorporar" a economia na sociedade após a crise da globalização deveriam permitir o inconformismo, para acomodar o precariado e reforçar ao mesmo tempo o igualitarismo. Os princípios do cooperativismo têm algo a oferecer a esse respeito. Curiosamente, antes de sua eleição como primeiro-ministro britânico, David Cameron anunciou a intenção de permitir que os trabalhadores do setor público, com exceção da polícia, tribunais e serviços prisionais, dirigissem suas organizações como cooperativas de trabalhadores, negociando contratos com o departamento apropriado do governo. Isso avançaria para uma forma moderna de socialismo dos sindicatos e para uma transformação da gestão de profissões em associações profissionais. Os desafios a serem superados incluiriam a transparência, os pagamentos excessivos, a prestação de contas uma vez que os contratos tivessem sido negociados e o domínio das regras sobre distribuição de renda, oportunidades de trabalho e promoções internas. Também surgiriam problemas na jurisdição e nas relações com outros serviços. Como um serviço lidaria com mudanças técnicas na economia de mão de obra?

Ao lançar a ideia em fevereiro de 2010, Cameron citou exemplos, tais como centrais de atendimento, trabalho social, equipes de saúde comunitária e de enfermagem, departamentos de patologia de hospitais e serviços de reabilitação e educação nas prisões. A lista incita várias questões. Qual deve ser o tamanho do grupo designado como "cooperativa de trabalho"? Se todos os hospitais do Serviço Nacional de Saúde em uma área de autoridade local fossem selecionados como um grupo, surgiriam problemas para determinar que parcela da renda iria para grupos com rendimentos e habilidades técnicas muito diferentes. Será que a cota seria paga em uma base *pro rata,* de acordo com os ganhos relativos no início? Ou será que a regra seriam cotas iguais, independentemente da habilidade ou da quantidade de tempo gasto para fazer o trabalho? Se a unidade cooperativa fosse menor, restrita apenas aos médicos, enfermeiros ou departamentos de patologia, então as normas internas poderiam ser mais simples, mas qualquer mudança interna poderia ter implicações para os indivíduos do grupo. Por essa razão, as mudanças que oferecem um serviço melhor ou mais barato podem perfeitamente ser impedidas ou simplesmente não consideradas.

A dificuldade com serviços sociais integrados é determinar o valor monetário de suas partes específicas. Será que os médicos merecem 70% do valor dos serviços médicos e as enfermeiras ficam com os 30% restantes? Ou essa divisão deveria ser de 60 e 40, ou 80 e 20? Pode-se dizer que as cotas deveriam ser democraticamente determinadas, visto que os departamentos governamentais negociariam com as cooperativas. Mas, só de afirmar isso, seríamos levados a pensar nas possíveis esferas de negociação, incluindo os custos de transação. Haveria tensões legítimas entre os vários grupos profissionais relacionados. Pense em como os auxiliares de enfermagem reagiriam se a alocação de serviços de enfermagem fosse dividida em duas partes, sendo 70% para os enfermeiros. No entanto, a proposta é um movimento em direção à negociação colaborativa. Ela reconhece que, em uma sociedade terciária, nós existimos não apenas como indivíduos, mas como membros voluntários de grupos com um senso de identidade. Essa ideia remonta às sociedades amigáveis e "mútuas" do século XIX e às guildas profissionais.

Para funcionar bem, teria de haver uma forte base de direitos, de modo a facilitar a flexibilidade e dar segurança de renda suficiente para induzir as pessoas a serem favoráveis a mudanças na organização e no próprio perfil pessoal. Uma desvantagem subvalorizada do antigo modelo de segurança foi esta: como os benefícios e a renda aumentaram com o tempo no serviço, na empresa ou na organização, as pessoas se agarraram ao trabalho quando na verdade uma mudança teria sido mais vantajosa, em termos tanto pessoais quanto organizacionais. A gaiola dourada muitas vezes se tornava uma gaiola de chumbo. O princípio de cooperação é louvável, mas não deve se tornar outro meio de reprimir a mobilidade profissional.

Além das cooperativas, outra forma de agência que atenderia o precariado é uma associação de trabalhadores temporários. Há muitas variantes. A Freelancers' Union, fundada para *permalancers* (*freelancers* permanentes ou temporários) em Nova York, fornece uma ampla variedade de serviços para membros individuais. Outra variante, baseada na ajuda legislativa, é a associação de editores freelancers no Canadá (STANDING, 2009, p. 271-273). Um terceiro modelo pode ser algo como a SEWA (Associação de Trabalhadoras Autônomas da Índia). Outras associações estão surgindo e deveriam ser apoiadas pelos políticos progressistas. Elas darão novo significado para a liberdade associativa.

Acima de tudo, os mercados de trabalho flexíveis e o Estado autoritário significam que o precariado precisa de voz dentro das agências políticas. A classe assalariada sabe como se defender contra os burocratas e os procedimentos administrativos complexos. Ela pode levantar a voz. Mas o precariado está em desvantagem. Enquanto muitos de seus membros são apenas inseguros, outros têm desvantagens adicionais. Por exemplo, no Reino Unido, duas em cada cinco pessoas com benefício por incapacidade são consideradas doentes mentais. Adicione a isso o indivíduo que teve uma educação pobre e os migrantes com domínio limitado da língua e conseguiremos avaliar sua necessidade de defensores e de grupos de pressão dentro das estruturas de formulação de políticas. Eles precisam ser capazes de contestar as demissões injustas, os benefícios não pagos ou mal pagos, lidar com as dívidas e resolver problemas enquanto cuidam sozinhos de procedimentos cada vez mais complexos, aparentemente projetados para dificultar ainda mais a o processo de classificação e obtenção de benefícios.

Restabelecer a igualdade

No século XX, a desigualdade era vista em termos de lucros e salários. Para os social-democratas e outros, a redistribuição se daria pelo controle dos meios de produção, pelo nacionalismo e pela obtenção de maior divisão de lucros por meio da taxação, que depois poderiam ser redistribuídos em benefícios estatais e serviços públicos.

O modelo caiu em descrédito e os socialistas estão sem esperanças. Numa coletânea de ensaios chamada *Reimagining Socialism* [Repensando o socialismo], escritas por socialistas norte-americanos que viram os meios de produção indo para a China, Barbara Ehrenreich e Bill Fletcher (2009) escreveram: "Temos ou não temos um plano? Conseguimos ver uma saída dessa situação e uma entrada para um futuro justo, democrático e sustentável (acrescente seus adjetivos favoritos)? Coloquemos às claras: não".

Eles deviam ter esperança. O etos igualitário mudou. O bastão está sendo levantado pelo precariado, a classe em ascensão numa sociedade terciária, onde os meios de produção são nebulosos e dispersos, e muitas vezes pertencentes aos trabalhadores, de qualquer modo. Toda transformação é marcada por uma luta em relação aos principais recursos da época. Nas sociedades feudais, os camponeses e os servos lutaram para ganhar o controle da terra e da água. No capitalismo industrial, a luta era sobre os meios de produção, as fábricas, as fazendas e as minas. Os trabalhadores queriam trabalho decente e uma parte dos lucros em troca de conceder o controle do trabalho aos gerentes. Mas na sociedade terciária de hoje, a luta progressista acontecerá por causa do acesso e do controle desiguais em relação a cinco recursos principais.

Esses recursos podem ser resumidos em segurança econômica, tempo, espaço de qualidade, conhecimento e capital financeiro. A luta progressista será sobre esses cinco recursos. Sabemos que a elite e os assalariados têm a maior parte do capital financeiro e que eles são mais astutos ou trabalham mais arduamente que seus predecessores. Sua riqueza ridiculariza as reivindicações de uma meritocracia. O controle da renda proveniente do capital financeiro significa que eles podem comprar mais do espaço privatizado de qualidade, comprimindo as áreas públicas com que o precariado e os outros contam, e podem ter controle sobre o próprio tempo – algo com que os outros só sonham.

Não há fórmula mágica para a redistribuição desses cinco recursos. Em cada caso serão necessárias mudanças institucionais, regulamentações e negociações. No entanto, uma política que tem sido discutida por muitos anos poderia ajudar em todos os aspectos. Antes de analisar a forma como o precariado poderia obter uma maior fatia dos cinco principais recursos, vamos definir a ideia principal, justificá-la em termos éticos.

Renda básica

A proposta já foi tema de manifestações do precariado e tem uma longa história com muitos adeptos ilustres. Passou por muitos nomes: o mais popular deles é "renda básica", mas outros incluem uma "bolsa-cidadão", "dividendo social", "bolsa-solidariedade" e "ajuda demográfica". Apesar de usarmos o nome mais popular, propomos aqui uma variante que leva em conta dois objetivos desejáveis que até agora não fizeram parte da argumentação.

O núcleo da proposta é que cada residente legal de um país ou comunidade, tanto crianças, quanto adultos, deveria receber um pagamento mensal modesto. Cada indivíduo teria um cartão que lhe daria o direito de sacar uma quantia mensal para as necessidades básicas, para gastar como bem entender – sendo que haveria um acréscimo para necessidades especiais, como deficiência. Na maioria dos países ricos, isso seria menos radical do que pode parecer, uma vez que significaria consolidar muitos esquemas de transferência já existentes e substituir outros que são cheios de complexidades e de uma condicionalidade arbitrária e discricionária.

Essa renda básica seria paga a cada indivíduo, e não a um grupo contestável maior, tal como "a família" ou "residência". Seria universal, pois seria paga a todos os residentes legais, com um período de espera para os migrantes por razões pragmáticas. Seria em forma de dinheiro, permitindo ao receptor decidir como usá-lo, não de uma forma paternalista, tal como um vale-refeição ou outros itens predeterminados. Deve promover a "livre escolha" e não ser um meio de persuadir as pessoas. Deveria ser inviolável, no sentido de o Estado ser incapaz de tomá-la de volta, a menos que uma pessoa deixe de ser um residente legal ou cometa um crime para o qual a negação seja uma penalidade especificada. E deveria ser paga como uma soma modesta *regular*, não como um pagamento em bloco dentro dos moldes das "apólices de baixo valor" ou de "auxílios financeiros de investidores", como pretendido pelo Child Trust Fund do Reino Unido, o que causa "fraqueza de vontade" e outros problemas (WRIGHT, 2006).

O auxílio seria incondicional em termos comportamentais. Existem leis, tribunais e processo adequado para lidar com o comportamento questionável, e isso não deve se misturar à política de fornecimento da segurança básica. Quando essas coisas se misturam, não há nem segurança, nem justiça. Em princípio, as transferências de renda libertam; dão segurança econômica com a qual é possível fazer escolhas sobre como viver e desenvolver as capacidades de cada um. A pobreza consiste na falta de liberdade, bem como em não ter o suficiente para comer, nem o suficiente para vestir e um lugar inadequado para viver. A imposição de condições, sejam comportamentais ou em termos do que o receptor está autorizado a comprar é um ato de falta de liberdade. Uma vez aceito, o que poderá evitar que os estrategistas políticos sigam para a próxima etapa? Eles podem facilmente pensar que sabem o que é melhor para quem recebe baixa renda e é menos escolarizado. Os condicionalistas tenderão a estender as condições e estreitar a forma como elas operam até que se tornem coercitivas e punitivas. Uma renda básica iria noutra direção.

Uma renda básica não seria exatamente como um imposto de renda negativo, com o qual é muitas vezes comparada. Não criaria uma armadilha de pobreza, em que o benefício é perdido na medida em que a renda sobe, agindo como um desincentivo ao trabalho. A pessoa manteria a renda básica, independentemente de quanto recebesse de seu trabalho, da mesma forma que a renda seria paga independentemente do seu estado civil ou familiar. Todos os rendimentos auferidos seriam tributados com os índices padrão. Se o Estado quisesse limitar a quantidade que vai para os ricos, poderia reavê-la por meio de impostos mais elevados sobre os rendimentos mais elevados.

As objeções a uma renda básica têm sido exaustivamente revistas, nomeadamente em uma rede internacional formada em 1986 para promover o debate. Originalmente chamado BIEN (Basic Income European Network), mudou de nome em seu Congresso de Barcelona, de 2004, para BIEN (Basic Income Earth Network), para refletir o fato de que um número crescente de seus membros era de países em desenvolvimento e de outros países fora da Europa. Em 2010, tinha redes nacionais florescendo em muitos países, incluindo Brasil, Canadá, Coreia do Sul, Estados Unidos, Japão e México, assim como Europa.

As principais reclamações feitas contra uma renda básica incondicional são as de que ela reduziria a oferta de trabalho, poderia ser inflacionária, seria inviável, seria usada por políticos populistas e seria uma "esmola", uma recompensa para a preguiça e um imposto sobre as pessoas que trabalham. Todas essas afirmações foram respondidas por publicações da BIEN e outros trabalhos acadêmicos. No entanto, pensando nas vantagens da renda básica para o precariado no que se refere aos principais recursos (e como pagar por isso), responderemos aqui a algumas dessas críticas.

Filosoficamente, uma renda básica pode ser pensada como um "dividendo social", um retorno a um investimento passado. De modo geral, quem ataca a renda básica como se fosse o mesmo que dar alguma coisa em troca de nada são as pessoas que receberam alguma coisa em troca de nada, muitas vezes tendo herdado riquezas, pequenas ou grandes. Isso leva a um argumento colocado elegantemente por Tom Paine (2005) em seu *Agrarian Justice*, de 1795. Toda pessoa rica em toda sociedade deve grande parte de sua boa sorte aos esforços de seus antepassados e aos esforços dos antepassados de pessoas menos ricas. Se todas as pessoas recebessem uma renda básica com a qual desenvolvessem suas capacidades, ela equivaleria a um dividendo dos esforços e da boa sorte daqueles que vieram antes. O precariado tem tanto direito a esse dividendo quanto qualquer outra pessoa.

Um passo desejável para uma renda básica é a integração dos sistemas fiscais e dos sistemas de benefícios. Em 2010, um avanço que movia o Reino Unido para uma renda básica veio do que muitos poderiam ter pensado ser uma direção improvável. Os planos do governo de coalizão para a reforma radical do sistema de benefícios fiscais reconheceram que o sistema de cinquenta e um benefícios que o governo anterior havia construído, muitos deles com diferentes critérios de elegibilidade, era atordoante e repleto de perigos morais associados à pobreza e às armadilhas do desemprego. Ao combinar os benefícios estatais em dois – um Crédito Universal de Trabalho e um Crédito Universal de Vida – teria sido possível promover a integração de benefícios fiscais e facilitar um afunilamento mais ordenado da retirada de benefícios na medida em que a renda recebida aumentasse. A integração poderia criar as circunstâncias para o surgimento de uma renda básica. Infelizmente, o ministro do Trabalho e da Previdência, um católico, foi persuadido a forçar os beneficiados a trabalhar, inaugurando o *workfare* e permitindo que os agentes comerciais tivessem o controle. Porém, a integração seria um passo para a reconstrução de um sistema de proteção social, com uma base universalista.

Redistribuir a segurança

O recurso da segurança tem vários elementos – social, econômico, cultural, político, etc. Estamos preocupados aqui com a dimensão econômica. A insegurança crônica é ruim em si mesma e é instrumentalmente ruim, afetando o desenvolvimento das capacidades e da personalidade do indivíduo. Se isto for verdade, então deveria haver uma estratégia para proporcionar segurança básica. O precariado está agitado justamente porque sofre de insegurança sistêmica.

Podemos ter segurança de mais ou de menos. Se tivermos pouca segurança, a irracionalidade prevalece; se tivermos muita, prevalece uma falta de cuidado e de responsabilidade. Uma ênfase na segurança pode se tornar reacionária, resistir à mudança e justificar controles regressivos. No entanto, a segurança econômica básica ainda produziria a insegurança existencial (nos preocupamos com aqueles que amamos, a nossa segurança e saúde, etc.) e a insegurança do desenvolvimento (queremos desenvolver nossas capacidades e viver uma vida mais confortável, mas é preciso correr riscos para fazer isso). Além disso, para sermos racionais, tolerantes e compassivos, precisamos de um senso de estabilidade. A segurança básica deve ser assegurada, e não é uma coisa que pode ser tirada de acordo com critérios pessoais, sem causa justa e comprovada.

Os utilitaristas e os neoliberais ignoram a necessidade de segurança econômica universal como um meio de permitir que internalizemos um comportamento baseado em princípios. Eles tendem a considerar como "outro" coletivo as pessoas que são um fracasso na sociedade de mercado. Ter como alvo um grupo de pessoas chamado de "pobres" é ter pena delas e condená-las praticamente na mesma medida. "Elas" são merecedoras, indignas ou transgressoras, devem ser benevolentemente ajudadas, remodeladas ou punidas, de acordo com a forma como nós, a boa gente, as julgamos. Falar dos "pobres" é falar de piedade, a qual se assemelha ao desprezo, como David Hume nos ensinou. "Elas" não são como "nós". A resposta do precariado é que elas somos nós ou poderiam ser em qualquer momento.

Pensar na segurança básica universal é deslocar o pensamento da pena para a solidariedade social e a compaixão. O seguro social consistia em produzir segurança em uma sociedade industrial. Não poderia funcionar agora e não funcionou muito bem na época. Mas o princípio da segurança solidária era louvável. Ele se perdeu na infinidade de programas dirigidos que buscavam eliminar o "indigno". Que importa se 0,5% das pessoas são preguiçosas? Deveriam as políticas ser concebidas com esses 0,5% em mente ou dar segurança e liberdade para os 99,5% restantes, de modo que a sociedade tivesse uma vida menos ansiosa, mais relaxada? Muitas políticas de controle concebidas pelos políticos, seus assessores e burocratas podem apelar para mentes preconceituosas e ganhar votos, mas elas são caras e, em grande medida, contraproducentes. É muito mais caro para o contribuinte forçar algumas pessoas improdutivas a ocuparem empregos improdutivos do que apenas deixá-las à deriva, se isso é realmente o que elas querem. Seria melhor oferecer conselhos imparciais, como um serviço, e não como uma sanção sutil.

A grande maioria das pessoas se contentaria em viver apenas com uma renda básica. Elas querem trabalhar e estão animadas com a possibilidade de melhorar sua vida material e social. Perseguir uma pequena minoria por sua "preguiça" é sinal da nossa fraqueza, não de nosso mérito. A esse respeito, um pequeno experimento realizado nas ruelas de Londres, em 2010, teve lições comoventes. Perguntou-se a cada um dos sem-teto o que eles mais queriam; seus sonhos eram modestos, como convinha a sua situação. O dinheiro para realizar esses sonhos foi fornecido sem condições; alguns meses mais tarde, quase todos eles tinham deixado de ser sem-teto e um fardo para as autoridades locais. A economia que os contribuintes fizeram dando o dinheiro equivale a 50 vezes o valor dado.

A segurança básica consiste, em primeiro lugar, em ter uma *incerteza* moderada, não extrema; em segundo lugar, saber que se alguma coisa desse errado haveria maneiras acessíveis e comportamentalmente aceitáveis de *superar*; e em terceiro lugar, ter formas acessíveis e comportamentalmente toleráveis para se *recuperar* de um choque ou perigo. Numa sociedade de mercado com programas de benefícios condicionais, opções privadas caras e pouca mobilidade social, essas condições não existem e devem ser construídas. O ponto de partida para o precariado é lidar com a incerteza, uma vez que ele é confrontado por coisas não seguráveis, coisas que ele "desconhece que desconhece".

A necessidade de segurança *ex ante extratificada* (em contraste com a segurança *ex post* oferecida pelo seguro social, que lida com riscos de contingência específicos), é, portanto, uma razão para desejar que a boa sociedade do futuro inclua uma renda básica incondicional. Aqueles políticos ricos que tiveram bastante sorte de ter vivido à custa da previdência privada durante toda a vida deveriam saber que ter "previdência social por toda a vida" é o que todo mundo merece, não só eles. Somos todos "dependentes" dos outros ou, para ser mais preciso, somos "interdependentes". Faz parte da condição humana normal, não é algum vício ou doença. E fornecer a outros seres humanos a segurança básica não deve ser algo condicionado a algum comportamento moralmente determinado. Se determinado comportamento é inaceitável, ele deve ser tratado como uma questão jurídica, sujeita ao devido processo legal. A vinculação da proteção social com a condicionalidade visa ignorar a lei que, supostamente, é a mesma para todos.

A segurança básica é uma necessidade humana quase universal e um objetivo digno para a política estatal. Tentar fazer as pessoas "felizes" é uma artimanha manipuladora, enquanto proporcionar um esteio de segurança criaria uma condição necessária para que as pessoas fossem capazes de perseguir sua própria concepção de felicidade. A segurança econômica básica também é instrumentalmente benéfica. A insegurança produz estresse, o que diminui a capacidade de concentração e aprendizagem, afetando especialmente as partes do cérebro mais associadas com a memória de trabalho (EVANS; SCHAMBERG, 2009). Assim, para promover a igualdade de oportunidades, devemos procurar reduzir as diferenças de insegurança. Mais fundamentalmente, os psicólogos têm mostrado que as pessoas basicamente seguras são muito mais propensas a serem tolerantes e altruístas. É a insegurança socioeconômica crônica que está atiçando o neofascismo nos países ricos na medida em que eles enfrentam a atrasada redução dos padrões de vida trazida pela globalização.

Isso leva a uma primeira modificação possível da proposta para uma renda básica (ver também STANDING, 2011). Sabemos que a economia globalizada produz mais insegurança econômica e é propensa à volatilidade, e que o precariado experimenta flutuações não seguráveis na insegurança econômica. Isso cria uma necessidade de estabilidade de renda e de estabilizadores econômicos automáticos. O último papel costumava ser desempenhado pelo seguro-desemprego e por outros benefícios da segurança social, mas estes têm encolhido. Se uma renda básica fosse vista como uma "concessão de estabilização econômica", ela seria uma forma igualitária de reduzir a volatilidade econômica. Seria mais eficiente e equitativa do que a política monetária e fiscal convencional, e do que todos os subsídios deploráveis que promovem a ineficiência e uma série de efeitos de inércia e de substituição.

O valor do cartão de renda básica podia ser alterado contraciclicamente. Quando as oportunidades de ganho fossem altas, o valor poderia ser menor, e quando as condições de recessão estivessem se espalhando, ele poderia ser aumentado. Para evitar o mau uso político, o nível da renda básica poderia ser definido por um organismo independente, incluindo representantes do precariado, bem como de outros interesses. Isso seria equivalente às corporações monetárias quase independentes criadas nos últimos anos. A sua missão seria ajustar o valor principal da concessão de renda básica de acordo com o crescimento econômico, como também do seu valor suplementar de acordo com a condição cíclica da economia. O objetivo é redistribuir a segurança básica de quem tem "muita segurança" para quem tem pouca ou nenhuma.

Redistribuir o capital financeiro

Há muitas maneiras de pagar a renda básica ou bolsas de estabilização. A questão contextual é que hoje as desigualdades são maiores do que já foram durante um bom tempo, e em muitos países elas são maiores do que foram em qualquer momento. Não há nenhuma evidência de que tais desigualdades sejam necessárias. Porém, grande parte dela se deve aos altos retornos para o capital financeiro. O precariado deveria obter uma parte desse capital.

Os governos dos países ricos perderam a oportunidade de reduzir a desigualdade após o choque do sistema bancário. Quando salvaram os bancos usando o dinheiro público, poderiam ter dado aos cidadãos uma participação permanente em seus patrimônios, requerendo um representante do interesse público na diretoria de todos os bancos, ou que todos recebessem assistência pública. Quando os bancos começaram a ter lucros novamente, um pouco teria retornado ao público que tinha efetivamente investido nos bancos. Não é tarde demais para fazer algo assim.

Duas reformas ajudariam. Em primeiro lugar, os subsídios para o capital e o emprego deveriam ser progressivamente eliminados. Eles não beneficiam o precariado e não são igualitários. Se a metade do dinheiro gasto para socorrer os bancos fosse alocada para concessões de estabilização econômica, uma concessão mensal decente poderia ter sido dada a todos os cidadãos durante anos (STANDING, 2011). Outros subsídios têm efeitos de distorção e contribuem para a ineficiência.

Em segundo lugar, é preciso encontrar maneiras de redistribuir parte dos altos retornos para o capital financeiro, retornos que não têm qualquer relação com o trabalho de quem agora lucra com sua posição estratégica na economia global. Por que as pessoas com habilidades específicas – que sempre as aceitam como habilidades – deveriam viver uma vida econômica muito melhor do que outros que têm diferentes habilidades?

Os países ricos devem chegar a um acordo sobre serem economias *rentistas*. Não há nada de errado com o investimento de capital em economias de mercados emergentes e com o recebimento de dividendos justos decorrentes do investimento. Esse lado da globalização deveria dar origem a uma situação de benefício mútuo, mas somente se alguns dos dividendos fossem distribuídos para os cidadãos e "habitantes" do país investidor.

Os fundos de riqueza (ou capital) soberanos, que já existem em quarenta países, são uma forma promissora de fazer isso. Se o rendimento auferido por tais fundos pudesse ser compartilhado, o precariado ganharia um meio de controle sobre suas vidas. É muito fácil para os economistas afirmar que os empregos surgirão em setores não negociáveis. O que estamos aprendendo é que a maioria das atividades é negociável. Esperar que os empregos sejam o meio para a redução da desigualdade é o mesmo que gritar aos surdos. Os empregos não vão desaparecer. Pensar o contrário é aceitar o "inchaço da falácia do trabalho". Mas muitos, se não a maioria, vão ser mal pagos e inseguros.

Os fundos de capital podem ser usados para acumular retornos financeiros a fim de ajudar a pagar uma renda básica. Há precedentes. O Fundo Permanente do Alasca, fundado em 1976, foi criado para distribuir parte dos lucros da produção de petróleo para cada residente legal do Alasca. Isso continua acontecendo. Não é um modelo perfeito, uma vez que seu controle pode resultar na negligência relativa do precariado ou dos futuros habitantes do Alasca em relação aos habitantes de hoje. Mas, como o Fundo Norueguês, ele fornece o núcleo de um mecanismo de fundo de capital que poderia ser usado para financiar uma renda básica modesta, não importa como fosse chamada.

O precariado também seria beneficiado com as chamadas "taxas Tobin", que incidem sobre as operações de capital especulativo. Há argumentos para se acreditar que a redução dos fluxos de capital de curto prazo seria benéfica em qualquer caso. E depois há os impostos ecológicos, destinados a compensar as externalidades causadas pela poluição e para retardar ou reverter o rápido esgotamento dos recursos. Em suma, não há nenhuma razão para pensar que uma renda básica universal seja inviável.

Internacionalmente, a recente legitimação das transferências de renda como instrumento de ajuda ao desenvolvimento é promissora. Inicialmente, elas foram aceitas como esquemas de curto prazo para situações de pós-choque, como depois de terremotos e inundações. Mais tarde, como observado anteriormente, os programas condicionais de transferência de renda varreram a América Latina. Os doadores e as organizações beneficentes se voltaram para eles. As transferências de renda, despojadas de sua falsa condicionalidade, deveriam se tornar a principal forma de ajuda, para garantir que o auxílio eleve os padrões de vida e não seja usado para fins regressivos ou corruptos.

Deveríamos pensar novamente sobre a redistribuição global da renda. Um livro da jurista Ayelet Shachar (2009), *The Birthright Lottery,* defendeu um imposto de cidadania nos países ricos para ser redistribuído às pessoas dos países pobres, tratando os benefícios materiais da cidadania como propriedade, uma herança. Isso é semelhante ao argumento de Paine. Talvez seja algo utópico demais para aplicação imediata; no entanto, essa ideia se baseia na percepção de que a cidadania não é um direito natural, uma vez que as fronteiras são arbitrárias. Ela evoca uma ligação entre impostos vinculados e redistribuição via transferências básicas para as pessoas "desafortunadas o suficiente" para nascer nas regiões de baixa renda do mundo. A única razão para pensar que isso é utópico hoje é que, numa sociedade de mercado globalizada, espera-se que todos nós sejamos egoístas, não cidadãos globais.

Assim, não deveria haver nenhum receio em dizer que há formas de movimentos de financiamento para uma renda básica tanto em países ricos quanto nos países em desenvolvimento. O desafio é político; apenas se o precariado puder exercer pressão suficiente sobre o processo de vontade política, o que é possível se tornará realidade. Felizmente, uma vez que ele exerce essa pressão, estão se acumulando evidências dos efeitos benéficos das transferências básicas de dinheiro em países que, há apenas alguns anos, teriam sido considerados como lugares onde a renda básica seria impossível.

Controlar o tempo

Uma renda básica também daria às pessoas mais controle sobre seu *tempo*. E seria uma resposta aos paternalistas libertários. Eles acreditam que as pessoas não podem tomar decisões racionais porque se deparam com informação demais. Nesse caso, deveriam favorecer políticas que propiciassem às pessoas mais tempo para tomarem decisões racionais. As pessoas também precisam de tempo para realizar trabalho por tarefa e outras formas de trabalho que não sejam emprego. Vamos devagar. Precisamos de um movimento *Slow Time,* na mesma linha do movimento *Slow Food*; ambos fundamentais ao localismo.

Há poucos expedientes para permitir que as pessoas desacelerem. Em vez disso, a política fiscal e a social "recompensam" a tarefa e penalizam quem opta por menos tarefas. As pessoas que desejam menos tarefa são duplamente penalizadas, não só por receberem salários mais baixos, mas também por perderem o direito aos chamados "direitos sociais", como as pensões.

Uma renda básica, desvinculada do emprego, seria desmercadorizada na medida em que daria às pessoas uma maior capacidade de viver fora do mercado e estar sob menos pressão das tarefas. Porém, ela poderia aumentar a quantidade de tarefa, permitindo que as pessoas entrassem e saíssem do mercado de trabalho com mais facilidade. Em outras palavras, poderia induzir a mais tarefa, mas o faria em condições de maior segurança e independência das pressões de mercado. Uma renda básica também permitiria aos cidadãos aceitar baixos salários *e* negociar com mais veemência. Se eles julgassem que determinada quantia é tudo o que um potencial empregador pode pagar, poderiam assumir o emprego, desde que tivessem o suficiente com que viver.

A necessidade de recuperar o controle sobre o tempo é extremamente importante. Precisamos dele para tomar decisões sobre gestão de riscos. Alguns paternalistas libertários afirmam que a educação não melhora a capacidade das pessoas para tomar boas decisões, justificando seus estímulos e uso de práticas ameaçadoras que parecem incentivos. No entanto, uma pesquisa no Reino Unido concluiu que os investidores identificaram a falta de tempo como a principal barreira para a gestão de riscos (GRENE, 2009). Os riscos podem ser explicados de modo que as pessoas possam fazer escolhas racionais. Os médicos podem comunicar o risco aos pacientes, como se isso fizesse parte de uma "escolha consciente". Podemos chamar a atenção das pessoas para os resultados estatísticos. Os profissionais de serviços financeiros podiam ser obrigados a aceitar uma definição mais ampla de risco e a se envolverem com os consumidores para que estes tomem decisões mais racionais, através de uma "ferramenta de comunicação e reconhecimento de risco". O importante é que as pessoas precisam de tempo para ponderar os riscos, desde que as políticas garantam que a informação adequada seja disponibilizada.

Isso lembra uma das piores armadilhas da precariedade. O precariado se depara com um arrocho do tempo a partir dos retornos cada vez menores ao emprego e da pressão para realizar mais trabalho por tarefa e trabalho para reprodução, em parte porque seus membros não podem se dar ao luxo de pagar por substitutos. Ansiosos e inseguros a ponto de estarem "esgotados", eles precisam realizar uma quantidade excessiva de trabalho por tarefa e são incapazes de digerir e usar a informação que recebem. A renda básica lhes daria um controle maior do tempo e, assim, os ajudaria a tomar decisões mais racionais.

Recuperar a área pública

Finalmente, há uma má distribuição do espaço público de qualidade. Isso tem duas dimensões relevantes. A maioria das pessoas informadas reconhece a ameaça ecológica assustadora representada pelo aquecimento global, pela poluição e pelo desaparecimento de espécies. No entanto, grande parte da elite e das camadas superiores da classe assalariada realmente não se importa. Sua riqueza e suas conexões podem garantir que não serão atingidos. Eles podem fugir para suas ilhas no claro mar azul e seus retiros na montanha. Querem altas taxas de crescimento econômico para aumentar sua renda e riqueza, não importando a destruição ecológica causada pelo esgotamento de recursos. Naturalmente, é o precariado que é a classe verde no debate por uma sociedade mais igualitária, em que as atividades de partilha e de reprodução e conservação de recursos são priorizadas. O rápido crescimento só é necessário a fim de manter as desigualdades grotescas que a globalização produziu. Precisamos diminuir a velocidade tanto para reduzir o estresse do trabalho e do consumo frenéticos quanto para reproduzir a natureza.

O precariado também deve lutar por uma terra comum viável, mas precisa de um espaço público rico. Talvez os atos mais reveladores da ex-primeira-ministra britânica Margaret Thatcher – que arquitetou o neoliberalismo tão reverenciado pelos sucessores Tony Blair e David Cameron – fossem as vendas em massa de habitação social e os campos esportivos e outras instalações ligadas às escolas públicas. Isso divide o espaço público para os cidadãos de baixa renda e os "habitantes".

Três décadas mais tarde, a política culminou nas medidas de austeridade de 2010. É determinado o fechamento de centenas de bibliotecas públicas, assim como têm acontecido nos Estados Unidos. Estes são lugares públicos preciosos para o precariado. O financiamento do esporte para as escolas públicas é alvo de grandes cortes, com os clubes frequentados após o horário escolar enfrentando a devastação. Outras instalações públicas estão sendo cortadas ou terão preços fora de cobertura. E o zoneamento urbano de residência se tornará mais sistêmico. A venda de habitações sociais criou uma escassez de moradia com aluguel a preços acessíveis para pessoas de baixa renda nas vilas e cidades. O aluguel de acomodações privadas subiu, aumentando os montantes pagos a título de subsídio de habitação para as pessoas de baixa renda. Quando o governo buscou a poupança fiscal, o benefício de habitação era um alvo fácil. Ele pretende restringir os níveis de benefícios para 30% das casas mais baratas em uma área e fixar um teto para o montante que uma família pode receber. As reformas estão fadadas a levar as pessoas de baixa renda para fora das áreas de alto custo e alto padrão de vida, o que o prefeito de Londres, um conservador, chamou de "limpeza social" e o Arcebispo de Canterbury chamou de "zoneamento social".

Perversamente, a mudança tornará o mercado de trabalho mais caótico. Como as pessoas de baixa renda e aquelas relativamente ignorantes se concentram em áreas de baixa renda, as oportunidades de emprego vão se concentrar nas áreas de renda mais alta. Os bolsões de pobreza e o desemprego vão se tornar zonas ou mesmo guetos, da mesma maneira que alguns *banlieues* de Paris são centros de privação, insegurança, desemprego e crime de sobrevivência, e da mesma maneira que cidades da África do Sul, zoneadas sob o *apartheid,* permanecem fragmentadas em áreas fechadas muito bem vigiadas e sob a efervescente raiva dos moradores.

Há também a necessidade de espaços públicos mais seguros em que o precariado possa se reunir e desenvolver a amizade pública cívica. A esfera pública precisa ser restabelecida. O sociólogo e filósofo Jürgen Habermas, lamentando a fragmentação da esfera pública, referiu-se às cafeterias de Londres do século XVIII, aos salões de Paris e às "conversas à mesa" da Alemanha. Sua visão, infundida de nostalgia, é que a esfera pública foi morta pelo Estado do bem-estar social, pelos meios de comunicação de massa, pelas relações públicas e pelo enfraquecimento da política parlamentar por parte dos partidos políticos. Está implícita uma crença de que, se tivéssemos esclarecidos "habitantes" frequentadores de cafeterias, a democracia reviveria.

Isso tem sua importância na medida em que, enquanto o precariado é a classe emergente que povoa as modernas cafeterias, bares, cibercafés e redes sociais, há um déficit *deliberativo*. Habermas descreveu a internet como geradora de uma onda anárquica de circuitos fragmentados de comunicação que não poderiam produzir uma esfera pública. Bastante justo. Mas ele é muito pessimista. O precariado pode até ter a oferta de um espaço público fragmentado, mas ele deve lutar por um espaço onde a democracia deliberativa possa ser revivida. E uma renda básica pode ajudar até mesmo aqui.

Subsídios de ócio

Um aspecto preocupante da sociedade de trabalhadores regulares é a perda do respeito pelo ócio no sentido grego de *schole*. Essa perda do respeito acompanha o privativismo cívico e um individualismo baseado no materialismo bruto. Para a saúde da sociedade e para nós mesmos, precisamos de mecanismos para inverter a tendência.

A democracia frágil, a mercadorização da política e o poder das relações públicas e do dinheiro da elite põem em risco o fortalecimento de uma tirania da maioria e uma difamação perniciosa da não conformidade. Como um contramovimento, o precariado precisa de mecanismos para gerar a democracia *deliberativa*. Isso promove valores de universalismo e altruísmo, uma vez que incentiva as pessoas a pensar em termos de "véu de ignorância" e se afastar do ponto de vista influenciado por sua posição ao longo do espectro social e econômico. No entanto, a democracia deliberativa requer a participação ativa, o que não pode ser feito por pessoas distraídas alimentadas com uma dieta de lugares-comuns e chavões. Ela exige debate, contato visual, linguagem corporal, escuta e reflexão.

Na antiga Atenas, um dispositivo de pedra chamado *kleroterion* era usado para selecionar aleatoriamente 500 pessoas para fazer política, entre 50 mil cidadãos. Isso era antidemocrático, visto que as mulheres e os escravos eram excluídos. Mas se assemelha à democracia deliberativa. Uma pesquisa feita por James Fishkin, Bruce Ackerman e outros indica que as discussões públicas muitas vezes levavam a visões populistas. Um experimento realizado em Michigan, atingida pela recessão, levou a um crescimento do apoio ao aumento dos impostos, nesse caso do imposto de renda, de 27% para 45%. Nesses experimentos, as maiores mudanças de opinião vêm das pessoas que adquirem mais conhecimento. Isso não significa que as mudanças são sempre desejáveis. Mas de fato indica que a deliberação faz a diferença. Experimentos psicológicos anteriores descobriram que quem tem segurança econômica básica é mais altruísta, tolerante e igualitário do que quem é economicamente inseguro, e as deliberações desse grupo em relação a propostas relacionadas levaram a um apoio ainda maior para fornecer às pessoas um piso de garantia de segurança (FROHLICH; OPPENHEIMER, 1992).

Alguns defendem o uso da internet para administrar a democracia deliberativa, por meio de pesquisas. Ela tem sido usada na Grécia e na China por alguns projetos, como para determinar de que maneira um fundo de infraestrutura local deveria ser alocado em Zeguo, na China. Está sendo considerada uma válvula de segurança para a pressão social. No entanto, embora o uso da internet possa ser fascinante, ela não pode substituir a concentração envolvida na participação física do público.

Portanto, vale a pena considerar uma variante de subsídios de renda básica que poderiam ajudar a desviar o precariado para longe do populismo. Isso é exigir que todos que têm direito a um subsídio de renda básica, quando registram a elegibilidade, assumam um compromisso moral de votar nas eleições nacionais e locais e participar de pelo menos uma reunião local por ano, convocada para discutir questões políticas atuais. Tal compromisso não deveria ser juridicamente obrigatório, com sanções; deveria ser apenas um reconhecimento de responsabilidade cívica, como convém a um etos de igualitarismo emancipatório.

Mesmo sem o compromisso moral, uma renda básica seria um instrumento para incentivar a democracia deliberativa. A democracia frágil é susceptível de ser capturada pelas elites ou por agendas populistas. Se as democracias são menos corruptas do que as não democracias, como estima a Transparência Internacional, então as medidas pró-participação fortaleceriam a democracia. E, supondo uma relação linear entre o grau de democracia e a corrupção, isso reduziria a corrupção. Com o baixo comparecimento às urnas, é mais provável que os candidatos entrincheirados vençam. O precariado e os *proficians*, refletindo sua forma de vida mais nômade, são mais propensos a mudar para os políticos considerados de confiança. Muitas eleições são decididas por quem não vota. Isso não pode trazer um bom resultado.

Os subsídios de trabalho e ócio podem ser relacionados ao novo entusiasmo pelo "localismo". O desejo de descentralização sob a rubrica de uma "era pós-burocrática" é sedutor, favorecido tanto pelos social-democratas quanto pelos conservadores. No Reino Unido, os conservadores inventaram habilmente o termo *Big Society,* um vago eufemismo que parece abraçar o localismo e um maior papel para a sociedade civil e o trabalho voluntário. A usina de ideias Demos também enfatizou o localismo em seu folheto *The Liberal Republic* (REEVES; COLLINS, 2009), que o associou a "uma vida autoescrita", em que a autonomia individual é fundamental na formação da versão de Boa Vida do indivíduo.

Existem problemas pela frente. O localismo pode acompanhar o zoneamento social, com as áreas ricas ganhando em detrimento de outras. Ele negligencia a necessidade de liberdade de associação, e não apenas a autonomia individual, o que deixaria o precariado em desvantagem. A sociedade civil pode ser dominada pelos ricos e bem conectados. E o localismo poderia conduzir a mais paternalismo. Ele já é associado a medidas para promover o "comportamento pró-social". Uma ideia é permitir que os cidadãos votem a respeito de como o dinheiro deve ser gasto em seu bairro, em troca de fazerem um trabalho voluntário ou de participarem de reuniões públicas. Essa forma de condicionalidade ameaça os princípios da democracia. Votar é um direito universal, e o objetivo deveria ser aumentar a democracia deliberativa, e não criar indivíduos integrados e não integrados. Além disso, o localismo só poderia ter sucesso se as pessoas estivessem civicamente empenhadas; e associar o direito de subsídio a um compromisso moral para participar da atividade democrática seria a melhor maneira de seguir em frente.

Um plano que agradaria aos progressistas seria elevar o nível de votação, tendo em mente que, onde isso acontece, a propensão para apoiar valores liberais ou progressistas aumenta. O Brasil tem o voto obrigatório, e pode ser por isso que nesse país tem havido pouco apoio para o neoliberalismo. Um grande número de pobres, que pagam pouco imposto, mas ganham benefícios do Estado, empurram os políticos para a esquerda na política social. Desse modo, os progressistas deveriam aumentar o número de eleitores, uma razão para que eles apoiem subsídios condicionados ao ócio. O voto obrigatório pode ser o motivo que levará o Brasil a introduzir uma renda básica antes de outros países, e talvez também por causa dele o compromisso com a renda básica tenha sido aprovado em lei em 2004.

Há um precedente para a ligação da participação política aos subsídios de renda básica. Em 403 a.C., em Atenas, os cidadãos foram agraciados com um pequeno subsídio como símbolo para a sua participação na vida da *polis*. Recebê-lo era uma questão de honra e um incentivo para assumir a responsabilidade na condução dos assuntos públicos.

Conclusões

O precariado em breve poderá descobrir que tem muito mais amigos. Vale a pena lembrar a famosa advertência atribuída ao pastor Martin Niemöller na ascensão do nazismo na Alemanha nos anos 1930.

> Primeiro eles vieram buscar os comunistas,
> e eu não protestei porque não era comunista.
> Depois vieram buscar os sindicalistas,
> e eu não protestei porque não era sindicalista.
> Depois vieram buscar os judeus,
> e eu não protestei porque não era judeu.
> Depois vieram me buscar
> e a essa altura, não havia ninguém para protestar.

A advertência é relevante porque a classe perigosa está sendo desencaminhada por demagogos como Berlusconi, dissidentes como Sarah Palin e neofascistas em outros lugares. Enquanto a centro-direita está sendo arrastada mais para a direita a fim de manter seus constituintes, a centro-esquerda política está cedendo terreno e perdendo votos. Está em perigo de perder uma geração de credibilidade. Por muito tempo, tem representado os interesses do "emprego" e defendido uma forma mortal de vida e uma maneira mortal de trabalhar. A nova classe é o precariado; a menos que os progressistas do mundo ofereçam uma política de paraíso, essa classe toda vai ser muito propensa a ouvir as sereias atraindo a sociedade para os rochedos. Os centristas vão se unir no apoio a um novo consenso progressista, porque eles não têm mais para onde ir. Quanto mais cedo eles se unirem, melhor. O precariado não é vítima, vilão ou herói - é apenas um monte de gente como nós.

Referências

Aguiar, M.; Hurst, E. (2009), *The Increase in Leisure Inequality, 1965–2005*. Washington, D.C.: AEI Press.

Amoore, L. (2000), "International Political Economy and the Contested Firm". *New Political Economy*, 5(2): 183–204.

Arendt, H. (1958), *The Human Condition*. Chicago, IL: University of Chicago Press.

Arendt, H. ([1951] 1986), *The Origins of Totalitarianism*. Londres: André Deutsch.

Asthana, A.; Slater, C. (2009), "Most Parents Can't Find Enough Time to Play with Their Children". *Observer*, 2 de de agosto, p. 17.

Atkins, R. (2009), "Europe Reaps the Rewards of State-Sponsored Short-Time Jobs", *Financial Times*, 29 de outubro , p. 6.

Autor, D.; Houseman, S. (2010), "Do Temporary-Help Jobs Improve Labor Market Outcomes for Low-Skilled Workers: Evidence from 'Work First'". *American Economic Journal: Applied Economics*, 3(2): 96–128.

Bamford, J. (2009), *The Shadow Factory: The Ultra-Secret NSA from 9/11 to the Eavesdropping on America*. Nova York: Doubleday.

Bennett, C. (2010), "Do We Really Need Advice on How to Deal with Boomerang Kids?". *Observer*, 3 de janeiro, p. 25.

Bentham, J. ([1787] 1995), *Panopticon; or The Inspection-House*, reimpresso em M. Bozovich (org.), *The Panopticon Writings*. Londres: Verso, p. 29–95.

Bernstein, R. (2009), "Don't Trust Anyone Under 30?". *New York Times*, 14 de janeiro.

Beveridge, W. (1942), *Social Insurance and Allied Services*. Londres: HMSO.

Blinder, A. (2009), "How Washington Can Create Jobs", *Wall Street Journal.*, 17 de novembro, p. 16.

Bloomberg Business Week (2005), "Embracing Illegals". *Bloomberg Business Week*, 18 de julho.

Bourdieu, P. (1990), *The Logic of Practice*. Cambridge, UK: Polity Press.

Bourdieu, P. (1998), "La précarité est aujourd'hui partout" ["A precariedade está em todo lugar hoje"], em *Contre-feux,* Paris: Raisons d'agir, p. 96–102.

Browne, J. (2010), *Securing a Sustainable Future for Higher Education.* Londres: The Stationery Office.

Bryceson, D. B. (org.) (2010), *How Africa Works: Occupational Change, Identity and Morality.* Rugby: Practical Action Publishing.

Bullock, N. (2009), "Town Halls Find Fresh Angles to Meet Recession". *Financial Times,* 23 de dezembro, p. 2.

Carr, N. (2010), *The Shallows: What the Internet Is Doing to Our Brains.* Nova York: Norton.

Centre for Women in Business (2009), *The Reflexive Generation: Young Professionals' Perspectives on Work, Career and Gender.* Londres: London Business School.

Chan, W. (2010), "The Path of the Ant Tribe: A Study of the Education System That Reproduces Social Inequality in China", artigo apresentado na Sétima Conferência e Políticas Sociais do Leste Asiático, Seoul, 19–21 de agosto.

Chellaney, B. (2010), "China Now Exports Its Convicts", *Japan Times On-line,* 5 de julho. Disponível em http://search.japantimes.co.jp/print/eo20100705bc.html [acessado em 2 de dezembro de 2010].

Choe, S.-H. (2009), "South Korea Fights Slump through Hiring, Not Firing". *International Herald Tribune,* 2 de abril, p. 1, 4.

Coase, R. H. (1937), "The Nature of the Firm". *Economica,* 4(16): 386–405.

Cohen, D. (2009), *Three Lectures on Post-Industrial Society.* Cambridge, MA: Massachusetts Institute of Technology Press.

Cohen, N. (2010), "Now, More than Ever, the Poor Need a Voice". *Observer,* 7 de outubro, p. 33.

Coleman, D. (2010), "When Britain Becomes "Majority Minority"". *Prospect,* 17 de novembro.

Collison, M. (1996), "In Search of the High Life". *British Journal of Criminology,* 36(3): 428–43.

Crawford, M. (2009), *Shop Class as Soulcraft: An Enquiry into the Value of Work,* Nova York: Penguin.

Dench, G., Gavron, K. e Young, M. (2006), *The New East End: Kinship, Race and Conflict.* Londres: Profile Books.

De Waal, F. (2005), *Our Inner Ape.* Londres: Granta Books.

Dinmore, G. (2010a), "Tuscan Town Turns Against Chinese Immigrants". *Financial Times,* 9 de fevereiro, p. 2.

Dinmore, G. (2010b), "Chinese Gangs Exploit Niche Left by Mafia". *Financial Times,* 29 de junho, p. 5.

Doerr, N. (2006), "Towards a European Public Sphere 'from Below'? The Case of Multilingualism within the European Social Forums", em C. Barker e M. Tyldesley (orgs.), *Conference Papers of the Eleventh International Conference on "Alternative Futures and Popular Protest". vol. II.* Manchester: Manchester Metropolitan University.

Dvorak, P. e Thurm, S. (2009), "Slump Prods US Firms to Seek a New Compact with Workers". *Wall Street Journal*, 20 de outubro, p. 14–15.

The Economist (2007), "Changing How Japan Works". *The Economist*, 29 de setembro, p. 70.

The Economist (2009), "Public Sector Unions: Welcome to the Real World". *The Economist*, 12 de dezembro, p. 46.

The Economist (2010a), "Too Many Chiefs". *The Economist*, 26 de junho, p. 72.

The Economist (2010b), "Dues and Don'ts". *The Economist*, 14 de agosto, p. 62.

The Economist (2010c), "The Biology of Business: Homo Administrans". *The Economist*, 23 de setembro.

Ehrenreich, B. (2009), *Smile or Die: How Positive Thinking Fooled America and the World*. Londres: Granta.

Ehrenreich, B.; Fletcher, B. (2009), "Reimagining Socialism". *The Nation*, 23 de março.

Elger, T.; Smith, C. (2006), "Theorizing the Role of the International Subsidiary: Transplants, Hybrids and Branch Plants Revisited", em A. Ferner, J. Quintanilla e C. Sánchez-Runde (orgs.), *Multinationals, Institutions and the Construction of Transnational Practices: Convergence and Diversity in the Global Economy*, Basingstoke: Palgrave Macmillan, p. 53–85.

Environmental Justice Foundation (2009), *No Place Like Home: Where Next for Climate Refugees?* Londres: Environmental Justice Foundation.

Equality and Human Rights Commission (2010), *Inquiry into the Meat and Poultry Processing Sectors: Report of the Findings and Recommendations*. Londres: EHRC.

Esping-Andersen, G. (1990), *The Three Worlds of Welfare State Capitalism*. Cambridge, UK: Cambridge University Press.

Evans, G. W.; Schamberg, M. A. (2009), "Childhood Poverty, Chronic Stress, and Adult Working Memory". *Proceedings of the National Academy of Sciences*, 106(16): 6545–9.

Fackler, M. (2009), "Crisis-Hit South Koreans Living Secret Lives with Blue-Collar Jobs". *International Herald Tribune*, 8 de julho, p. 1.

Fackler, M. (2010), "New Dissent in Japan Is Loudly Anti-Foreign". *New York Times*, 29 de agosto, p. A6.

Fauroux, R. (2005), *La lutte contre les discriminations ethniques dans le domaine de l'emploi* [Combatendo a discriminação ética no emprego]. Paris: HALDE.

Federal Communications Commission (2010), *National Broadband Plan: Connecting America*. Washington, DC: Federal Communications Commission.

Fifield, A. (2010), "Tea Party Brews Trouble for Both Sides as Protest Recoils on Right". *Financial Times*, 28 de janeiro, p. 5.

Financial Times (2010a), "Britain's Growing Inequality Problem". *Financial Times*, 28 de janeiro, p. 14.

Financial Times (2010b), "Osborne Preaches One Nation Austerity".

Financial Times, 5 de outubro, p. 16.

Fiszbein, A.; Schady, N. (2009), *Conditional Cash Transfers: Reducing Present and Future Poverty.* Washington, D.C.: World Bank.

Florida, R. (2003), *The Rise of the Creative Class, and How It's Transforming Work, Leisure, Community and Everyday Life.* Londres: Basic Books.

Florida, R. (2010), "America Needs to Make Its Bad Jobs Better". *Financial Times,* 6 de julho, p. 11.

Forrest, R. e Kearns, A. (2001), "Social Cohesion, Social Capital and the Neighbourhood". *Urban Studies,* 38(12): 2125–43.

Foucault, M. (1977), *Discipline and Punish: The Birth of the Prison.* Londres: Penguin.

Freeman, R. (2005), "What Really Ails Europe (and America): The Doubling of the Global Workforce". *The Globalist,* 3 de junho. Disponível em: <http://www.theglobalist.com/storyid.aspx?StoryId=4542> [acessado em 6 de dezembro de 2010].

Friedman, M. (1982), *Capitalism and Freedom.* Chicago, IL: University of Chicago Press.

Friedman, M. e Kuznets, S. (1945), *Income from Independent Professional Practice.* Nova York: National Bureau of Economic Research.

Frohlich, N.; Oppenheimer, J. A. (1992), *Choosing Justice: An Experimental Approach to Ethical Theory.* Berkeley, CA, e Los Angeles, CA: University of California Press.

Gibney, M. J. (2009), *Precarious Residents: Migration Control, Membership and the Rights of Non-Citizens.* Nova York: Human Development Reports Research Paper 2009/10, United Nations Development Programme.

Giridharadas, A. (2009), "Putting the Students in Control". *International Herald Tribune,* 7–8 de novembro, p. 2.

Goldthorpe, J. H. (2007), *On Sociology,* segunda edição. Stanford: Stanford University Press.

Goldthorpe, J. H. (2009), "Analysing Social Inequality: A Critique of Two Recent Contributions from Economics and Epidemiology". *European Sociological Review,* 22 de outubro. Disponível em: <http://esr.oxfordjournals.org/content/early/2009/10/22/esr.jcp046.abstract> [acessado em 2 de dezembro de 2010].

Goos, M.; Manning, A. (2007), "Lousy and Lovely Jobs: The Rising Polarisation of Work in Britain". *Review of Economics and Statistics,* 89(1): 118–33.

Gorz, A. (1982), *Farewell to the Working Class: An Essay on Post-Industrial Socialism.* Londres: Pluto Press. [Publicado originalmente como *Adieux au proletariat,* Paris: Galilée, 1980.]

Green, H. (2010), *The Company Town: The Industrial Edens and Satanic Mills That Shaped the American Economy.* Nova York: Basic Books.

Grene, S. (2009), "Pension Investors Fail to Get the Message". *FT Report – Fund Management,* 27 de julho, p. 3.

Grimm, S.; Ronneberger, K. (2007), *An Invisible History of*

Work: Interview with Sergio Bologna. Disponível em: <http://www.springerin.at/dyn/heft_text.php?textid=1904&lang=en> [acessado em 2 de dezembro de 2010].

Haidt, J. (2006), *The Happiness Hypothesis*. Londres: Arrow Books.

Hankinson, A. (2010), "How Graduates Are Picking Up the Tab for Their Parents' Lives". *The Observer,* 31 de janeiro.

Hansard Society (2010), *Audit of Political Engagement 7: The 2010 Report*. Londres: Hansard Society.

Hardt, M.; Negri, A. (2000), *Empire*. Cambridge, MA: Harvard University Press.

Harris, P. (2010), "Can Geoffrey Canada Rescue America's Ailing Schools? Barack Obama Hopes So". *The Observer,* 10 de outubro.

Hauser, M. D. (2006), *Moral Minds: How Nature Designed Our Universal Sense of Right and Wrong*. Nova York: Harper Collins.

Hewlett, S. A.; Jackson, M.; Sherbin, L.; Shiller, P.; Sosnovich, E.; Sumberg, K. (2009), *Bookend Generations: Leveraging Talent and Finding Common Ground*. Nova York: Center for Work-Life Policy.

Hinojosa-Ojeda, R. (2010), *Raising the Floor for American Workers: The Economic Benefits of Comprehensive Immigration Reform*. Washington, DC: Center for American Progress, Immigration Policy Center.

Hinsliff, G. (2009), "Home Office to Unveil Points System for Immigrants Seeking British Citizenship". *Observer,* 2 de agosto, p. 4.

Hobsbawm, E. J. (1959), *Primitive Rebels: Studies in Archaic Forms of Social Movement in the 19th and 20th Centuries*. Manchester: Manchester University Press.

House, F. (2009), *The Business of Migration: Migrant Worker Rights in a Time of Financial Crisis*. Londres: Institute for Human Rights and Business.

Howker, E.; Malik, S. (2010), *Jilted Generation: How Britain Has Bankrupted Its Youth,* Londres: Icon Books.

Human Rights Watch (2010), *From the Tiger to the Crocodile: Abuse of Migrant Workers in Thailand*. Nova York: Human Rights Watch.

Internal Displacement Monitoring Centre (2010), Disponível em: <http://www.internaldisplacement.org> [acessado em 2 de dezembro de 2010].

Izzo, P. (2010), "Economists Believe Many Jobs Won't Return". *Wall Street Journal Europe,* 12–14 de fevereiro, p. 7.

Johal, A. (2010), "Precarious Labour: Interview with San Precario Connection Organizer Alessandro Delfanti". 11 de setembro. Disponível em: <http://www.rabble.ca/blogs/bloggers/amjohal/2010/09/precarious-labour-interview-san-precarioconnection-organizer-alessan> [acessado em 3 de dezembro de 2010].

Kellaway, L. (2009), "Why My Friend's Job Delivers without Paying a Packet". *Financial Times,* 13 de julho, p. 10.

Kerbo, H. R. (2003), *Social Stratification and Inequality,* quinta edição. Nova York: McGraw Hill.

Kingston, J. (2010), *Contemporary Japan: History, Politics and Social Change since the 1980s*. Hoboken, NJ: Wiley-Blackwell.

Knox, M. (2010), "Union Takes on Labor Over 'Cheap' Foreign Workers". *Sydney Morning Herald*, 12 de fevereiro, p. 1.

Kohn, M. (2008), *Trust: Self-Interest and the Common Good*. Oxford: Oxford University Press.

Kosugi, R. (2008), *Escape from Work: Freelancing Youth and the Challenge to Corporate Japan*. Melbourne: Trans Pacific Press.

MacDonald, R. e Shildrick, T. (2007), "Street-Corner Society: Leisure Careers, Youth (Sub)Culture and Social Exclusion". *Leisure Studies*, 26(3): 339–55.

Maher, K. (2008), "More in US Are Working Part-Time Out of Necessity". *Wall Street Journal Europe*, 10 de março, p. 10.

Mallet, V. (2009), "Soup Kitchen Queues Lengthen as Families Ignore Plight of Jobless". *Financial Times*, 14 de maio, p. 4.

Maltby, L. (2009), *Can They Do That? Retaking Our Fundamental Rights in the Workplace*. Nova York: Portfolio.

Marcuse, H. (1964), *One Dimensional Man: The Ideology of Industrial Society*. Londres: Sphere Books.

Martin, P. (2009), *Sex, Drugs and Chocolate: The Science of Pleasure*. Londres: Fourth Estate.

Mayhew, L. (2009), *Increasing Longevity and the Economic Value of Healthy Ageing and Working Longer*. Londres: Cass Business School, City University.

McGovern, P.; Hill, S.; Mills, C. (2008), *Market, Class, and Employment*. Oxford: Oxford University Press.

Mead, L. (1986), *Beyond Entitlement: The Social Obligations of Citizenship*. Nova York: Free Press.

Mitchell, T. (2010), "Honda Presses Staff not to Strike". *Financial Times*, 31 de maio, p. 1.

Morrison, C. (2010), "The Relationship between Excessive Internet Use and Depression: A Questionnaire-Based Study of 1,319 Young People and Adults". *Psychopathology*, 43(2): 121–6.

Mouer, R.; Kawanishi, H. (2005), *A Sociology of Work in Japan*. Cambridge, UK: Cambridge University Press.

Nairn, G. (2009), "Telework Cuts Office Costs". *FT Report - Digital Business*, 12 de março, p. 4.

National Equality Panel (2010), *An Anatomy of Economic Inequality in the UK: Report of the National Equality Panel*. Londres: Centre for Analysis of Social Exclusion and the Government Equalities Office.

Needleman, S. (2009), "Starting Fresh with an Unpaid Internship". *Wall Street Journal*, 16 de julho, p. D1.

Nink, M. (2009), "It's Always about the Boss". *Gallup Management Journal*, 25 de novembro.

Obinger, J. (2009), "Working on the Margins: Japan's Precariat and Working Poor". *Electronic Journal of Contemporary Japanese Studies*, 25 de fevereiro.

OECD (2010a), *International Migration Outlook 2010*. Paris: OECD.

OECD (2010b), *A Profile of Immigrant Populations in the 21st Century: Data from OECD Countries*. Paris: OECD.

Paine, T. ([1795] 2005), *Common Sense and Other Writings*. Nova York: Barnes & Noble, p. 321–45.

Parliamentary and Health Service Ombudsman (2010), *Fast and Fair? A Report by the Parliamentary Ombudsman on the UK Border Agency* (quarto relatório). Londres: The Stationery Office.

Peel, Q. (2010), "German Popular Perception Fuels Furious Debate on Immigration". *Financial Times,* 2 de setembro, p. 4.

Pigou, A. C. ([1952] 2002), *The Economics of Welfare*. Nova Brunswick, NJ: Transaction Publishers.

Polanyi, K. ([1944] 2001), *The Great Transformation: The Political and Economic Origins of Our Time*. Boston, MA: Beacon Press.

Reeves, R. (2010), "Why Money Doesn't Buy Happiness". *Observer Magazine,* 25 de abril, p. 48.

Reeves, R.; Collins, P. (2009), *The Liberal Republic*. Londres: Demos.

Reidy, G. (2010), "Young, Single and Labouring Round the Clock". *NYT Business,* 7 de setembro, p. 13.

Richtel, M. (2010), "Hooked on Gadgets, and Paying a Mental Price". *New York Times,* 7 de junho, p. 1.

Rigby, R. (2010), "The Careerist: What You Know Has a Shorter and Shorter Lifespan". *Financial Times,* 22 de fevereiro, p. 12.

Royle, T.;d Ortiz, L. (2009), "Dominance Effects from Local Competitors: Setting Institutional Parameters for Employment Relations in Multinational Subsidiaries: A Case from the Spanish Supermarket Sector". *British Journal of Industrial Relations,* 47(4): 653–75.

Saltmarsh, M. (2010), "Far from Home and Miserable in Sweden". *International Herald Tribune,* 8 de setembro, p. 3.

Sawhill, I.; Haskins, R. (2009), *Creating an Opportunity Society*. Washington, D.C.: Brookings Institution.

Schachar, A. (2009), *The Birthright Lottery*. Harvard, MA: Harvard University Press.

Sen, A. (1999), *Development as Freedom*. Oxford: Oxford University Press.

Sennett, R. (1998), *The Corrosion of Character: The Personal Consequences of Work in the New Capitalism*. Nova York: Norton.

Shildrick, T.; MacDonald, R.; Webster, C.; Garthwaite, K. (2010), *The Low-Pay, No-Pay Cycle: Understanding Recurrent Poverty*. Nova York: Joseph Rowntree Foundation.

Si, L. (2009), *The Ant Tribe: An Account of the Agglomerate Settlements of University Graduates*. Guilin: Guangxi Normal University Press.

Simonian, H. (2010), "Adecco Rejects Slowdown Fears". *Financial Times,* 12 de agosto, p. 11.

Sklair, L. (2002), *Globalization: Capitalism and Its Alternatives*. Oxford: Oxford University Press.

Soysal, Y. (1994), *The Limits of Citizenship*. Chicago, IL: University of Chicago Press.

Standing, G. (1989), "Global Feminization through Flexible Labor". *World Development,* 17(7): 1077–95.

Standing, G. (1990), "The Road to Workfare: Alternative to Welfare or Threat to Occupation?". *International Labour Review,* 129(6): 677–91.

Standing, G. (1999a), "Global Feminization through Flexible Labor: A Theme Revisited". *World Development,* 27(3): 583–602.

Standing, G. (1999b), *Global Labour Flexibility: Seeking Distributive Justice.* Basingstoke: Macmillan.

Standing, G. (2009), *Work after Globalisation: Building Occupational Citizenship,* Cheltenham, RU;e Northampton, MA: Edward Elgar.

Standing, G. (2010), "Global Monitor: The International Labour Organization". *New Political Economy,* 15(2): 307–18.

Standing, G. (2011), "Responding to the Crisis: Economic Stabilisation Grants". *Policy & Politics,* 39(1): 9–25.

Tabuchi, H. (2010), "Japan Accused of Violating Migrant Workers' Human Rights". *New York Times,* 21 de julho, p. B1.

Tavan, C. (2005), *Les immigrés en France: une situation qui évolue* [imigrantes na França: uma situação que evolui], INSEE Première, No. 1042, setembro.

Thaler, R. and Sunstein, C. (2008), *Nudge: Improving Decisions About Health, Wealth, and Happiness.* New Haven;e Londres: Yale University Press.

Thompson, E. P. (1967), "Time, Work-Discipline and Industrial Capitalism". *Past and Present,* 38(1): 58–97.

Tomkins, R. (2009), "The Retreat of Reason". *FT Weekend,* 23–24 de maio, p. 24–29.

Tulgan, B. (2009), *Not Everyone Gets a Trophy: How to Manage Generation Y,* San Francisco, CA: Jossey-Bass.

Turque, W. (2010), "D. C. Students Respond to Cash Awards, Harvard Study Shows". *Washington Post,* 10 de abril, p. B1.

Uchitelle, L. (2006), *The Disposable American: Layoffs and Their Consequences.* Nova York: Alfred Knopf.

Ueno, T. (2007), ""Precariat" Workers Are Starting to Fight for a Little Stability". *Japan Times On-line,* 21 de junho.

UKBA (2010), *Points Based System Tier 1: An Operational Assessment.* Londres: The Stationery Office.

Virtanen, M.; Ferrie, J. E.; Singh-Manoux, A.; Shipley, M. J.; Vahtera, J.; Marmot, M. G.; Kivimäki, M. (2010), "Overtime Work and Incident Coronary Heart Disease: The Whitehall II Prospective Cohort Study". *European Heart Journal,* 31: 1737–44.

Wacquant, L. (2008), "Ordering Insecurity: Social Polarization and the Punitive Upsurge". *Radical Philosophy Review,* 11(1): 9–27.

Weber, M. ([1922] 1968), *Economy and Society,* Berkeley, CA, e Los Angeles, CA: University of California Press.

Wilkinson, R.; Pickett, K. E. (2009), *The Spirit Level: Why More Equal*

Societies Almost Always Do Better. Londres: Allen Lane.

Willetts, D. (2010), *The Pinch: How the Baby Boomers Took Their Children's Future – and Why They Should Give It Back.* Londres: Atlantic.

Willsher, K. (2010), "Leaked Memo Shows France's Expulsion of Roma Illegal, Say Critics". *Guardian,* 14 de setembro, p. 20.

Wong, E. (2009), "China Confronts Backlash from Its Mass Exports of Labor". *International Herald Tribune,* 21 de dezembro, p. 16.

Working Families (2005), *Time, Health and the Family.* Londres: Working Families.

Wright, E. O. (ed.) (2006), *Redesigning Distribution: Basic Income and Stakeholder Grants as Cornerstones for an Egalitarian Capitalism.* Londres: Verso.

Zolberg, A. (1995), "Review of Y. Soysal, Limits of Citizenship". *Contemporary Sociology,* 24(4): 326–9.

Posfácio
O precariado, o direito à Voz
e à Renda Básica de Cidadania

Senador Eduardo Matarazzo Suplicy

Em 1984, um grupo de economistas, filósofos e cientistas sociais, coordenado pelo Professor Philippe Van Parijs, que estava interessado em como resolver os problemas de desemprego, pobreza, injustiças causadas pelo sistema econômico, se organizou no chamado "Coletivo Charles Fourier" para apresentar um trabalho para o Colégio da Europa, em Bruges, na Bélgica. Tratava-se de um concurso organizado pela principal fundação belga, a Fundação Rei Balduíno. O trabalho propunha a instituição gradual de uma renda universal incondicional e expunha os fundamentos e as origens dessa proposta ao longo da história. Entre outras contribuições importantes estavam as que foram formuladas por Thomas More, em *Utopia* (1516), Juan Luis Vivès, em *De Subventione Pauperum Sive de Humanis Necessitatibus* (1526) e Thomas Paine, em *Justiça Agrária* (1795).

Com o prêmio recebido pelo trabalho, Philippe Van Parijs convidou cerca de cinquenta pessoas, com as quais ele havia interagido na Europa a respeito daquela proposta ao longo dos dois anos precedentes, para realizarem um colóquio. Ali compareceram Guy Standing (OIT, Genebra), Clauss Offe (Universidade de Berna), Robert Van Der Veen (Universidade de Amsterdam), Yoland Bresson (Universidade de Paris-Saint-Maur, Marie-Louise Duboin (La Grande Relève), Bill Jourdan (Université d'Exeter), entre outros.

Foi então que surgiu a ideia de se formar uma associação para estudar todas as formas de transferências de renda existentes em cada país e de propor que em cada um se instituísse uma renda básica incondicional. Guy Standing então propôs que se desse o nome à organização de Basic Income European Network (BIEN, Rede Europeia de Renda Básica).

Por ocasião do X Congresso Internacional da BIEN, realizado em Barcelona, em 2004, por ali estarem pessoas de todos os continentes, por minha sugestão, ela se transformou em Basic Income Earth Network, Rede Mundial de Renda Básica. Presentemente, Guy Standing, Clauss Offe e eu somos copresidentes de honra da BIEN. O Professor Guy Standing já esteve inúmeras vezes no Brasil, onde participou de conferências relacionadas à Renda Básica.

Neste livro, Guy Standing nos relata a respeito do fenômeno social que crescentemente tem caracterizado tantos países do mundo em função das consequências da globalização e de como evoluem as economias capitalistas, tanto do mundo desenvolvido quanto no mundo em desenvolvimento, e mesmo as economias do mundo socialista, como a chinesa e a vietnamita. Este livro retrata as características do "precariado", um grupo econômico distinto, uma classe em formação, com uma estrutura global fragmentada. Fazem parte do precariado as pessoas desprovidas de garantias relacionadas ao trabalho, como as garantias de mercado de trabalho, de emprego, de trabalho, de segurança no trabalho, de reprodução de habilidade, de segurança de renda e de representação. Os membros do precariado, assim, são caracterizados pela falta de apoio da comunidade em momentos de necessidade, pela falta de benefícios assegurados da empresa ou do Estado e a falta de benefícios privados para complementar ganhos em dinheiro. Essas pessoas não se sentem parte de uma comunidade trabalhista solidária.

A evolução da crescente precarização das relações de trabalho em quase todos os países do mundo, analisadas por Guy Standing, constituem um alerta para os leitores brasileiros. Ainda mais porque em quase todas as regiões do Brasil – sejam naquelas onde a proporção de trabalhadores informais é ainda alta, mas até nos centros mais desenvolvidos, como São Paulo – presenciamos situações de grave precariedade, como as que caracterizam as condições de trabalho das famílias bolivianas que em número crescente têm realizado contratos com empresas têxteis que lhes pagam por produção, em regimes que superam em muito a jornada legal de trabalho, e com remuneração irrisória.

Felizmente, entretanto, se levarmos em conta a crise internacional na última década, a economia brasileira tem apresentado taxas razoáveis de crescimento, com queda na taxa de desemprego e aumento do número e proporção de empregos formais. A taxa de desemprego no Brasil, medida pelo IBGE, que havia sido de 12,3%, em 2003, foi baixando ao longo dos últimos dez anos. Em dezembro de 2012 havia atingido 4,6%, a menor taxa da história. Em junho de 2013 foi de 6%. O tempo médio que uma pessoa permanecia desempregada passou de 17,8 semanas, em 2003, para 12,4 semanas, em 2012. A proporção de trabalhadores contribuintes para a seguridade social, como proporção da população total ocupada, que constitui um indicador de formalização, passou de 61,2%, em 2003, para 72,9%, em 2013. A parcela de pessoas com 16 anos ou mais de idade ocupadas no mercado de trabalho brasileiro passou de 45,3% para 56% entre 2001 e 2011. Não obstante, o contingente de mão de obra informal, em 2011, somava 44,2 milhões de pessoas, em torno de 22% do total da população brasileira, então estimada em 193 milhões. Hoje, 2013, ela está estimada em 201 milhões.

Para a solução dos problemas enfrentados pela precarização da população, Guy Standing considera fundamental, primeiro, que se assegure o direito à Voz a todas as pessoas, sobretudo aquelas que até hoje estão tão distantes de terem os direitos à cidadania. Isso através de meios que possam aperfeiçoar as formas de participação nas decisões de todas as comunidades e dos países, com efetivo avanço no processo de democratização. Segundo, entre as proposições econômicas e sociais, como um dos mais importantes estudiosos do tema, ele sugere a instituição da Renda Básica Incondicional e Universal. Em especial no capítulo 7, conclusivo, ele destaca as importantes vantagens dessa proposição, objeto da Lei 10.835/2004, aprovada por todos os partidos no Congresso Nacional brasileiro e sancionada pelo Presidente Luiz Inácio Lula da Silva, em 8 de janeiro de 2004. A lei explicita que a Renda Básica de Cidadania (RBC) será instituída por etapas, a critério do Poder Executivo, iniciando-se pelos mais necessitados, como o faz o Programa Bolsa Família, o qual hoje beneficia aproximadamente um quarto da população brasileira.

Por tudo, avalio que a leitura deste novo livro de Guy Standing é de importância para estudiosos do tema e para todos aqueles que se interessam pelas questões sociais brasileiras.

Este livro foi composto com tipografia Bembo e impresso
em papel Off-White 80 g/m² na Gráfica Paulinelli.